数字化背景下
生成式教研的实践探索

吴丽军 著

教育信息化和人工智能将在教育领域
发挥更加重要的作用

中国文联出版社

图书在版编目（CIP）数据

数字化背景下生成式教研的实践探索 / 吴丽军著. -- 北京：中国文联出版社, 2024.6. -- ISBN 978-7-5190-5555-4

Ⅰ.G420-53

中国国家版本馆CIP数据核字第2024GQ9890号

作　　者　吴丽军
责任编辑　张凯默
责任校对　秀点校对
封面设计　朱晓辉

出版发行　中国文联出版社有限公司
社　　址　北京市朝阳区农展馆南里10号　　邮编：100125
电　　话　010-85923025（发行部）010-85923091（总编室）
经　　销　全国新华书店等
印　　刷　廊坊佰利得印刷有限公司

开　　本　710毫米×1000毫米　1/16
印　　张　18
字　　数　273千字
版　　次　2024年6月第1版第1次印刷
定　　价　50.00元

版权所有·侵权必究
如有印装质量问题，请与本社发行部联系调换

第四章　生成式教研的实施策略与实践 ……………………117

　一、生成式教研的实施步骤与流程…………………………………117

　二、生成式教研的典型案例分析……………………………………130

　　　语文学科生成式教研实践案例………………………………130

　　　数学学科生成式教研实践案例………………………………144

　　　英语学科生成式教研实践案例………………………………159

　　　物理学科生成式教研实践案例………………………………170

　　　化学学科生成式教研实践案例………………………………189

　　　生物学科生成式教研实践案例………………………………199

　　　历史学科生成式教研实践案例………………………………210

　　　地理学科生成式教研实践案例………………………………227

　　　政治学科生成式教研实践案例………………………………242

　三、生成式教研的效果评估与改进…………………………………252

第五章　未来展望与挑战应对 ……………………………………269

　一、数字化技术发展的趋势及其对教育的影响……………………269

　二、生成式教研的发展方向与前景展望……………………………277

　三、生成式教研应对挑战的策略与建议……………………………279

　结语……………………………………………………………………282

目 录

第一章 数字时代的来临 ·· 1

  一、数字化时代带来的大变革 ·· 1

  二、数字化时代对教育的要求 ·· 7

  三、传统教研的问题与弊端 ·· 12

第二章 生成式教研的理论分析 ·· 21

  一、生成式教研的理论基础 ·· 21

  二、生成式教研的概念与特点 ·· 28

  三、生成式教研的原则与方法 ·· 33

  四、教师角色的转变与专业发展 ······································ 41

  五、生成式教研对学生的影响 ·· 45

第三章 数字化工具在生成式教研中的应用 ···························· 49

  一、数字化工具的类型与功能 ·· 49

  二、数字化工具在教研活动中的应用案例 ···························· 53

  三、数字化工具对教研活动的优化与创新 ···························· 80

  四、数字化工具促进生成式教研的前景 ······························ 112

第一章　数字时代的来临

一、数字化时代带来的大变革

（一）数字化技术驱动下的生产力飞跃

在人类社会漫长的演变之路上，生产力的变革始终是推动社会进步的核心驱动力。从远古时代挥舞石器的原始人，到今日掌握智能科技的现代人，生产力的每一次飞跃都标志着人类文明的崭新篇章。

石器时代的开启，让人类告别了混沌无序，逐步走向了有组织的社会形态。青铜与铁器的广泛应用，不仅革新了生产工具，更推动了农业、手工业、军事等多领域的繁荣发展。然而，手工生产的局限性也日益凸显，对生产效率与质量的制约越发严重。

工业革命的到来，是一场翻天覆地的巨变。机械化生产取代了手工劳动，实现了生产过程的自动化与规模化，将生产效率推向了新的高峰。电力的广泛应用与电子技术的飞速发展，更是引领人类迈入了电气时代，工业、交通、通信等领域都得到了翻天覆地的改变。

然而，真正的革命性变革发生在信息时代。计算机、通信和互联网技术的迅猛发展，彻底颠覆了传统的生活方式与工作模式。社会的信息化与全球化进程不断加速，世界日益成为一个紧密相连的整体。

如今，数字化生产时代已经悄然来临。人工智能等技术的应用，数字化技术的持续创新，正在推动社会生产力不断迈向新的巅峰。

数字化提高了信息流通的效率。传统的信息流通方式受到时间、空间和载体的限制，信息传递速度慢、成本高。而数字化技术通过互联网、大数据、云计算等手段，实现了信息的快速传递和共享。这使得企业、组织和个人能够更快速地获取和处理信息，提高了决策效率和执行效率。

数字化推动了资源配置的优化。传统的资源配置方式往往受到信息不对称、市场不完全等因素的影响，难以实现最优配置。而数字化技术通过大数据分析、人工智能等手段，能够更准确地掌握市场需求和资源供给情况，实现资源的精准匹配和高效利用。这不仅提高了资源利用效率，还降低了成本，提高了竞争力。

数字化技术对生产方式产生了深刻影响。传统的生产方式往往依赖人力和机械，生产效率受到诸多因素的限制。而数字化技术通过自动化、智能化等手段，实现了生产过程的自动化和智能化，大大提高了生产效率。同时，数字化技术还推动了生产模式的创新，如定制化生产、柔性生产等，满足了市场的多元化需求。

数字化技术增强了企业和个人的创新能力。传统的创新方式往往受到知识储备、经验积累等因素的限制，创新难度较大。而数字化技术通过云计算、人工智能等手段，为企业和个人提供了丰富的知识资源和创新工具，降低了创新门槛。同时，数字化技术还推动了跨领域、跨行业的合作与创新，为经济发展注入了新的动力。

数字化技术的普及和应用也对劳动力素质提出了更高的要求。为了适应数字化时代的需求，企业和组织需要加强对员工的培训和教育，提高员工的数字化素养和技能水平。这使得劳动力素质得到整体提升，为生产力的飞跃提供了有力支撑。

（二）数字化技术带来的社会变革

随着科技的迅猛发展，数字化技术已经深入社会的各个角落，带来了前所未有的变革。

数字化技术对经济领域的变革尤为显著。首先，电子商务的兴起彻底改变了传统的商业模式。通过互联网平台，商家可以直接与消费者进行交易，减少了中间环节，降低了成本，提高了效率。同时，数字化技术还推动了供应链管理、物流配送等领域的创新，使得商业活动更加便捷、高效。其次，数字化技术催生了共享经济这一新型经济模式。通过数字化平台，人们可以共享自己的资源和服务，如共享单车、共享汽车、共享住宿等。这不仅提高了资源的利用效率，还为人们提供了更加灵活、便捷的生活方式。最后，数字化技术还推动了金融领域的创新。互联网金融、区块链等新兴技术为金融行业带来了更高效、更安全的服务方式。数字化技术使得金融服务更加普及、便捷，为经济发展提供了有力支持。

数字化技术对政治领域的影响同样深远。首先，数字化技术提高了政治参与的广度和深度。通过互联网和社交媒体等平台，人们可以更加方便地表达自己的政治观点和诉求，参与政治讨论和决策过程。这增强了公民的参与感和归属感。其次，数字化技术推动了政府信息公开和透明化。政府可以通过数字化手段将政务信息进行公开和共享，使得公民可以更加方便地获取政府的工作信息和决策依据。这有助于增强政府的公信力和透明度。最后，数字化技术还为民主监督提供了新的手段。通过数字化平台，公民可以对政府的工作进行监督和评价，促进政府工作的改进和优化。同时，数字化技术还可以帮助政府及时发现和处理社会问题，提高政府的应急管理能力。

数字化技术对文化领域的变革同样深远。首先，数字化技术改变了人们获取和传播信息的方式。通过互联网、社交媒体等渠道，人们可以更加快速地获取各种信息，同时也可以更加方便地分享和传播自己的见解和观点。这促进了文化的多样性和包容性。其次，数字化技术为艺术创作提供了更加广阔的空间。数字艺术、虚拟现实、增强现实等新兴技术为艺术家们提供了全新的创作工具和表达方式。这使得艺术作品更加生动、立体，为观众带来了更加丰富的视觉体验。最后，数字化技术还推动了文化遗产的保护和传承。

通过数字化手段,可以将文化遗产进行数字化修复和保存,使其得以长久保存并传承下去。同时,数字化技术还可以将文化遗产进行数字化展示和推广,让更多的人了解和认识这些宝贵的文化遗产。

数字化技术对医疗领域的影响也不容小觑。首先,数字化技术提高了医疗服务的效率和质量。通过数字化手段,医疗机构可以更加高效地进行病历管理、药物配送等工作,提高医疗服务的质量和效率。其次,数字化技术推动了远程医疗的发展。通过互联网技术,医生可以为患者提供远程诊断和治疗服务,解决了医疗资源分布不均的问题。这使得患者可以更加方便地获取医疗服务,提高了医疗的可及性。最后,数字化技术还为医学研究提供了丰富的数据和资源。通过大数据分析等技术手段,医学研究人员可以更加深入地了解疾病的发病机制和治疗方法,推动医学科学的进步和发展。

数字化技术也对交通领域产生了深远的影响。首先,数字化技术推动了智能交通系统的发展。通过大数据、人工智能等技术手段,可以实现对交通流量的实时监测和调度,提高道路通行效率和安全性。其次,数字化技术为共享出行提供了可能。共享单车、共享汽车等新型出行方式的出现,改变了人们的出行习惯和生活方式。这不仅提高了资源的利用效率,还为人们提供了更加便捷、环保的出行选择。最后,数字化技术还推动了无人驾驶技术的发展。通过先进的传感器和算法,无人驾驶汽车可以自主感知周围环境并进行决策和规划,实现安全、高效的自动驾驶。这将彻底改变传统的交通模式,为未来的城市交通带来全新的可能。

(三)科技时代背景下的教育变革

1. 教育变革下的生产要素变化

在教育变革的浪潮下,生产要素正在经历深刻的变化。这些变化不仅反映了技术的快速发展,也体现了教育理念的更新和社会需求的转变。教育变革下的生产要素变化体现在技术驱动的教学革新、灵活创新的空间布局、多元化的办学模式和个性化的学习体验等方面。这些变化共同推动着教育的进步和发展，为培养未来社会所需的人才奠定了坚实基础。

科技时代，知识、信息的更迭呈几何级数增长，信息技术导致产业结构发生了剧烈变化，社会发展对多元化、复合型、创新型人才的需求愈加迫切，个体对教育的需求也更多样化。教育目标、教师角色、学习环境、内容方式都正在或已发生着重大变化，人们对通过教育改变未来生活所寄寓的希望日益迫切，变革比任何时候显得更加重要。

2. 全球化与科技浪潮下的教育变革

21世纪的核心素养与全球视野，全球范围内各国纷纷强调培养学生的创造力、批判性思维、问题解决、创新、协作、数据搜集与沟通等综合能力。这些核心素养不仅关乎学生的学业成就，更是他们未来职业成功和社会责任的基础。学生需要掌握跨文化交流能力和全球意识，以应对日益紧密的国际合作与竞争。在这一背景下，教育的目标不仅是传授知识，更是培养具备全球视野和核心素养的未来领导者。

3. 教育改革的核心聚焦

在新的历史节点，我国教育改革乘风破浪，聚焦课程改革、素质教育、教育公平、创新能力及终身学习等关键领域。这些元素如织锦般交织，共筑教育革新的壮丽篇章。

课程改革，作为教育改革的脊梁，正努力优化课程结构，以实践能力和创新精神为培养重点。新兴职业课程及跨学科融合逐渐成为改革的亮点。

素质教育则如教育改革的灵魂，注重学生全面发展，涵盖道德、科学及人文素质。其实施旨在提升学生综合素养，为未来职业生涯铺设坚实基石。

教育公平，作为改革的另一翼，力求打破资源不均的壁垒，确保每个孩子享有公平且优质的教育。对农村及贫困地区的投入增加，资源利用效率也在持续提升。

创新能力，正成为教育改革的又一焦点。教学方法的灵活多变及科研实践的鼓励，都在激发学生的创新火花。而终身学习，已成为时代的鲜明印记。

教育改革正引导学生树立自主学习信念，提供多元学习路径，助力他们养成终身学习的习惯和能力。

4. 教育改革的宏伟蓝图

政策与行动并肩前行，教育改革是一个全面而系统的工程，旨在提升教育质量、确保教育公平，并满足新时代对人才的需求。为实现这些目标，我国采取了一系列具体的政策和措施。

在素质教育的推行中，学生的全面发展成为核心要义。我们不再仅仅满足于知识的灌输，而是更加注重创新精神和实践能力的培养。课程设置更加丰富多元，体育、美育和劳动教育得到了前所未有的重视。德育工作的强化，则旨在培育具有社会责任感和公民意识的现代青年。

课程改革的步伐同样坚定。课程结构的优化、学分制的实行、选修课的增设，这些变革都赋予了学生更大的自主权。学科核心素养与跨学科能力的培养成为新的教学重点，信息技术与课程教学的深度融合则为学生打开了创新与实践的新天地。

考试招生制度的改革，更是打破了"唯分数论"的桎梏。综合素质评价的引入、高校自主招生权的扩大，都彰显了对学生多元发展的尊重和支持。这一变革不仅促进了教育公平，也为人才选拔注入了新的活力。

教师队伍的建设同样不容忽视。专业素养的提升、教育教学能力的强化、师德师风的塑造，这些都是打造高素质教师队伍的关键。通过培训、研修和学术交流等多种方式，我们致力于激发教师的潜能，提高他们的社会地位和待遇，从而吸引更多优秀人才投身于这一伟大的事业。

在教育信息化的浪潮中，我们需要充分利用现代信息技术，推动教育资源的共享和优化配置。数字化校园、在线教育和学习平台等创新实践，不仅提升了教学效果和学习效率，也为实现教育公平提供了新的可能。

5. 教育数字化转型

随着信息技术的飞速发展,数字化转型已成为各行各业不可逆转的趋势。教育作为国家发展的基石,其数字化转型更是关乎国家未来的重要战略。在中国特色社会主义进入新时代的背景下,教育数字化转型不仅是技术进步的体现,更是教育现代化的必然要求。

数字化转型为教育带来了前所未有的机遇。通过大数据、云计算、人工智能等先进技术的应用,教育可以更加精准地满足学生的个性化需求,实现规模化教育与个性化培养的有机结合。同时,数字化转型也推动了教育资源的优化配置,打破了地域和时间的限制,让优质教育资源惠及更多学生。

然而,教育数字化转型也面临着诸多挑战。如何确保数字化转型与教育本质相契合,避免技术主义倾向,是摆在我们面前的重要课题。此外,数字化转型还需要加强教育治理体系和治理能力现代化建设,以适应复杂多变的教育环境。

在推进教育数字化转型的过程中,这要求我们不仅要关注教育的技术层面,更要关注教育的质量和效果,确保数字化转型能够真正惠及广大学生和家长。

二、数字化时代对教育的要求

(一)教育数字化转型对学校及教师带来的变化

科技时代背景下,教师发展变革受到了巨大的影响,特别是在教育数字化转型的推动下,在教学方式革新、个性化教学、教师专业发展、学校管理及数据化决策等方面对学校及教师产生深远影响。

数字化技术如 AI、VR/AR、大数据等正在逐步改变传统的教学模式。教师们利用这些技术,为学生创造更加生动、真实的学习环境,提高学生的学习兴趣和效果。教师们通过收集和分析学生的学习数据,准确地了解每个学生的学习习惯、能力和需求，从而为他们提供更加个性化的教学方案。这不仅可以提高学生的学习效率，也有助于培养他们的自主学习能力和创新思维。

数字化转型也推动了学校管理和决策方式的变革。通过收集和分析学校的各项数据，学校管理者可以更加准确地了解学校的运行状况和问题所在，从而做出更加科学、合理的决策，提高学校的管理效率和服务质量，为师生提供更加便捷、高效的服务。

科技时代背景下的教师发展变革是一个不断适应、创新和发展的过程。教师需要不断学习和提升自己的专业素养和技术能力，以适应新的教学方式和技术，同时，也需要具备创新意识和创新精神，积极探索新的教学方法和模式。只有这样，才能在数字化转型的浪潮中立于不败之地，为学生的成长和发展贡献自己的力量。

（二）学校为什么要进行数字化转型

随着科学技术的迅猛发展，学校教育正面临着数字化转型的压力和机遇。一项针对初中生的实验研究显示，使用智能机器人进行有针对性的数学教学指导，相比传统真人授课方式，实验组学生的成绩平均高出 9 分。这一结果充分证明了机器人教学的高效性，凸显了数字化转型在提升教学效果方面的巨大潜力。

事实上，以人工智能为代表的新一代技术的飞速进步，正在推动着各行各业进行数字化转型。相较于教育领域，工业和商业领域由于更强烈的需求，早已率先进行了数字化转型，通过降低成本和提高产品质量来增强竞争力。这种外部环境的变革，也对教育领域提出了数字化转型的迫切要求。

然而，教育领域的数字化转型并不仅仅是外部推动的结果，更是内部改革的强烈需求。多年来，教育领域一直在探索如何有效利用信息技术来提升教学质量和效率。2015 年，《光明日报》的一篇文章指出，"乔布斯之问"并非针对技术问题，而是对教育本身的挑战。这意味着，仅仅依靠技术的进步并不足以带来教育的根本变革，还需要教育领域内部的改革和创新。

在这种背景下，2023年首届世界数字教育大会的召开显得尤为重要。这次大会不仅体现了教育领域对数字化转型的高度重视，也展示了教育工作者们对于推动数字化转型的决心和担当。

因此，对于教育工作者来说，跟上时代的节奏，积极拥抱数字化转型已成为当务之急。这不仅需要从思想上和理念上转变观念，更需要在实际教学中不断探索和创新，将数字技术深度融合到教育教学的各个环节中去。只有这样，才能真正实现教育的高质量发展，培养出适应未来社会需求的创新型人才。

（三）科技时代背景下的教师发展数字化转型

1. 教师发展数字化转型趋势与策略

近年来，我国教育政策密集出台，凸显了教师专业发展和教育信息化在教育改革中的重要性。这些政策的核心目标是建设一支"高素质、专业化、创新型"的教师队伍，以推动教育现代化进程。作为教育的一线执行者，教师的素质和专业能力直接影响着教育质量和教育公平的实现。

教师是教育的第一资源，他们的创新精神和专业素养是教育改革和教育发展的关键因素。随着教育信息化的推进，教师的角色和素养也在发生改变。他们不再仅仅是知识的传授者，而是需要转变为学习的引领者和设计者，更好地适应未来教育的需求。

然而，这种转变对教师的专业发展提出了新的挑战。为了提高教师的工作效率和专业素养，我们需要关注以下几个方面：首先，加强教师的信息技术培训。通过培训，使教师熟练掌握各种教育信息技术工具，提高他们的信息化教学能力。其次，推动教师的专业发展。鼓励教师参与教育研究、教学改革等活动，提升他们的专业素养和创新能力。最后，优化教师的工作环境。为教师提供充足的教学资源和支持，创造一个有利于他们专业发展的工作环境。

同时，我们还需要围绕"学生的学"展开深入的研究。了解学生的学习需求和学习方式的变化，以便更好地设计教学活动和提供个性化的学习支持。

这需要教师与学生建立紧密的互动关系，及时了解学生的反馈，不断调整和优化教学策略。

总之，面对未来教育的挑战，我们需要建设一支高素质、专业化、创新型的教师队伍。通过加强教师的信息技术培训、推动教师的专业发展和优化教师的工作环境等措施，提升教师的专业素养和创新能力，为实现教育现代化和教育公平做出更大的贡献。教师发展数字化转型是适应科技时代教学需求的必然选择。它不仅有助于适应学生学习方式的变化、提升教学质量和效率、促进教师个人职业成长，还能推动教育创新和改革。因此，我们应该积极推动教师发展数字化转型的进程，为构建更加高效、个性化的教育体系贡献力量。

数字化转型不仅仅意味着教师需要掌握先进的技术工具，更关键的是转变教育理念。这种转型不仅是一项技术挑战，更是一场深刻的思维革命。数字化转型要求教师拥抱开放的心态和积极的态度。传统的教育理念往往注重知识的灌输和应试技能的培养，而在数字化时代，教育更加注重学生的主体性和创新性。这一转变要求教师不仅要有丰富的学科知识，还要具备跨学科的教学能力和创新思维。

加强提升教师数字素养和资源整合能力，技术培训是确保教师能够适应数字化转型的基石。学校可以通过定期的教师培训、在线课程学习、教育技术应用实践等方式实现。同时，鼓励教师积极参与数字化教育资源的开发和共享，形成良性的教育生态。帮助教师们掌握新技术和教学方法，可以更加自如地运用数字化工具进行教学，提高教学效果和学生的学习体验。鼓励教师自主学习和持续进修也是至关重要的。随着技术的不断更新换代，教师需要不断学习新知识、新技能，以保持与时代的同步。优化资源配置是保障教育数字化转型顺利进行的必要条件。学校不断对数字化转型的投入，提供必要的设备、资金等资源支持，为教师提供更好的教学环境和条件，推动他们更好地应用数字化技术进行教学。

形成合力共同推进技术整合与实践改进，学校还可以积极与各方合作，共同推动教育数字化转型的进程，实现教育资源的共享和优势互补。包括与科技公司合作，引入先进的数字化教学工具和平台；与高校和研究机构合作，共同开展教育技术研究和创新；与政府部门合作，争取更多的政策和资金支持等。通过合作，可以汇聚各方力量和资源，共同推动教育数字化转型向更高层次发展。

2. 教师发展数字化转型的机遇与前景

数字化转型将使得教育更加符合学生的个性化需求，通过智能教学系统和大数据分析等技术手段，教师得以为学生提供更加精准和有效的学习路径。同时，数字化转型还将推动教育模式的创新，打破传统的教育边界，实现教育与其他领域的深度融合，这些都将为教师的专业发展和教育创新提供更多的机遇和挑战。科技时代背景下，教师发展数字化转型已成为必然趋势。面对挑战和机遇，学校和教师应积极应对、主动转型，以适应科技时代的教育需求。通过加强技术培训、优化资源配置和转变教育理念等策略，我们可以推动教师发展数字化转型的进程，为未来的教育事业注入新的活力和动力。

3. 数字化浪潮下，教育变革呼唤新型教研力量

教育变革不仅是教育领域内的调整，更是社会问题的深刻反映。随着数字化生产力的飞速提升和社会底层的结构性变化，全球教育正在经历一场前所未有的转型。在这一大背景下，中国积极响应，提出了优质均衡教育和双新教育的理念，旨在为社会培养更多高素质、全面发展的人才。

然而，任何教育理念的落地都离不开教师的参与和实践。教师的发展和能力建设不仅关乎个人的职业成长，更是实现教育目标、遵循教育规律的关键所在。教研作为教师发展的重要组成部分，涵盖了教师的科研探索、专业成长和持续发展等多个方面。通过教研，教师可以不断更新教育理念，提升教学技能，从而更好地适应教育变革的需求，推动教育事业的进步。

4. 以教师全场景数据为驱动，数字化教研塑造新时代教育新范式

教师，作为这场变革的核心力量，在深入剖析数智时代教师的真正需求后，我们发现，教师的教研与发展不再局限于传统的课堂和纸质资料，而是需要

更加全面、系统的支持，从提升教师专业能力出发，贯穿激励评价、教研环节场景贯通、数据联动等多个方面。

基于多维数据采集和深入分析，北京市第一七一中学逐渐形成了一系列相对系统和完整的特色信息化教研模式。这些模式不仅创新了学科教研的形态，更通过场景化数据驱动的信息化教研，极大地提高了教学研管的效率和质量。在这一模式下，教师的教学教研能力得到了精准提升，教育教学的整体水平也随之迈上了新的台阶。

当然，这一切的实现都离不开信息技术的强大支撑。我们充分运用人工智能、互联网等前沿技术，探索出了一种突破时空限制、高效便捷、形式多样的"线上＋线下"结合的教师教研模式。同时，在学生管理方面，我们也创新了一系列新模式，旨在降低教师使用技术工具的门槛，让他们能够更加专注于教育教学本身。

这些基于互联网＋的教研新场景，不仅为教师提供了更加丰富、多元的教学资源和学习平台，也形成了教研组织建设管理的新思路、新方法、新范式。在这一新范式的引领下，教师的能力得到了充分调动和提升，学生的全面发展也得到了更加有力的助推。

三、传统教研的问题与弊端

教研，作为提升学校教育教学质量、推动教师专业成长与发展的重要途径，历来受到各级教育部门、学校、广大教师的重视。传统教研是一种主要以备课组、教研组为单位，教师个体或群体参与的教学研究模式。传统教研的突出特征是研究对象的局部性、研究基础的经验性、研究主题的个体性，其主要依托教师已有的经验，对教学过程、教学资源、教学评价、教学管理等方面进行实践研究。传统教研的主要形式包括集体或个人备课、课堂教学实施、教师集体评课、教师个人反思以及考试质量分析等。我们必须要肯定，传统教研在过去很长时间内确实提升了总体的教育教学质量和教师队伍的水平，但是，随着智能时代的到来、教育技术的飞速发展、现代教育理念不断更新、学生的需求日益多元化，传统教研方式逐渐暴露出一些问题，无法适应国家、社会、师生对高质量教育的期待与要求，制约了其应有作用的发挥。

（一）传统教研的理念问题

1. 以教师为中心，忽视学生主体地位

传统教研往往过于强调教师在教学中的主导地位，将教师视为知识的传递者、教学过程的控制者和唯一的教学评价者。在这种理念指导下，传统教研活动就自然而然地围绕教师的教学需求展开，却忽视了学生在教学中的主体地位，缺乏对学生学习需求、兴趣和发展方向的关注与思考。例如，在传统教研的备课过程中，教师关注的重点是教材内容的解读和教学方法的选择，往往会忽视学生的实际接受能力、学习风格和个性化需求。因此，教师在课堂教学中会比较普遍地采用"满堂灌"的教学方式，缺乏师生之间的互动和交流，导致学生学习兴趣和积极性受到抑制。这种"以教师为中心"的传统教研理念不仅限制了学生的个性化发展空间，也阻碍了教师的专业成长和学校教育教学质量的全面提升。

2. 注重知识传授，忽视素养培养

传统教研普遍将知识的传授作为研究的重点，强调教师对教材包含的知识的解读和教法的探讨。在这种理念下，教师在课堂教学中经常将过多的精力投入知识点的讲解和应试技巧的训练上，而忽视了对学生核心素养的培养。例如，在语文学科的教研中，教师往往注重字词句的讲解、文章结构的分析、中心思想的提炼，而忽视了对学生阅读理解、写作表达等能力的培养。在数学学科的教研中，教师往往注重公式定理的推导和解题方法的讲解，而忽视了对学生数学思维能力和问题解决能力的培养。这种"重知识轻素养"的教研理念不仅不符合现代教育理念，严重限制了师生的发展，也难以满足未来社会对创新人才的需求。

3. 注重共性需求，忽视个性差异

由于近代学校普遍使用的班级授课制，且我国的个体班级班额偏大，因此，传统教研普遍的问题是注重整个班级学生共性的要求，强调统一的教学标准和评价方式。在这种理念下，教师在教研中往往采用"一刀切"的教学方式，对学生个性差异性需求既缺少关注，也缺乏研究的意识。例如，在学期或学年之初，传统教研的重点工作就是制订教学计划，此时，教师往往按照统一的教学进度和难度要求来安排教学内容，而忽视了不同班级学生的差异、班内不同层次学生的差异。在进行教学评价时，传统教研也基本采用统一的评价标准和方法，缺乏对学生个性化表现的认可和鼓励。这种"重共性轻个性"的教研理念不仅在一定程度上扼杀了学生多元化发展的需求，也固化了教师的教育理念和教学方式，阻碍了教师的专业发展。

综上所述，传统教研的理念问题主要表现在以教师为中心、注重知识传授和共性需求等方面。这些问题不仅限制了学生的发展空间，也阻碍了教师的专业成长和教育教学质量的全面提升。因此，我们需要更新教研理念，以学生为中心，关注学生的需求和发展方向；注重素养培育，提升学生的综合素质；关注个性差异，实施个性化教育。只有这样，才能推动教研活动的创新发展，为培养具有创新精神和实践能力的新时代人才贡献力量。

（二）传统教研的方式问题

1. 教研形式单一，缺乏针对性

传统教研通常采用集体或个人备课、本学科教师听课评课、教师个人反思等方式进行。在长期的教学实践中，我们发现这些形式虽然在一定程度上能够促进教师间的交流、合作、共享和研究，但由于教研过程中缺乏针对性和实效性，往往难以解决教师实际教学中遇到的问题。集体备课是传统教研的最主要形式之一，但我们发现其往往存在"一言堂"现象。在集体备课过程中，一般都由备课组长或骨干教师包办，其他教师则处于被动接受的地位。

这种单向的信息传递方式不仅限制了教师的参与度和创造性，也使得备课内容往往难以满足不同层次班级、不同层次学生的实际需求。本学科教师听课评课是另一种最常见的传统教研形式，其对于教师的专业发展确实有一定推动作用，但也存在着一些问题。首先，听课评课往往过于注重教师的教学表现，而忽视学生的学习效果和课堂互动。听课评课的目的不仅仅是提升教师水平，其最终的目的应当指向学生的获得。其次，评课者普遍只提出一些泛泛而谈的建议，而未能针对具体问题进行深入剖析和指导。最后，由于听课评课的结果一般与教师评价等利益相关，因此可能存在"人情评课""面子评课"等现象，影响了评课的客观性和公正性。

2. 教研过程封闭，缺乏开放性

传统教研基本上是以备课组为单位，选择在办公室等相对封闭的环境中进行，缺乏与外界的交流与互动。这种封闭性不仅限制了教师的视野，也阻碍了教育教学理念的更新和教学方法的创新。首先，传统教研往往局限于学校内部或学科内部，缺乏跨校、跨学科的交流与合作。这使得教师往往难以接触到最新的教育动态和研究成果，导致教研活动与实际教学需求脱节。同时，由于缺乏与外界的合作与交流，教师往往难以借鉴其他学校或学科的成功经验，导致教研活动的重复性和低效性。其次，传统教研往往缺乏与家长的沟通和合作。家长是学生的第一任教师，也应当是教育教学的重要参与者。然而，传统教研往往将家长排除在外，未能充分利用家长资源和智慧。这不仅限制了教研活动的广度和深度，也影响了家校共育的效果。

3. 教研成果难以应用，缺乏实践性

传统教研还有一个比较大的问题：有部分教师在教研中过分注重理论探讨和经验总结，缺乏对实际教学问题的关注。因此，教研成果往往难以直接应用于实际教学，导致教研与教学脱节。首先，传统教研往往过于注重理论研究和论文发表，而忽视了对实际教学问题的研究和解决。这使得教研成果往往停留在理论层面，难以转化为实际的教学行动，进而阻碍了课堂教学质量的提升。同时，由于缺乏对实际教学问题的关注和研究，教师往往难以从教研活动中获得实际的教学经验和策略，进而阻碍了教师的专业成长。其次，传统教研往往缺乏持续性和系统性。传统教研活动普遍采用的是一次性、孤立性很强的主题教研方式，缺乏长期跟踪和持续改进。这使得教研成果往往难以在实际教学中得到验证和完善，影响了其有效性和可行性的印证。这种"重理论轻实践"的教研倾向不仅影响了教研活动的实际效果，也挫伤了教师参与教研的积极性和热情。

综上所述，传统教研在方式上存在诸多问题，如教研形式单一、教研过程封闭、教研成果难以应用等。这些问题不仅限制了教研活动的有效性和教师的专业成长，也影响了教育教学质量的全面提升。因此，我们需要创新教研方式，采用多样化的教研形式、开放性的教研过程、实践性的教研成果以及多元性的教研评价方式，以推动教研活动的创新发展，为教育教学高质量发展奠定坚实的基础。

（三）传统教研的内容问题

1. 教研内容狭窄，缺乏宏观视野

传统教研往往将研究的重点放在教材解读、教学方法探讨等课堂教学微观层面，这使得传统教研内容往往局限于某一知识点或某一课时的教学设计，而忽视了对学生全面发展、学科整体结构以及跨学科融合等方面的考虑。首先，传统教研过于注重教材知识的讲解和教学方法的研究，教师们在教研活动中花费大量时间讨论如何讲解某一概念、某一公式或某一题型，而忽视了对学科整体结构和内在逻辑的把握。这使得学生在学习过程中难以形成对学科的整体认知，导致知识碎片化、缺乏系统性。其次，传统教研缺乏对学生全面发展的关注。教研活动中研究的重点往往是学生知识的掌握、认知的发展，而忽视了对学生情感、态度、价值观等方面的培养与研究。此外，传统教研还缺乏跨学科融合的意识。在分科教学的背景下，各学科教师在教研过程中只关注本学科的教学内容和要求，而忽视了与其他学科的联系和融合。这使

得学生在学习过程中难以形成跨学科的知识体系和综合解决问题的能力。

2. 教研内容错位，缺乏针对性

传统教研往往注重教师和学生在总体层面上的共性问题的解决，忽视教师和学生的个性化需求。不同教师在教学实践中遇到的问题和困惑各不相同，自然，他们需要的教研支持也是千差万别的。而教师对教研活动有着一定的期待，他们希望通过教研提升自己的教学水平、解决教学中的问题、促进自己的专业发展。然而，传统教研往往采用"一刀切"的方式，把教师不需要的内容强加在教研之中，这种需求的忽视导致教师参与教研的意愿降低，教研活动的针对性、实效性、互动性也大打折扣，自然也就难以满足教师对教研的期待。

3. 教研内容陈旧，缺乏时代性

随着科技的飞速发展和社会的不断进步，新的教育理念、教学方法和课程资源不断涌现。然而，传统教研在内容更新方面往往滞后于时代步伐，导致教研内容陈旧、缺乏时代性。首先，传统教研普遍固守传统教育理念和教学方法，缺乏对新理念、新方法的探索和实践。这使得教研活动难以适应现代教育发展的需求，也限制了教师的专业成长和教育教学质量的提升。其次，传统教研在课程资源开发方面过于依赖教材和传统的教学资源，缺乏对多样化课程资源的整合和利用。这使得教研内容往往局限于教材范围内的知识传授和技能训练，而忽视了对学生多元智能和个性化需求的关注。此外，传统教研还缺乏对现代教育技术应用的关注。随着信息技术的飞速发展，多媒体、网络等现代教育技术在教学领域的应用越来越广泛。然而，传统教研往往忽视现代教育对新技术应用的呼唤，导致教研活动与数字化教育渐行渐远。

4. 教研内容重复，缺乏创新性

传统教研在研究内容方面还存在着一个很严重的问题，就是研究的重复性。在一所学校中，由于缺乏有效的教研组织和管理机制，不同年级、不同学科的教研活动往往各自为政，缺乏沟通与协作，导致教研内容在不同年级、不同学科之间出现大量重复。首先，同一学科内、不同年级的教研活动往往存在内容重复的现象。由于缺乏对学科整体结构和内在逻辑的把握，不同年级的教师在教研活动中往往只关注本年级的教学内容和要求，而忽视了与其他年级的联系和衔接。这使得同一学科内、不同年级的教研内容出现大量重复，既浪费了教师的时间和精力，也影响了教研活动的有效性和针对性。其次，由于不同年级教师交流与教学研究成果传承的缺失，相同年级同一学科每年的教研内容也出现大量重复。这样就让教师们每年的教研都几乎"从零起步"，既是对教师人力资源的浪费，也是对已有教研成果的浪费。此外，不同学科之间的教研活动也往往存在内容重复的现象。由于缺乏跨学科融合的意识，各学科教师在教研活动中往往只关注本学科的教学内容和要求，而忽视了与其他学科的联系和融合。这使得不同学科之间的教研内容出现大量重复，既限制了教师的视野和思路，也影响了学生跨学科知识体系和综合解决问题能力的形成。

综上所述，传统教研在内容方面存在狭窄性、错位性、陈旧性和重复性等问题。这些问题不仅限制了教研活动的有效性和针对性，也影响了教师的专业成长和学生的学习效果。因此，我们需要更新教研理念、拓展教研内容、加强跨学科融合、注重时代性和创新性等方面的改革与实践。

（四）传统教研的评价问题

1. 评价标准单一

传统教研的评价标准往往仅以学生的考试成绩或教师教学表现作为主要的评价指标。这种单一评价标准不仅无法全面反映教师的教学水平和学生的学习效果，还可能引发教师的功利性行为和学生的应试心态。首先，以学生考试成绩为主要评价标准的做法过于强调终结性评价，而忽视了过程性评价和表现性评价。这使得教师往往只关注学生的学习成绩，而忽视了对学生学习过程、学习方法、学习态度等方面的关注和指导。同时，由于考试成绩的偶然性和片面性，以其为唯一评价标准往往难以真实、全面地反映教师的教学水平和学生的学习效果。其次，以教师教学表现为主要评价标准的做法也存在一定的问题。传统教研评价中，往往将教师的教学表现作为重要的评价指标，如教师的语言表达能力、课堂组织能力、教学态度等。然而，这些评价指标往往过于主观，缺乏客观性和可操作性。同时，由于评价者的个人喜好、经验水平等因素的影响，对教师教学表现的评价往往存在一定的偏差和误差。

2. 评价方式单一

传统教研的评价方式往往以纸笔测试、听课评课等为主要方式。这些评价方式虽然在一定程度上能够反映教师的教学水平和学生的学习效果，但由于缺乏灵活性、多样性和科学性，往往难以适应不同学科、不同年级、不同学生的实际需求。首先，纸笔测试作为传统教研评价的主要方式之一，虽然具有操作简便、易于量化等优点，但也存在很多明显问题。例如，纸笔测试往往只能考查学生的知识掌握情况，而无法全面反映学生的能力水平和综合素质。同时，由于纸笔测试的试题难度和区分度等因素的影响，测试结果往往存在一定的偶然性和误差性。其次，听课评课作为传统教研评价的常用方式也存在明显的问题。由于听课评课往往只关注教师的教学表现，而忽视学生的学习效果和课堂互动等因素的影响。所以，听课评课的结果往往受到评价者主观因素的影响较大，难以做到客观、公正、科学。

3. 评价主体单一

传统教研的评价主体往往以学校管理者或学科教研员为主，缺乏多元参与和民主决策的机制。这使得评价过程往往缺乏公正性和透明度，也影响了评价结果的可信度和有效性。首先，由于学校管理者或学科教研员作为评价者往往具有一定的行政权力或专业权威，他们在评价过程中往往处于主导地位，而其他教师、学生、家长等利益相关者则处于被动接受的地位。其次，缺乏多元参与的评价机制还可能导致评价结果的片面性和主观性。由于不同利益相关者对于教育教学活动的关注点和价值取向可能存在差异，如果评价过程中只考虑某一方面的意见或需求，而忽视其他方面的意见或需求，那么评价结果就可能存在一定的偏差和误差。

综上所述，传统教研存在着评价标准单一、评价方式单一以及评价主体单一等一系列问题。这些问题不仅制约了教研活动的有效性，也直接影响着学校教学质量的提升和教师专业的成长。

本节对传统教研存在的问题进行了深入的剖析，可以发现传统教研在理念、方式、内容和评价等方面均存在不足。发现问题是解决问题的第一步，北京市第一七一中学不断推动教研活动的创新发展，逐渐形成了"生成式教研"模式，该模式从理念上以学生为中心，关注学生的需求和发展方向；创新教研方式，采用多样化的教研形式，提高教研活动的针对性和实效性；拓展教研内容，关注教育理念、教育技术和教育政策等宏观层面的发展动态；加强教研成果的转化应用，注重实践验证和持续改进；完善教研评价机制，建立科学、客观、公正的评价标准和方法。

第二章 生成式教研的理论分析

在上节的分析中,我们看到随着时代的发展和教育教学理念的不断更新,传统的以教师为中心、以教材为主要内容的教研模式已经逐渐不能适应现代教育的需求。生成式教研,作为一种新型的教研理念,以其独特的视角和方法,为教育教学注入了新的活力。本节将从生成式教研的概念入手,详细分析其特点,以期为教育教学的改革与发展提供有益的参考。

一、生成式教研的理论基础

生成式教研是一种注重动态生成、互动合作和反思实践的教研模式,旨在促进教师的专业成长和教学质量的提升。其理论基础主要包括建构主义学习理论、反思性实践理论等。

(一)建构主义学习理论

建构主义的基本观点是:儿童是在与周围环境相互作用的过程中,逐步建构起关于外部世界的知识,从而使自身认知结构得到发展。儿童与环境的相互作用涉及两个基本过程:"同化"与"顺应"。同化是指把外部环境中的有关信息吸收进来并结合到儿童已有的认知结构(也称"图式")中,即个体把外界刺激所提供的信息整合到自己原有认知结构内的过程;顺应是指外部环境发生变化,而原有认知结构无法同化新环境提供的信息时所引起的儿童认知结构发生重组与改造的过程,即个体的认知结构因外部刺激的影响而发生改变的过程。可见,同化是认知结构数量的扩充(图式扩充),而顺应则是认知结构性质的改变（图式改造）。认知个体（儿童）就是通过同化与顺应这两种形式来达到与周围环境的平衡：当儿童能用现有图式去同化新信息时，他处于一种平衡的认知状态，而当现有图式不能同化新信息时，平衡即被破坏，而修改或创造新图式（顺应）的过程就是寻找新的平衡的过程。儿童的认知结构就是通过同化与顺应过程逐步建构起来，并在"平衡—不平衡—新的平衡"的循环中得到不断的丰富、提高和发展。

建构主义认为，知识不是通过教师传授得到，而是学习者在一定的情境即社会文化背景下，借助其他人（包括教师和学习伙伴）的帮助，利用必要的学习资料，通过意义建构的方式而获得。由于学习是在一定的情境即社会文化背景下，借助其他人的帮助即通过人际间的协作活动而实现的意义建构过程，因此建构主义学习理论认为"情境""协作""会话"和"意义建构"是学习环境中的四大要素或四大属性。"情境"：学习环境中的情境必须有利于学生对所学内容的意义建构。这就对教学设计提出了新的要求，即在创设情境时，不仅要考虑情境中所含知识的多少和是否有利于学生对所学内容的理解，还要考虑情境的复杂程度、现实性以及与学生学习生活相联系的紧密程度等。"协作"：协作发生在学习过程的始终。协作对学习资料的搜集与分析、假设的提出与验证、学习成果的评价直至意义的最终建构均有重要作用。"会话"：会话是协作过程中不可缺少的环节。学习小组成员之间必须通过会话商讨如何完成规定的学习任务的计划，此外，协作学习过程也是会话过程，在此过程中，每个学习者的思维成果（智慧）为整个学习群体所共享，因此会话是达到意义建构的重要手段之一。"意义建构"：这是整个学习过程的最终目标。所要建构的意义是指：事物的性质、规律以及事物之间的内在联系。在学习过程中帮助学生建构意义就是要帮助学生对当前学习内容所反映的事物的性质、规律以及该事物与其他事物之间的内在联系达到较深刻的理解。这种理解在大脑中的长期存储形式就是前面提到的"图式"，也就是关于当前所学内容的认知结构。由以上所述的"学习"的含义可知，学习的质量是学习者建构意义能力的函数，而不是学习者重现教师思维过程能力的函数。换句话说，获得知识的多少取决于学习者根据自身经验去建构有关知识的意义的能力，而不取决于学习者记忆和背诵教师讲授内容的能力。

建构主义学习理论作为生成式教研的理论基础，主要基于以下几个方面原因：

首先，建构主义学习理论强调知识的动态性和建构性。建构主义学习理论认为知识不是静态的、预先存在的，而是在个体与环境的交互过程中动态生成的。这一观点与生成式教研的理念高度契合。生成式教研强调教师在教研过程中与学生的互动合作，通过共同建构知识来促进学生的发展。因此，建构主义学习理论为生成式教研提供了理论基础，指导教师在教研过程中注重知识的动态性和建构性，促进学生的知识建构和能力发展。

其次，建构主义学习理论注重学习者的主动性和创造性。建构主义学习理论强调学习者不是被动地接受知识，而是主动地参与知识的建构过程，通过自身的经验和认知来理解和应用新知识。这一观点与生成式教研的理念相一致。生成式教研鼓励教师在教研过程中激发学生的学习兴趣和主动性，通过创设真实的教学情境、设计具有挑战性的学习任务等方式，促进学生的主动学习和创造性思考。因此，建构主义学习理论为生成式教研提供了理论支撑，指导教师在教研过程中注重培养学生的主动性和创造性。

再次，建构主义学习理论强调社会互动和合作学习。建构主义学习理论认为，学习是一个社会互动和合作的过程。学习者通过与他人的交流和合作，共享知识和经验，从而丰富和完善自己的知识体系。这一观点与生成式教研的理念相契合。生成式教研强调教师在教研过程中与学生的互动合作，通过合作学习、共同探讨等方式来促进学生的知识建构和能力发展。同时，生成式教研还鼓励教师之间的合作与交流，共同研究教学问题、分享教学经验，从而提升自己的教学水平和专业素养。因此，建构主义学习理论为生成式教研提供了理论支持，指导教师在教研过程中注重社会互动和合作学习的重要性。

（二）反思性实践理论

反思性实践理论是一种重要的哲学和教育理论，它强调个体在实践中的反思和自我修正过程，以促进知识的生成和个人的成长。该理论在教育、职业培训、心理治疗等领域有着广泛的应用。

反思性实践理论起源于杜威的反思性思维概念，后逐渐形成了完整的理论体系。杜威认为，反思性思维是个体在面对问题时，通过主动的、持续的思考和探究，寻求解决方案的过程。舍恩则进一步提出，反思性实践是专业人员在实践中遇到问题时，通过反思自己的经验和行为，以改进实践的过程。

反思性实践理论强调实践与反思之间的紧密联系。在反思性实践中，实践不再是简单的行为执行，而是与反思紧密相连的一个过程。反思是对实践过程的深入思考和评估，旨在发现实践中的问题和不足，从而改进和提高实践的效果。反思性实践理论认为，反思不仅仅是对过去实践的回顾和总结，更是一种对未来实践的规划和设计。通过反思，个体能够深入理解实践的本质和目的，明确实践的方向和目标，从而更好地指导未来的实践。在反思性实践中，实践与反思的紧密结合体现在两个方面：一是实践中的即时反思，即个体在实践过程中随时对自己的行为、决策和结果进行反思和调整；二是实践后的总结性反思，即个体在实践结束后对整个过程进行回顾和总结，提炼经验和教训，为未来的实践提供借鉴和指导。

反思性实践理论认为，专业知识并非一成不变的，而是在实践中通过不断反思和修正得以动态建构的。传统的知识观认为，专业知识是客观存在的、普遍适用的知识体系，而反思性实践理论则强调专业知识的情境性、个体性和动态性。在反思性实践中，个体通过不断反思自己的经验和行为，发现原有知识的局限性和不足，进而通过实践探索新的解决方案，实现专业知识的更新和发展。这种建构和更新的过程使得专业知识更加贴近实际，更加具有针对性和实用性。反思性实践理论还强调个体在专业知识建构中的主体性。个体不再是被动的知识接受者，而是主动的知识建构者。他们通过反思和实践，不断调整和修正自己的认知和行为，实现专业知识的自我更新和发展。

反思性实践理论的核心还在于它认为个体通过反思性实践能够实现自我成长和发展。每一次的反思都是个体对自己经验和学习的一次重新解读，帮助个体从中提取出有价值的经验和教训，进而调整自己的行为和策略。反思性实践鼓励个体挑战自己的既有观念和做法，通过持续的反思和改进，不断拓宽自己的视野和认知。这种过程不仅有助于个体在专业领域内取得更好的表现，还有助于提高个体的自我认知和情感智慧，促进个体的全面发展。

反思性实践理论作为生成式教研的理论基础，主要基于以下几个方面原因：

首先，反思性实践理论强调实践与反思的紧密结合，认为反思是实践的重要组成部分，通过对实践的反思可以改进和提升实践的质量。在生成式教研中，教师需要在实践中不断反思，对教学过程、教学方法、学生学习情况等进行深入思考和分析，发现问题、总结经验教训，并根据反思结果进行调整和改进。这种实践与反思的紧密结合有助于促进教师的专业成长和教学质量提升。

其次，反思性实践理论鼓励教师进行自我反思和自我完善，通过反思自己的教学实践来发现自身的不足和局限性，进而寻求改进和提升。在生成式教研中，教师需要不断反思自己的教学过程和教学方法，发现教学中的问题和不足，积极寻求解决方案，从而不断完善自己的教学能力和专业素养。这种自我反思和自我完善的过程有助于提升教师的教学水平和自我发展能力。

再次，反思性实践理论不仅关注个体的反思，也强调教师之间的合作与交流。通过与其他教师的合作与交流，教师可以分享自己的教学反思和经验，借鉴他人的优秀做法，共同研究解决教学问题。在生成式教研中，教师需要积极参与教研活动，与其他教师共同探讨教学问题、分享教学经验，通过合作与交流来促进自己的专业成长和教学质量提升。这种合作与交流的氛围有助于形成积极向上的教研文化，促进教师之间的互相学习和共同发展。

(三) 行动研究理论

行动研究理论起源于 20 世纪 40 年代的美国，由社会心理学家库尔特·勒温首次提出。勒温认为，行动研究是一种将科学研究与实际行动相结合的方法，旨在解决社会实践中的问题。随后，该方法逐渐在教育、社会工作、管理等领域得到广泛应用。在 20 世纪 50 年代和 60 年代，行动研究理论逐渐发展成为一种独立的研究方法。进入 20 世纪 70 年代和 80 年代，行动研究理论在教育领域得到了广泛的关注和应用。许多教育工作者开始尝试将行动研究理论应用于教学实践，以解决教学中的实际问题。这一时期的行动研究更加注重教师的主体性和创造性，强调教师在实践中发现问题、解决问题，实现自我成长和发展。

行动研究理论强调实践与反思之间的紧密关系。实践是反思的基础，反思则是实践的指导。在行动研究中，实践者需要在实践中发现问题、分析问题，并通过反思寻找解决方案。同时，反思也是实践者对自己行为的审视和评估，有助于发现自身的不足和改进的方向。这种实践与反思的紧密结合有助于实践者不断提高自己的实践能力和专业素养。

行动研究理论强调研究过程是一个循环往复的过程。这个过程包括计划、行动、观察和反思四个阶段。在实践开始前，实践者需要制订明确的计划；在实践中，实践者需要按照计划进行行动，并密切观察实践过程；在实践结束后，实践者需要对实践结果进行反思和总结，发现问题并提出改进方案。然后，实践者再根据反思结果制订新的计划，开始新一轮的实践。这种循环往复的过程有助于实践者不断积累经验、发现问题、解决问题，实现自我成长和发展。

行动研究理论强调教师在研究中的主体性和创造性。教师不仅是教学实践的主体，也是教学研究的主体。他们需要在实践中发现问题、分析问题、解决问题，并通过反思和总结提炼出有价值的教学经验和教训。同时，教师还需要发挥自己的创造性，不断探索新的教学方法和策略，以满足不同学生的需求和提高教学效果。这种主体性和创造性的发挥有助于激发教师的内在动力和创新精神，促进他们的专业成长和发展。

行动研究理论鼓励实践者之间进行合作与共享。在行动研究中，教师之间可以通过合作交流、分享经验、互相学习等方式实现共同进步和成长。这种合作共享的精神有助于营造一个积极向上的教研氛围，促进教师之间的互相支持和合作，提高整个团队的教学水平和质量。

行动研究理论以解决实际问题为导向。在行动研究中，实践者需要关注实践中遇到的具体问题，并通过研究寻找解决方案。这种以实际问题为导向的研究方式有助于实践者更加明确自己的研究目标和方向，提高研究的针对性和有效性。同时，通过解决实际问题，实践者也可以为实践领域的发展做出贡献。

行动研究理论作为生成式教研的理论基础，主要基于以下几个方面原因：

首先，生成式教研强调教师在实践中发现问题、解决问题，并通过反思来提炼经验和改进教学。行动研究理论的核心观点之一便是实践与反思的紧密结合。它认为，反思是对实践的审视和评估，有助于发现不足和改进方向；而实践则是反思的基础，通过实践可以检验反思的有效性。这种紧密结合的方式与生成式教研的理念高度契合，为教师在实践中生成新知识、新策略提供了理论支持。

其次，行动研究理论强调研究过程是一个循环往复的过程，包括计划、行动、观察和反思四个阶段。这种循环往复的过程有助于实践者不断积累经验、发现问题、解决问题，实现自我成长和发展。生成式教研也强调教师在实践中不断循环往复，通过不断的尝试、反思和改进，生成新的教学理解和策略。因此，行动研究理论的循环往复过程为生成式教研提供了理论框架和实践指导。

再次，行动研究理论鼓励实践者在实践中发挥主体性和创造性，通过自我反思和探究来解决问题。生成式教研同样强调教师在教研中的主体性和创造性，鼓励教师以研究者的身份去探索教学实践中的问题，并生成新的教学知识。这种主体性和创造性的发挥有助于激发教师的内在动力和创新精神，促进他们的专业成长。

最后，行动研究理论鼓励实践者之间进行合作与共享，通过互相学习、分享经验来实现共同进步和成长。生成式教研也强调教师之间的合作与共享，通过集体备课、教学观摩、经验交流等方式来促进教师之间的互相学习和共同成长。这种合作共享的精神有助于营造一个积极向上的教研氛围，提高整个团队的教学水平和质量。

二、生成式教研的概念与特点

（一）生成式教研的概念

生成式教研，顾名思义，强调的是"生成"和"教研"的结合。生成，即在教学研究和教学过程中，教师与教师、教师与学生、教师与家长等多方通过互动、合作、探究等方式，共同创造出新的知识、经验和理解。教研，则是教师以提高教学质量和效果为目的，对教学内容、方法、手段等进行研究、探讨和改进的活动。因此，生成式教研可以理解为在教学研究和教学过程中，教师以提高学生的核心素养为核心，通过引导各方参与、合作探究，不断生成新的教学资源和方法，从而实现教学相长、共同发展的目标。

（二）生成式教研的特点

1. 学生中心

生成式教研强调以学生为中心的教学理念。在传统的教研模式中，教师往往占据主导地位，学生则处于被动接受的状态。而在生成式教研中，学生的主体地位得到了充分的体现。教师不再是知识的单一传授者，教师的首要任务是深入了解学生的需求和兴趣，进而成为学生学习过程的引导者和合作者。生成式教研强调学生的参与和体验，让学生在教研活动中亲身感受知识的形成过程。学生通过主动参与、合作探究等方式，成为知识生成的主体，从而更加积极地投入学习中。

2. 互动合作

生成式教研注重师生、师师、家校之间的互动合作。在教学研究过程中，教师、学生、家长不再是孤立的个体，而是形成了一个紧密的学习共同体。教师之间通过协同备课、时时听评课、集体研讨反思等方式，不断形成和实践教学研究成果；师生之间通过"提问—回答""引导—讨论""展示—反馈"等方式，激发学生的学习兴趣和思维活力；家校之间通过"过程性反馈""诊断式评价""面对面研讨"等方式，让家长的需求和学校教育取得价值一致。各种互动合作关系不仅有助于营造和谐的教学研究氛围，还能有效地促进教师、学生、家长、学校之间的知识交流和情感沟通。

3. 探究创新

生成式教研鼓励师生进行探究创新。首先，生成式教研鼓励学生进行积极的探索与试错。在传统的教学模式中，学生往往是被动的接受者，而在生成式教研中，学生被鼓励主动提出问题、尝试解决问题，并在实践中不断试错。这种探究式的学习方式不仅激发了学生的好奇心和求知欲，还培养了他们的批判性思维和解决问题的能力。其次，生成式教研强调跨学科的融合与创新。在教研活动中，教师群体从多学科角度思考问题，创设教学设计。这种跨学科的融合不仅可以拓宽学生的知识视野，还可以激发他们的创新思维和想象力。再次，生成式教研积极引入新技术与工具来支持师生的学习与研究。随着科技的不断发展，越来越多的新技术和工具被应用于教育领域。生成式教研鼓励教师们关注这些新技术与工具的发展，并尝试将其引入教研活动中。例如，利用虚拟现实技术让学生在虚拟环境中进行科学探究，或者利用人工智能工具辅助学生进行数据分析等。这些新技术与工具的应用不仅可以增强学生的学习体验，还可以提高他们的学习效率和创新能力。

4. 动态生成

生成式教研强调教学过程的动态生成性。在传统的教研模式中，教学内容和方法往往是预设的、固定的，缺乏灵活性和变通性。而在生成式教研中，教学研究和实施成了一个不断生成、不断变化的过程。生成式教研的生成性特点首先体现在教学目标和内容的动态调整上，教师们会根据学生的实际情况和反馈，灵活调整教学目标和内容，确保教学活动更加贴近学生的实际需求。生成式教研强调学生的即时反馈和参与，将学生的反应和表现作为教学调整的重要依据。在教研活动中，教师们会密切关注学生的表现，及时捕捉他们的疑惑、困惑和兴趣点，并据此调整教学策略和方法。生成式教研的生成性特点还体现在注重教研活动的反思和总结上。在教研活动结束后，教师们会对自己的教学过程和学生的学习情况进行反思和总结，分析成功之处和不足之处，并提出改进的建议和措施。这种反思和总结的过程不仅能够帮助教师们更好地总结教学经验和方法，还能够促进他们的专业成长和创新发展。同时，学生们也会对自己的学习过程进行反思和总结，分析自己的进步和不足之处，以便更好地规划未来的学习方向和目标。

5. 资源整合

首先，生成式教研注重教学内容的整合，即将不同学科领域的知识、观点和方法融合在一起，形成具有内在联系和逻辑关系的综合性教学内容。这种整合不仅有助于拓宽学生的知识视野，提高他们的综合素质，还能够培养他们的跨学科思维和综合能力。其次，生成式教研注重教学资源的整合利用。在现代教育中，教学资源日益丰富多样，如何有效地整合利用这些资源成为一个重要的课题。生成式教研强调教师不仅要善于挖掘和利用教材内的资源，还要积极拓展教材外的资源。例如，教师可以通过网络、图书馆、实验室等途径获取更多的教学资源；学生则可以通过小组讨论、社会实践等方式获取更多的学习经验。这种资源整合利用的方式有助于丰富教学内容和手段，提高教学效果和质量。最后，生成式教研倡导教育资源的共享，即教师之间、学校之间乃至地区之间共享教学资源、经验和成果。这种共享不仅有助于优化教育资源配置，提高教育教学的整体水平，还能够促进教师之间的合作与交流，推动教育教学的创新发展。例如，在区域教研活动中，不同学校的教师可以共同开发教学资源、分享教学经验、开展联合教学等活动，从而实现教育资源的最大化利用和教学效果的最优化。

6. 个性化教学

生成式教研倡导个性化教学。首先，生成式教研强调教师对学生需求的深入了解。在教学活动开始之前，教师们会通过各种方式收集学生的信息，包括他们的学习基础、兴趣爱好、特长优势、学习风格等。这样，教师们能够更全面地了解学生的需求与特点，为个性化教学提供基础数据。其次，在生成式教研中教师根据学生的实际情况，设计个性化的教学目标和内容。他们不仅关注学生的知识掌握情况，还注重培养学生的思维能力、创新能力、情感态度等方面的素养。同时，教师会根据学生的兴趣爱好和学习需求，选择适合他们的教学材料和教学方法，以激发学生的学习兴趣和动力。生成式教研注重为学生提供多样化的学习路径和资源，以满足他们的个性化学习需求。教师们会根据学生的特点和需求，设计不同的学习任务和活动，让学生可以根据自己的兴趣和能力选择适合自己的学习路径。最后，在生成式教研中，教师们会提供个性化的评价与指导。他们会根据学生的实际情况和学习成果，给予针对性的评价和建议，帮助学生认识自己的优势和不足，明确自己的发展方向和目标。同时，他们还会为学生提供个性化的学习指导和支持，帮助他们解决学习中的困惑和问题，促进他们的全面发展。

7. 反思性实践

生成式教研的反思性实践特征，是指在教学过程中，教师们不仅关注教学活动的实施，还积极对自己的教学行为、决策和效果进行深入的反思和审视，以发现存在的问题，总结经验教训，并据此调整和改进教学策略，从而实现教学质量的持续提高。这种反思性实践特征体现了生成式教研的自主性、批判性和创新性，有助于促进教师的专业成长和教学的创新发展。首先，反思性实践特征体现在教师对教学过程的自我监控与调整上。在教学过程中，教师们会时刻关注自己的教学行为、学生的反应和教学效果，及时发现和解决教学中出现的问题。同时，他们还会根据学生的学习情况和需求，灵活调整教学策略和方法，确保教学活动更加符合学生的实际需求。这种自我监控与调整的能力不仅体现了教师的专业素养和教学智慧，还有助于提高教学效果和满足学生的个性化需求。其次，生成式教研强调教学后的深入反思与总结。在教学活动结束后，教师对自己的教学过程进行全面而深入的反思，分析教学中的成功之处、不足之处以及需要改进的地方。他们会思考自己的教学决策是否恰当、教学方法是否有效、学生的学习效果是否理想等问题，并据此总结教学经验和教训。这种深入反思与总结的过程不仅有助于教师发现自己教学中的问题和不足，还有助于他们提炼出有效的教学策略和方法，为今后的教学提供有益的参考。最后，生成式教研的反思性实践特征还体现在倡导教师之间的合作与交流上。教师们会相互分享自己的教学经验、教学故事和教学问题，共同探讨解决方法和改进措施。通过合作与交流，教师们可以相互学习、相互启发，发现自己的不足并借鉴他人的优点，从而实现共同进步和成长。这种合作与交流的氛围不仅有助于形成良好的教学团队和教研文化，还能够促进教育教学的创新发展。

综上所述，生成式教研作为一种新型的教研理念，具有以学生为中心、互动合作、探究创新、动态生成、资源整合、个性化教学和反思性实践等特点。这些特点不仅体现了现代教育教学的核心理念和价值取向，也为教育教学的改革与发展提供了新的思路和方向。因此，我们应该积极倡导和推广生成式教研的理念和方法，以期为培养具有创新精神和实践能力的新时代人才贡献自己的力量。

三、生成式教研的原则与方法

（一）生成式教研的原则

1. 教师主体性原则

教师主体性原则是指在教研活动中，教师应成为研究的主体，充分发挥自身的主动性、积极性和创造性，以自身的教学实践为基础，针对实际问题开展研究，寻求解决问题的策略和方法。这一原则不仅仅强调教师个人在教研过程中的自主性和主导性，而且鼓励教师组成研究共同体。

第一，自主选题，解决实际问题。在生成式教研中，教师应根据自身的教学实践和经验，自主选题，针对实际问题开展研究。例如，语文学科教师在教学实践中发现，学生阅读理解能力普遍较弱，成为学生语文学习的瓶颈。针对这一问题，语文组的教师们一起自主选择了"提高中学生阅读理解能力的研究"作为教研课题，通过阅读相关文献、设计调查问卷、实施课堂观察、阅读课程行动研究等方式，深入了解学生的阅读现状和需求，分析影响学生阅读理解能力的因素，提出针对性的教学策略和方法。通过这一研究，该教师不仅解决了自身教学中的实际问题，还提高了学生的阅读理解能力，促进了学生的全面发展。

第二，积极参与，发挥主导作用。在生成式教研中，教师应积极参与教研活动，发挥自身的主导作用。例如，在学校开展的"创新课堂教学模式"的教研活动中，数学学科教研组长积极参与其中，主动承担起了研究小组组长的角色。在研究过程中，小组成员共同学习相关理论、观摩优秀课例、探讨创新课堂教学模式的具体实施步骤和方法。同时，该教师还提出了许多有建设性的意见和建议，为研究的顺利开展提供了重要支持。通过这一教研活动，该教师不仅提高了自身的教学水平和研究能力，还带动了其他教师的积极参与和共同成长。

第三，反思实践，提升专业素养。在生成式教研中，教师应注重反思实践，通过反思不断提升自身的专业素养和研究能力。例如，在学校开展的"提升课堂教学效率"的教研活动中，英语学科教师针对自身课堂教学中存在的问题进行了深入反思。她发现自己在课堂教学中过于注重知识的传授，而忽视了学生的情感需求和主体地位。针对这一问题，该教师积极调整教学策略和方法，注重激发学生的学习兴趣和主动性，加强与学生的互动和交流。同时，她还通过阅读相关文献、参加专业培训等方式，不断拓宽自身的知识视野和教学思路。通过这一反思实践的过程，提高了教师自身的课堂教学效率和质量，推动学生核心素养的培育。

2. 教学实践性原则

教学实践性原则是指教研活动应以教学实践为基础，以解决教学实践中的问题为目标，通过实践、反思、再实践的过程，不断改进和优化教学实践。这一原则强调教研活动的实践性和针对性，要求教师必须深入教学实践，从实际教学中发现问题、分析问题，并寻求解决问题的策略和方法。

第一，深入课堂，发现问题。生成式教研的教学实践性原则要求教师必须深入课堂，关注教学实践中的真实问题。例如，在数学教研活动中，教师们发现学生在解决复杂应用题时存在困难，主要表现为对题目理解不深入、解题思路不清晰等问题。针对这一问题，教师们决定开展以"提高中学生解决复杂应用题能力"为主题的教研活动。他们首先通过课堂观察、学生访谈等方式，深入了解学生在解决复杂应用题过程中的具体表现和困难所在，为后续的研究提供了第一手资料。

第二，研究问题，寻求解决策略。在明确了问题之后，生成式教研的教学实践性原则要求教师必须对问题进行深入研究，寻求有效的解决策略。在上述数学教研活动中，教师们通过集体备课、研讨交流等方式，共同探讨解决复杂应用题的有效方法。他们结合学生的认知特点和思维习惯，提出了一系列针对性的教学策略，如加强题目分析训练、引导学生自主归纳解题思路等。同时，他们还在实际教学中不断尝试和调整这些策略，以确保其有效性和可操作性。

第三，实践应用，检验效果。生成式教研的教学实践性原则强调教研成果必须在教学实践中得到应用和检验。在上述数学教研活动中，教师们在明确了解决策略之后，便将其应用于实际教学中。他们通过对比实验、课堂观察等方式，对教学策略的应用效果进行了跟踪和评估。结果发现，这些教学策略的应用显著提高了学生解决复杂应用题的能力，学生的解题思路更加清晰、解题速度更快、正确率更高。这一实践应用的过程不仅验证了教研成果的有效性，也为后续的教学改进提供了有力支持。

第四，反思总结，持续改进。生成式教研的教学实践性原则还要求教师必须对教研活动进行深入的反思和总结，以便从中吸取经验教训，持续改进教学实践。在上述数学教研活动中，教师们在实践应用的基础上进行了深入的反思和总结。他们分析了教学策略应用过程中的成功经验和不足之处，探讨了影响策略应用效果的各种因素，并提出了进一步的改进建议。例如，他们建议在日常教学中加强对学生的解题思维训练、注重培养学生的自主学习能力等。这些反思总结的成果为后续的教学改进提供了重要参考。

3. 研究创新性原则

研究创新性原则是指在教研活动中，教师应具备创新意识和创新能力，勇于探索新的教学理念、教学方法和教学手段，以推动教育教学的改革和发展。这一原则强调教师在教研过程中的主动性和创造性，鼓励教师打破传统思维束缚，寻求教学的新突破。

第一，创新教学理念，引领学生发展。在生成式教研中，教师通过研究创新性原则，不断更新教学理念，以适应时代的发展和学生的需求。例如，某语文教师在教学实践中发现，传统的以知识灌输为主的教学方式已经无法满足当代学生的需求。于是，该教师积极探索新的教学理念，提出了"以学生为中心，以能力为导向"的教学理念。在这一理念的指导下，该教师注重培养学生的自主学习能力和创新思维能力，通过设计丰富多样的教学活动，激发学生的学习兴趣和动力。经过一段时间的实践，学生的语文素养和综合能力得到了显著提升。

第二，创新教学方法，提高教学效果。在生成式教研中，教师还通过研究创新性原则，不断探索新的教学方法，以提高教学效果。例如，化学教师在教学实践中发现，传统的讲授式教学方法无法有效激发学生的学习兴趣和思维活力。于是，该教师积极尝试新的教学方法，如"翻转课堂""小组合作学习"等。在翻转课堂中，学生需要在课前自主学习新知识，课堂上则通过小组讨论、教师点拨等方式深化理解和应用。这种教学方法有效调动了学生的学习积极性和参与度，提高了教学效果。同时，小组合作学习也培养了学生的团队协作能力和沟通能力。

第三，创新教学手段，丰富教学体验。随着科技的发展，教学手段也在不断更新换代。在生成式教研中，教师通过研究创新性原则，积极运用新的教学手段，以丰富教学体验。例如，英语教师利用多媒体技术和网络资源，为学生创造了一个真实的英语语言环境。通过在线交流、观看英语原声影片、模拟情景对话等方式，学生能够在轻松愉快的氛围中学习英语，提高了英语听说能力。同时，这种创新的教学手段也激发了学生的学习兴趣和好奇心，培养了学生的自主学习能力和跨文化交际能力。

（二）生成式教研的方法

1. 问题导向法

问题导向法是一种以问题为核心的教学方法，它强调在教学过程中以问题为引导，激发学生的学习兴趣和探究欲望，培养学生的自主学习能力和问题解决能力。在生成式教研中，问题导向法被广泛应用于教研活动中，要求教师在教研过程中以实际教学中的问题为出发点，通过对问题的深入分析和研究，找到问题的症结所在，提出解决问题的策略和方法，从而推动教学实践的改进和创新。

问题导向法的实施步骤如下：

步骤一：发现问题，确立教研主题。在生成式教研中，教师首先要从实际教学中发现问题，确立教研主题。例如，在语文学科教研活动中，教师们发现学生在写作方面存在较大的困难，主要表现为写作内容空洞、缺乏条理性等问题。针对这一问题，教师们决定开展以"提高中学生写作能力"为主题的教研活动。他们通过课堂观察、学生作品分析等方式，进一步明确了问题的具体表现和原因，为后续的研究提供了方向。

步骤二：分析问题，寻求解决策略。在确立了教研主题后，教师要对问题进行深入分析，寻求解决问题的策略和方法。在上述语文学科教研活动中，教师们通过集体备课、研讨交流等方式，共同探讨提高中学生写作能力的有效方法。他们结合学生的认知特点和写作规律，提出了一系列针对性的教学策略，如加强写作素材的积累、引导学生列提纲、注重写作过程的指导等。同时，他们还在实际教学中不断尝试和调整这些策略，以确保其有效性和可操作性。

步骤三：解决问题，改进教学实践。在找到解决问题的策略和方法后，教师要将其应用于实际教学中，以改进教学实践。在上述语文学科教研活动中，教师们在明确了解决策略之后，便将其应用于实际教学中。他们通过对比实验、课堂观察等方式，对教学策略的应用效果进行了跟踪和评估。结果发现，这些教学策略的应用显著提高了学生的写作能力，学生的写作内容更加充实、条理性更强。这一实践应用的过程不仅验证了教研成果的有效性，也为后续的教学改进提供了有力支持。

步骤四：反思总结，持续改进。在解决了实际问题后，教师还要对教研活动进行深入的反思和总结，以便从中吸取经验教训，持续改进教学实践。在上述语文学科教研活动中，教师们在实践应用的基础上进行了深入的反思和总结。他们分析了教学策略应用过程中的成功经验和不足之处，探讨了影响策略应用效果的各种因素，并提出了进一步的改进建议。例如，他们建议在日常教学中加强对学生的写作训练、注重培养学生的写作兴趣和自信心等。这些反思总结的成果为后续的教学改进提供了重要参考。

2. 合作交流法

合作交流法是指在教研活动中，教师们通过合作与交流的方式，共同研究教学问题、探讨教学方法、分享教学经验，以达到提高教学水平、优化教学实践的目的。这种教研方法强调教师之间的互动与协作，鼓励教师分享自己的见解和经验，同时也倾听他人的意见和建议，从而在相互交流中获得启发和提升。

合作交流法的实施步骤如下：

步骤一：组建教研团队，明确分工。在生成式教研中，实施合作交流法的首要步骤是组建教研团队，并明确每位成员的分工。例如，在化学学科教研活动中，教师们自发组成了一个教研团队，旨在提高学生的化学解题能力。团队中，有的教师负责收集相关的教学资料和案例，有的教师负责设计教学实验和测试题目，还有的教师负责观察和记录学生的表现。通过明确的分工，团队成员能够各司其职、协同工作，为后续的教研活动奠定良好的基础。

步骤二：开展集体备课，共享教学资源。集体备课是合作交流法在生成式教研中的重要应用之一。在上述化学学科教研活动中，教师们定期开展集体备课活动。在备课过程中，他们共同研究教材、分析学情、探讨教学方法和策略。通过集体备课，教师们不仅能够深入了解教学内容和教学要求，还能够共享各自的教学资源和经验，从而为提高课堂教学质量提供有力支持。

步骤三：进行课堂观摩，互相学习借鉴。课堂观摩是合作交流法在生成式教研中的另一种重要应用。在上述化学学科教研活动中，教师们经常进行课堂观摩活动。他们互相进入彼此的课堂，观察教学过程、了解教学方法、感受教学氛围。通过课堂观摩，教师们能够直观地了解其他教师的教学风格和特色，从中学习借鉴优点和亮点。

步骤四：开展研讨交流，共同解决问题。在生成式教研中，教师们还需要定期开展研讨交流活动，共同研究教学问题、探讨解决方法。在上述化学学科教研活动中，教师们经常组织研讨交流会，就教学过程中遇到的问题进行深入探讨。他们各抒己见、畅所欲言，共同寻求解决问题的最佳方案。

3. 案例分析法

案例分析法是一种基于实际教学案例进行深入研究的方法，其也是生成式教研中最常使用的方法之一。案例分析法要求教师从实际教学中选取具有代表性的案例，通过对案例的详细描述、深入分析和反思总结，挖掘案例中的教学规律、教学经验和教学问题，从而提出改进教学的策略和方法。案例分析法强调理论与实践的结合，注重从实践中提炼理论，再用理论指导实践，实现教学与研究的相互促进。

案例分析法的实施步骤如下：

步骤一：选取案例。在生成式教研中，选取案例是实施案例分析法的第一步。教师应从实际教学中选取具有代表性的案例，这些案例可以是成功的教学经验，也可以是失败的教学教训。选取案例时，教师应注重案例的真实性、典型性和启发性，确保案例能够反映教学的实际情况，具有代表性和借鉴意义。

步骤二：描述案例。描述案例是对选取的案例进行详细叙述的过程。教师应客观、准确地描述案例的背景、过程、结果等信息，还原案例的真实面貌。在描述案例时，教师应注重细节的把握，尽量将案例中的关键信息呈现出来，为后续的分析提供充分的依据。

步骤三：分析案例。分析案例是案例分析法的核心环节。在这一环节中，教师需要运用相关的教学理论和分析工具，对案例进行深入剖析。分析案例时，教师应注重问题的发现、原因的分析和策略的提出，确保分析具有针对性和实效性。

步骤四：反思与总结。反思与总结是案例分析法的最后一步。在这一环节中，教师需要对分析结果进行反思和总结，提炼出案例中的教学经验和教学规律，形成自己的教学见解和认识。同时，教师还需要将反思与总结的结果应用到实际教学中，以检验其有效性和可行性。

4. 行动研究法

行动研究法是生成式教研中最具实践性的方法。这一方法强调教师在教学实践中开展研究，通过边实践、边研究的方式，不断改进教学实践。

行动研究法的内涵主要体现在以下几个方面：第一，以解决实际教学问题为核心。行动研究法强调从实际教学中发现问题、分析问题和解决问题，通过改进教学实践来提升教学效果。第二，以教师为主体。行动研究法强调教师的自主性、反思性和创新性，鼓励教师积极参与到研究过程中，通过实践、反思和创新来提升自身的教学能力。第三，循环往复的研究过程。行动研究法是一个不断循环往复的过程，包括计划、行动、观察和反思等环节。教师在研究过程中需要不断地调整和完善研究计划，以更好地解决实际问题。

行动研究法的实施步骤如下：

步骤一：发现问题。教师需要通过观察、访谈、问卷调查等方式收集实际教学中的问题，并对问题进行归纳和整理，明确研究的目标和方向。

步骤二：制订研究计划。教师需要针对发现的问题制订详细的研究计划，包括研究目标、研究方法、研究步骤和时间安排等。

步骤三：实施行动计划。教师需要根据研究计划开展实践探索，通过尝试新的教学方法、策略或手段来解决实际问题。在实施过程中，教师需要注意观察学生的反应和变化，收集相关数据和信息。

步骤四：观察与反思。在实施行动计划后，教师需要对实践结果进行观察和反思，分析实践效果及存在的问题，并提出改进策略。观察与反思是行动研究法中的重要环节，有助于教师深入了解实际教学效果并寻求改进方法。

步骤五：调整与完善研究计划。根据观察与反思的结果，教师需要调整和完善研究计划，以便更好地解决实际问题。这一步骤体现了行动研究法的循环往复特点，有助于教师在实践中不断改进和优化教学策略。

综上所述，生成式教研作为一种新兴的教研模式，以其独特的理念和实践效果受到广泛关注。本节详细阐述了生成式教研的原则与方法，包括教师主体性原则、教学实践性原则、研究创新性原则以及问题导向法、合作交流法、案例分析法和行动研究法等原则和方法。这些原则和方法对于指导教师开展生成式教研具有重要意义。然而，需要指出的是，生成式教研并非一蹴而就的过程，而是需要教师在实践中不断探索、反思和总结的过程。因此，教师应以积极的态度和开放的心态参与生成式教研，不断提升自身的专业素养和研究能力。同时，学校和教育管理部门也应为教师提供必要的支持和保障，营造良好的教研氛围和条件，推动生成式教研的深入开展和广泛应用。

四、教师角色的转变与专业发展

随着教育改革的不断深入，教师角色的转变与专业发展成为教育领域的重要议题。生成式教研，作为一种新兴的教学研究模式，以其独特的理念和方法，为教师角色的转变与专业发展提供了有力的支撑。

（一）生成式教研推动教师角色的转变

1. 从知识传递者到知识建构者的转变

在传统的教学模式中，教师往往扮演着知识传递者的角色，他们负责将教材上的知识灌输给学生。然而，在生成式教研的推动下，教师的角色逐渐从知识传递者转变为知识建构者。例如，在一节关于物理力学的教学中，传统的做法是教师按照教材上的内容，向学生讲解力学的基本原理和公式。但在生成式教研的理念下，教师不再仅仅是知识的传递者，而是引导学生通过实验、观察和分析，自己发现力学原理，并尝试用这些原理解决实际问题。在这个过程中，教师不再是单向的知识传递者，而是与学生一起探索、发现新知识的过程中的引导者和合作者。

2. 从教学执行者到教学研究者的转变

在传统的教学模式下，教师往往只是教学计划的执行者，他们按照教材和课程大纲的要求进行教学。但在生成式教研的推动下，教师逐渐从教学执行者转变为教学研究者。例如，语文教师在教授古诗词时，发现学生对古诗词的兴趣不高，理解也存在困难。于是，这位教师开始研究如何改进古诗词的教学方法，通过引入多媒体教学资源、创设情境、组织诗词朗诵比赛等方式，激发学生的学习兴趣，提高他们的理解能力。在这个过程中，教师不再是单纯的教学执行者，而是成为教学研究的主体，通过实践、反思和创新来寻求解决方案。

3. 从孤独的工作者到团队合作者的转变

在传统的教学模式下，教师往往是孤独的工作者，他们各自为政，缺乏彼此之间的合作与交流。但在生成式教研的推动下，教师逐渐从孤独的工作者转变为团队合作者。例如，在数学教研组中，教师们发现学生在解决复杂应用题时存在困难。于是，他们决定共同研究这个问题，并尝试开发一种新的教学方法来帮助学生。在这个过程中，教师们共同制订研究计划、分工合作、共享资源和经验，最终成功开发出了一种新的教学方法，并取得了显著的教学效果。在这个过程中，教师不再是孤独的工作者，而是成为团队合作的重要成员。

4. 从权威者到引导者的转变

在传统的教学模式中，教师往往扮演着权威者的角色，他们掌握着知识和真理，而学生则需要无条件地接受和服从。但在生成式教研的推动下，教师的角色逐渐从权威者转变为引导者。例如，在历史课上，传统的做法是教师向学生讲述历史事件和人物，学生则需要记忆和背诵这些内容。但在生成式教研的理念下，教师不再仅仅是知识的权威者，而是引导学生通过自主阅读、讨论和探究，自己发现历史事件和人物的意义和价值。在这个过程中，教师不再是单向的知识传递者和权威者，而是成为学生自主学习和探究的引导者和支持者。

5. 从单一评价者到多元评价者的转变

在传统的教学模式下，教师往往扮演着单一评价者的角色，他们根据学生的考试成绩来评价学生的学习成果。但在生成式教研的推动下，教师的角色逐渐从单一评价者转变为多元评价者。例如，在科学实验课上，传统的做法是教师根据学生的实验报告来评价学生的实验成果。但在生成式教研的理念下，教师不再仅仅是单一的评价者，而是引入了学生自评、互评、教师评价等多种评价方式，从多个角度全面评价学生的实验成果和综合能力。在这个过程中，教师不再是单向的评价者，而是成为多元评价体系的参与者和推动者。

综上所述，生成式教研在推动教师角色转变方面发挥了至关重要的作用。它使教师从知识传递者转变为知识建构者、从教学执行者转变为教学研究者、从孤独的工作者转变为团队合作者、从权威者转变为引导者、从单一评价者转变为多元评价者。这些转变不仅提高了教师的教学效果，也促进了教师的专业发展和学生的全面发展。

（二）生成式教研推动教师的专业发展

生成式教研不仅推动了教师角色的转变，还为教师的专业发展提供了有力的支撑。具体表现在以下几个方面：

1. 生成式教研推动教师知识结构的更新与完善

生成式教研鼓励教师从实际教学中发现问题，通过研究和实践寻求解决方案，从而不断拓展自己的专业知识领域。例如，数学教师在教授面积单位时，发现学生对不同面积单位之间的换算存在困难。于是，她决定深入研究这个问题，并阅读了大量关于面积单位换算的文献资料。通过这一过程，她不仅掌握了更多关于面积单位换算的知识，还了解到了不同国家和地区在面积单位使用上的差异，从而丰富了自己的专业知识储备。

此外，生成式教研还鼓励教师跨学科学习和整合知识。例如，某初中语文教师在教授古诗时，发现学生对古诗的意境理解不够深入。于是，她决定引入美术学科的知识，通过让学生欣赏与古诗意境相符的绘画作品，来帮助学生更好地理解古诗。在这一过程中，她不仅学习了美术学科的相关知识，还提高了自己跨学科整合知识的能力。

2. 生成式教研提升教师的教学设计与实施能力

生成式教研强调教师的反思与创新，要求教师对自己的教学实践进行深入的反思，发现不足并寻求创新方法。这一过程有助于教师提升教学技能，形成个性化的教学风格。例如，某高中英语教师在反思自己的教学实践时，发现学生在阅读理解方面存在困难。于是，她决定尝试一种新的教学方法——思维导图。她引导学生在阅读文章时，使用思维导图来梳理文章的结构和要点，从而帮助学生更好地理解文章。通过实践，她发现这种方法不仅提高了学生的阅读理解能力，还激发了学生的学习兴趣。因此，她将这一方法应用到了其他教学内容中，并逐渐形成了自己独特的教学风格。

3. 生成式教研增强教师的教育研究与创新能力

生成式教研鼓励教师从实际教学中发现问题并进行研究，通过实践、反思和创新来寻求解决方案。这一过程有助于教师增强研究能力，提高学术素养。例如，某初中物理教师在教授光学知识时，发现学生对光的折射现象理解不够深入。于是，他决定进行一项关于光的折射现象的研究。他阅读了大量关于光学知识的文献资料，了解了光的折射现象的基本原理和研究现状。然后，他设计了一系列实验来探究光的折射规律，并引导学生参与实验过程。通过这一过程，他不仅增强了自己的研究能力，还培养了学生的科学探究精神。

4. 生成式教研促进教师的合作与交流能力

生成式教研强调教师之间的合作与交流，鼓励教师共同研究问题、分享经验。这一过程有助于教师提高合作与交流能力，形成团队精神。例如，在语文教研组中，教师们发现学生在写作方面存在困难。于是，他们决定共同研究这个问题，并尝试开发一种新的写作教学方法。他们共同制订了研究计划，并分工合作进行文献资料的搜集和整理。并且他们定期组织研讨会，分享各自的研究成果和经验。通过这一过程，他们不仅提高了自己的合作与交流能力，还形成了紧密的团队精神。最终，他们成功开发出了一种新的写作教学方法，并取得了显著的教学效果。

5. 生成式教研激发教师的职业认同感和自我实现感

生成式教研强调教师的实践、反思与创新，使教师能够更加深入地参与到教学过程中，感受到教学的乐趣和成就感。这有助于激发教师的职业热情，提高其自我认同感，从而更加积极地投入教学工作中。例如，某音乐教师在参与生成式教研的过程中，不断尝试新的教学方法和手段，如奥尔夫音乐教学法、柯达伊音乐教学法等。通过实践和创新，她不仅提高了自己的教学效果，还获得了学生和家长的认可和赞誉。这使她更加热爱自己的职业，并产生了强烈的职业认同感和自我实现感。

综上所述，生成式教研在推动教师的专业发展方面发挥了重要作用。它通过鼓励教师拓展知识、提升教学技能、增强研究能力、提高合作与交流能力以及激发职业认同感与自我实现等多个方面的努力，促进了教师的全面发展和进步。这些成果不仅提高了教师的教学效果，也提升了教师的专业素养和综合能力。

五、生成式教研对学生的影响

生成式教研是一种以学生为中心的教研方式，强调学生的主动性、创造性和参与性。它注重在教学过程中，通过教师的引导和启发，激发学生的学习兴趣和潜能，促进学生的全面发展。

（一）激发学生的学习兴趣和动力

生成式教研注重学生的主体性和参与性，通过设计富有挑战性和趣味性的教学活动，激发学生的学习兴趣和好奇心。在这样的教学模式下，学生不再是被动地接受知识，而是主动地参与到知识的探索和发现过程中。他们在解决问题的过程中，能够感受到学习的乐趣和成就感，从而增强学习动力，形成积极的学习态度。这种积极的学习态度不仅有助于学生在学校中的学习，更有助于他们在未来的生活和工作中保持持续学习的热情。

(二) 培养学生的自主学习能力和创新精神

生成式教研强调学生的自主学习和创新精神。在教学过程中,教师需要引导学生独立思考、主动探索,鼓励他们敢于质疑、勇于创新。在这样的教学模式下,学生需要主动思考、解决问题,从而培养他们的自主学习能力。同时,生成式教研注重培养学生的创新思维和解决问题的能力。通过设计开放性问题、组织小组讨论、开展实践活动等方式,为学生提供更多的参与机会和探索空间,让他们在解决问题的过程中实现知识的生成和能力的提升。这种教学模式有助于培养学生的创新精神和实践能力,为他们的未来发展打下坚实的基础。

(三) 提升学生的合作与交流能力

生成式教研强调师生之间、学生之间的合作与交流。在教学过程中,学生需要与他人合作、分享经验、交流思想,从而培养他们的合作与交流能力。这种能力不仅有助于学生在学校中的学习,更有助于他们在未来的工作和生活中与他人协作、共同解决问题。同时,通过合作与交流,学生还能够学会倾听他人的意见和想法,尊重他人的观点,从而培养他们的社会责任感和公民意识。

(四) 增强学生的自信心和心理素质

生成式教研注重学生的个体差异和个性化需求,尊重每个学生的特点和优势。在这样的教学模式下,每个学生都有机会展示自己的才华和潜力,从而增强自信心。同时,生成式教研还注重培养学生的心理素质,如抗挫能力、适应能力等。通过设计具有挑战性的教学活动和提供适当的支持,帮助学生面对困难和挫折时保持积极的心态和行动,从而培养他们的心理韧性和适应能力。

（五）促进学生的全面发展

生成式教研关注学生的全面发展，不仅注重知识的传授，还注重学生的情感、态度和价值观的培养。通过设计多样化的教学活动和评价方式，生成式教研能够帮助学生发现自己的兴趣和特长，培养他们的多元智能和综合素质。同时，生成式教研还注重培养学生的社会责任感和公民意识，通过参与社会实践活动和社区服务等方式，让学生更好地了解社会、服务社会，从而促进他们的全面发展。

（六）培养学生批判性思维和判断能力

生成式教研鼓励学生对所学知识进行深入的思考和评估，培养学生的批判性思维和判断能力。生成式教研鼓励学生独立思考，不盲从、不迷信，对所学知识进行深入的探索和质疑。教师通过设计开放性问题、组织讨论、提供多元观点等方式，激发学生的好奇心和求知欲，引导他们从多个角度思考问题，不局限于传统观念或既定答案。这种教学方式有助于培养学生的批判性思维，使他们在面对问题时能够独立思考、判断，不轻易被外界观点左右。它强调学生对信息进行独立分析、评价和判断，而不是简单的接受或拒绝。这种教学方式帮助学生形成独立思考和自主决策的能力，使他们能够在复杂多变的社会环境中做出明智的选择。

第三章　数字化工具在生成式教研中的应用

一、数字化工具的类型与功能

随着信息技术的迅猛发展，数字化工具在教育领域的应用越来越广泛。这些工具不仅丰富了教学手段，提高了教学效果，还为学生提供了更加个性化、多样化的学习体验。在教育教学领域，教师的专业发展至关重要。为了促进教师的持续成长，北京市第一七一中学逐渐形成了生成式教研的理念与模式。该模式强调教学资源的循环利用与创新修订，以及课案和课堂模式的复制与创新。通过这一模式，我们借助数字化工具构建了一个动态、生成性的教研环境，使教师在其中能够自主学习、自我反思，从而实现专业成长。

（一）生成式教研数字化工具的类型

1. 生成式课案资源库

生成式课案资源库是北京市第一七一中学生成式教研的初始形态。北京市第一七一中学建立的生成式课案资源库，是每一批新教师的学习资源。教师们会在平台课案资源生成机制引导下，不断优化课案设计、课例总结等。它打破了传统教学资源库的静态局限，通过动态生成机制，持续为教师提供新鲜、实用的教学资源，推动教师成为学习型、反思型教师。这一资源库的建立，不仅减轻了教师备课的工作量，更重要的是，它促进了教师之间的交流与合作，推动了教学创新。

在生成式课案资源库的引领下，教师们逐渐形成了学习型和反思型的教学风格。他们不再满足于照搬传统的教学模式，而是积极探索新的教学方法和策略。同时，资源库中的课案设计和课例总结也为教师们提供了反思的素材和灵感，帮助他们不断审视自己的教学实践，从而发现不足并寻求改进。这些资源既体现了教师们的集体智慧，又反映了教学实践中的最新动态和趋势。在这种机制的引导下，教师们会不断优化自己的课案设计和课例总结，以期在资源库中留下自己的印记。

2. 备课类智能工具

这一工具的应用能够适应教师日常备课的各个环节，如教学计划制订、教学资源收集、教案编写、教学课件制作等。教师可以根据自己的需要和习惯，灵活地组织和管理这些环节，提高工作效率。同时，该工具还支持教师之间的在线协同工作，使得多人能够同时参与到一个备课项目中，共同完成任务。这不仅可以提高工作效率，还能促进教师之间的交流和合作，提升团队的整体能力。这一工具还可以收集和分析备课过程中的各种数据，如教师的备课进度、备课内容、教学反思等。通过对这些数据的分析，可以发现备课中的问题和不足，从而有针对性地进行改进和优化。

3. 听课评课类智能工具

该工具内置了模板化的电子听课本，这使得教师在听课过程中能够快速、准确地记录课堂情况。这些模板可以根据不同的学科、课程类型或听课目的进行定制，以满足教师的多样化需求。通过电子听课本，教师可以方便地记录课堂的重点、亮点以及需要改进的地方，为后续的评课提供翔实的依据。

听课评课智能工具支持随堂听课、邀请听课、在线听课以及组织化的听课评课活动等多种机制。这些机制为教师提供了灵活多样的听课方式，既可以满足日常的随堂听课需求，也可以支持跨校区、跨学科的邀请听课或在线听课。此外，通过组织化的听课评课活动，还可以促进教师之间的交流和合作，共同提升教学水平。

该工具还具备对听课评课数据进行智能分析的功能。通过对收集到的数据进行深度挖掘和分析，可以从多个维度展现评课反馈，如教学内容、教学方法、师生互动、课堂氛围等。这些分析结果不仅可以帮助授课教师清晰地了解自己的教学优势和不足，从而有针对性地改进教学方法和策略，还可以为听评课教师提供客观、全面的评课依据，提升他们的听课和评课水平。

4. 教本科研类智能工具

系统内置了课题、比赛等各种科研活动模板，这些模板涵盖了教育领域的多个方面，为教师提供了丰富的选择。通过这些模板，教师可以轻松创建自己的科研项目，并按照系统的指引逐步推进研究进程。同时，系统还支持自定义模板功能，满足不同学校和教师的个性化需求。

通过灵活动态的配置功能，教师可以根据自己的需要设置课题申报和审核流程。这不仅大大简化了烦琐的申报程序，还提高了审核效率，让课题研究能够更快地进入实施阶段。同时，系统的统计分析功能也为学校管理者提供了便捷的数据支持，有助于他们更好地了解学校的科研情况。通过系统的引导和支持，即使是初次接触科研的教师也能够快速上手，逐步提升自己的研究能力。此外，系统还鼓励教师之间进行交流和合作，共同研究教育领域的共性问题。这种协作化的研究模式有助于集思广益，形成更具创新性和实用性的研究成果。

5. 持续推进落地生成式教研中所使用的数字化工具

随着社会发展和教育改革对教师提出了新的更高的要求，教育数字化转型之下，未来还需要继续探索和引入更多先进的数字化工具。教师作为教育发展的核心支撑力量，需要数字化素养与教师专业发展的不断提升，将智能工具与教学实践深度融合，为教师工作增效减负也迫在眉睫。学校需要继续推进数字化工具的应用来助力教师在教研及育人等方面提升工作效率，通过平台提供的智能化、体系化教师专业发展路径，来提升教师队伍整体能力。

（二）数字化工具运用在教育中的价值

数字化工具已成为学校管理、教学、教科研和育人等多个方面的关键支撑。这些工具不仅促进了教师的专业发展，改变了学生的学习方式，还为学校的可持续发展注入了新的活力。

数字化工具可以构建一个由"生成、累积、优化、共享和创新"五大环节组成的知识管理循环。在这个循环中，知识得以常态化的采集、数字化的管理，并智能化地应用于各种教育场景。这使得优秀的教育资源和知识能够赋能教师的日常工作，推动学校教育教学质量不断提升。

这些工具以服务教师工作提效、促进专业发展为根本目标，建立了一个完整的教师专业发展体系。这个体系支持教育教学数据的采集、沉淀、加工、应用、反思和优化，帮助教师熟练掌握平台工具、内容、数据和模式的运用，提升技术融合学科教学的能力。同时，结合学校的长远规划，设计教师专业发展的实现路径，确保教师能够在专业道路上持续成长。

此外，数字化工具还充分反映学生的全面发展情况和个性特长。通过为学生设计不同维度的学业课程和实践课程，结合课程的核心素养构建具体的、可考察的指标，数字化工具为学校塑造了一个整体的、多维度的教育评价方向。依托这个评价方向，再结合课程设置，数字化工具为学生搭建了一个线上线下相结合的教育活动和学习活动平台。通过采集学生过程性的教育活动和学习活动数据，构建了一个完整的学生成长档案，为学生的全面发展提供了有力的支持。

总之，教育数字化工具在激发学习动力、提高教学效率、增强教学效果等方面都发挥了积极的促进作用。在教师进行生成式教研过程中，这些工具也起到了至关重要的作用，极大地提高了教师的教研效率。随着技术的不断进步和教育理念的不断更新，我们有理由相信，教育数字化工具将在未来的教育领域发挥更加重要的作用。

二、数字化工具在教研活动中的应用案例

在数字化浪潮的推动下，本章节将通过以北京市第一七一中学应用果之全场景教师工作发展平台落实生成式教研创新实践为例，全面介绍生成式教研从萌芽到根植于北京市第一七一中学各维度的教研活动中的典型案例。SaaS（软件即服务）教育数字化工具，作为这场变革的重要力量，正引领着教育走向云端，开启全新的篇章。SaaS 教育数字化工具，顾名思义，是一种基于 SaaS（Software as a Service）模式的教育应用。无须在本地计算机上安装任何软件，只需通过互联网连接，使用者便能轻松访问基于云的应用程序。这种模式的出现，不仅打破了传统软件使用的地域限制，更让教育资源的获取和共享变得前所未有的便捷。

伴随着数字化技术的不断发展和普及，SaaS 教育数字化工具在教育行业中的应用越来越广泛。从教学、育人到学校管理，这些工具正在逐步渗透到教育的各个环节。它们不仅提升了教学效率，更让学习变得更加个性化、自主化。随着新时代教育评价改革的深入推进，以及智慧教育理念的广泛实践，北京市第一七一中学为适应这一变革，结合自身的智慧教育发展路径和已有的软硬件基础，在多年的探索中，通过基于果之全场景教师工作发展 SaaS 云平台，搭建了智能化教师专业发展体系及学生学习成长体系的系列数字化工具，这些智能工具为北京市第一七一中学的生成式教研理念与实践的落地奠定了技术基础。

果之全场景教师工作发展平台（以下简称"果之教师平台"）通过构建教师专业发展体系，对北京市第一七一中学的教师在教研活动中提供信息化服务支持，助力了教师与学生之间的激励、培训、陪伴、协助和成长。在果之教师平台上有一系列数字化工具支撑学校进行听课评课、校本培训、科研、活动、评价及发展积分等，推动了教师教学能力可持续发展，激发了工作热情与学校活力。

同时，运用该平台的系列学生管理数字化工具，北京市第一七一中学还

构建了学生学习成长体系，以学生自主个性学习为核心，搭建完整学习链条，支持教师个性化引导，实现精准学习数据分析。平台还可以记录班级活动、家校沟通等育人信息，智能生成学生多维度成长档案。此外，北京市第一七一中学通过平台的校本知识中心推动学校知识管理创新，运用先进技术整合校内零散知识，实现优质知识共享与应用，助力教师便捷制作、应用、分享和获取知识，提升教学效果。平台还生成多维度业务分析报告，为北京市第一七一中学各业务部门的管理者和教师提供精准化分析和决策支持。运用平台的模板中心，高效聚合创新优质模式，助力了北京市第一七一中学快速智能化生成符合需求的个性化校本特色机制。

平台不仅促进教师的专业发展、学生的学习方式变化以及学校的可持续发展，还推动了学校教育教学质量的全面提升。通过智能化工具和数据分析技术的深度融合应用，我们将能够打造一个更加高效、科学、个性化的教育环境，为培养新时代的创新型人才奠定坚实基础，也为生成式教研理念的落地创造了便捷的智能云空间。

（一）大数据精准教研中心平台为生成式教研奠定了数字化环境基础

以果之全场景教师工作发展平台为基础，我们构建了具有北京市第一七一中学自身特色的大数据精准教研中心平台。这个平台为教师提供了一个一站式的生成式教研环境，涵盖了备课、教学、听评课、科研、培训、评价等多个教研场景。通过该平台，教师高效进行教研任务，实现教学教研工作的全流程数字化管理。基于全场景的大数据分析，为教师提供了精准的教学教研反思辅助。通过对教师在教学教研过程中的数据进行深度挖掘和分析，平台能够为教师提供个性化的反馈和建议，帮助他们发现自身在教学教研中的优势和不足，进而进行有针对性的改进和提升。通过数据驱动的教研模式，确保了教师能够紧跟教育改革的步伐，不断提升自身的教学水平和专业素养。同时，通过优化教学流程和提高教学效率，也为学生提供了更加优质的教育资源和学习体验，也为北京市第一七一中学的生成式教研实现路径，奠定了数字化环境基础。

1. 构建"协同备课"系统，开展在线协同教研

通过运用数字化工具，我们实现了对教师在备课时产生的资源的自动收集，形成了可复用的校本资源库。这一资源库不仅支持跨学年查看教学资源，还为教师们提供了线上线下主题研讨的便利，推动了深度磨课的实现。磨课过程和更新资料都能够呈现在平台上，有效促进了学科资源建设的持续发展。

同时，我们建立了高效的数字化协同备课管理机制，将备课与教学计划紧密关联，确保了教学信息的上下同步。这一机制使得校内的教学干事能够随时查看每个备课组的工作进度和内容，让教研内容生成的每一步都有迹可循，可视化呈现。

周次	日期	教学内容	课时	操作
第1周	09.01	几何复习	1	已完成，查看
第2周	09.04 — 09.08	整式乘除1	4	已完成，查看
第3周	09.11 — 09.15	整式乘除2	4	已完成，查看
第4周	09.18 — 09.22	整式乘除3	5	已完成，查看
第5周	09.25 — 09.29	15.1.2 分式的基本性质	4	已完成，查看
第6周	10.07 — 10.08	分式加减乘除2节	2	已完成，查看
第7周	10.09 — 10.13	分式混合负指数及方程5节	5	已完成，查看
第8周	10.16 — 10.20	分式应用题及复习课5节	5	共创未定稿，进入集备
第9周	10.23 — 10.27	期中复习4节	4	去提交
第10周	10.30 — 11.03	期中复习5节	5	去提交
第11周	11.06 — 11.10	期中模拟1两节	2	去提交
第12周	11.13 — 11.17	期中模拟2两节周测6一节二次根式2节	5	共创未定稿，进入集备
第13周	11.20 — 11.24	二次根式2节勾股3节	5	共创未定稿，进入集备
第14周	11.27 — 12.01	勾股4节周测7一节	5	共创未定稿，进入集备
第15周	12.04 — 12.08	平行四边形5节	5	共创未定稿，进入集备
第16周	12.11 — 12.15	平行四边形5节	5	去提交
第17周	12.18 — 12.22	平行四边形2节周测8、9、10	5	去提交
第18周	12.25 — 12.29	周测11、期末模拟3、期末模拟4	5	去提交
第19周	01.01 — 01.05	模拟1、模拟2	4	去提交
第20周	01.08 — 01.12	期末复习1-5	5	去提交
第21周	01.15 — 01.19	期末复习6	1	去提交

备课组集体研讨备课，形成"生成式"教研过程。协同备课智能工具的应用避免了独立备课中可能出现的对教材把握不准确的问题。平台提供的"在

线word""语音说课""视频讨论""多人协作"等智能工具，使得集团内的教师可以跨校区实时视频研讨，同步开展教研协作。这种集体备课与个人备课相结合的方式，既发挥了协同教研的合作效应，开阔了教师的教学思路，提高了教学水平，又能从学生实际出发，设计出最适合自己班级学生的教学安排。

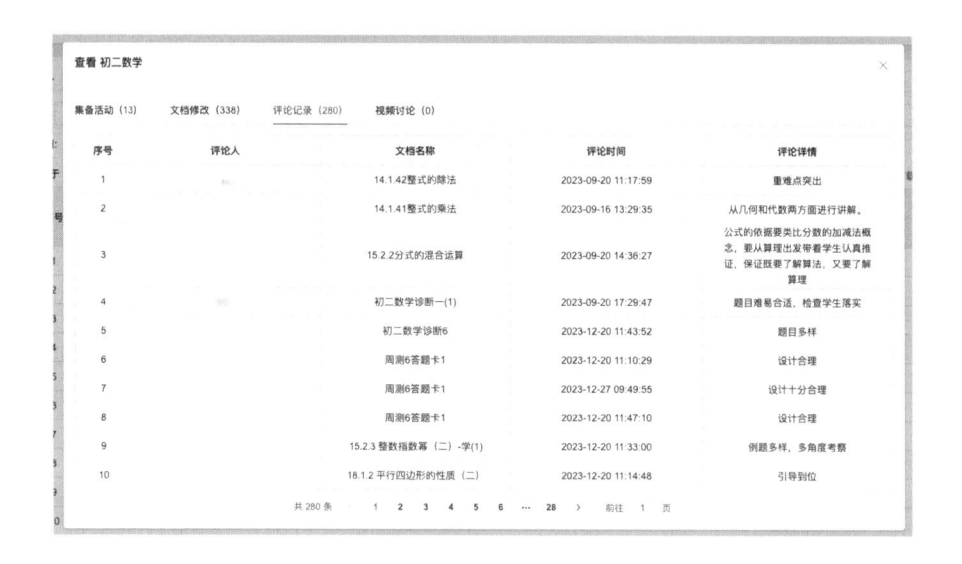

第三章 数字化工具在生成式教研中的应用

（图示：文档"15.2.3 整数指数幂（二）-学(1).doc"截图，内容包含学习目标、复习旧知、新知归纳等教学内容）

（图示：初一历史集备活动记录表截图，包含序号、周次、活动时间、活动内容、主备人、参与人、活动成果、操作等列，显示已完成集备数20，集备完成率83.33%）

数字化工具在教师备课方面的应用，不仅提升了教师备课和教研的效率，也促进了优质教学资源在校内的共享和协同备课的发展，为北京市第一七一中学教学质量的提升和教师专业成长奠定了坚实基础。

2. 创建"听评课系统"，助力课堂全维发展

在教研活动中，数字化工具的应用也改变着传统的听评课模式，使得教师们能够告别传统的听课本，极大地提高了学校组织听评课活动的效率。这一变革形成了从备课到评课的一体化教研新模式，为教师们提供了一个更加高效、便捷的教研环境。

在这个新的教研模式下，教师们能够根据自身学科特点，自主使用协同备课与进班听课数字化工具，围绕教研组进行协同教研，实现备课留痕，为不同阶段的教师提供明确的指导。在教研指导过程中，所有教师都可以随时协同对教案等内容进行编辑，实现了生成式随时听、随时记的良好教研指导效果。

课中，教研组老师进班听课，为了确保课堂细节的完整保留，我们实行了纸质＋电子听课本相结合的方式，利用多种记录媒介进行记录。这样不仅能够及时捕捉课堂中的每一个重要瞬间，还能够方便后续整理和分析，将定性与定量评价有机结合起来，使得课堂评价更加全面、客观。课后，各个年级备课组在备课组长的领导下，积极进行课后反思，在组内讨论中积极改进自己的教学手段，提升课堂能力，形成了良好的教—学—研—评的闭环。

为了促进校内资源共享和教师成长，我们还利用数字化工具搭建了线上优质课程资源库。这一资源库使得教师们能够更加有效利用碎片化的时间，观看和点评众多优质课程，从而促进教师整体能力的提升。

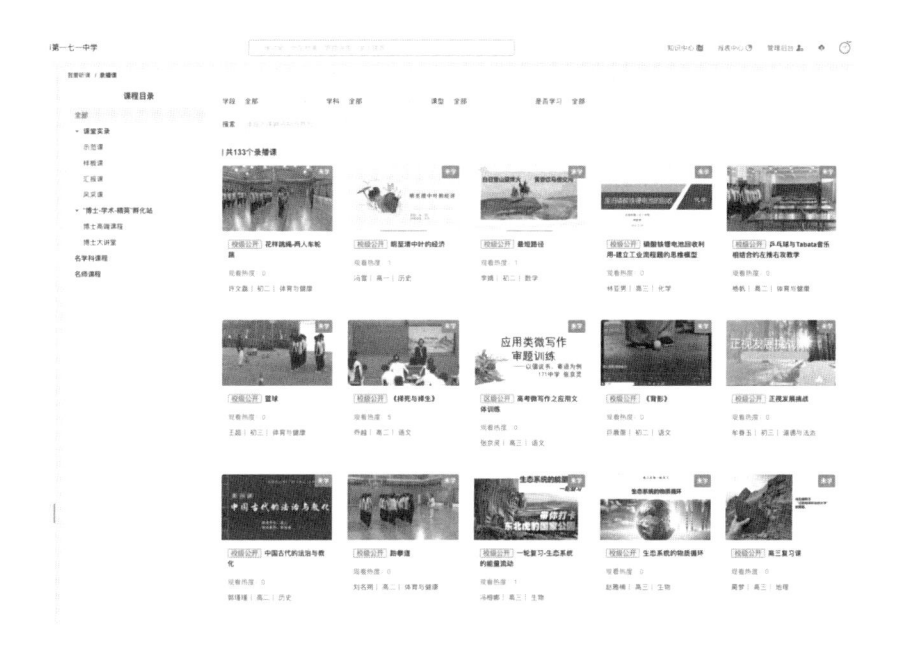

第三章 | 数字化工具在生成式教研中的应用

此外，通过便捷的听评课智能工具，助力了各学科组能够高效开展各类听评课活动，如样板课、骨干教师示范课、新教师汇报课等。授课老师可以上报课题，自行选择上课时间和地点，系统自动协调避免冲突，大大提高了听课活动的组织效率。授课教师还可以上传课件、教案等资源，分享给听课老师，使听课更具深度，评课更全面。这种以课堂为抓手、以练促教的方式，有效促进了教师的课堂发展。

活动名称	活动状态	开课教师	活动时间
23-24学年一七一中学青年教师汇报课	已结束	35人	2023-11-15 至 2023-12-20
2023-2024学年171中学骨干教师示范课	已结束	13人	2023-10-16 至 2023-10-30
附小样板课	已结束	16人	2023-09-01 至 2023-09-08
"五步自主高效课堂"样板课	已结束	8人	2023-08-28 至 2023-08-30
2022年青年+博士+新调入教师公开课（北校区）	已结束	3人	2023-03-20 至 2023-04-18
2022年青年+博士+新调入教师公开课（东校区）	已结束	21人	2023-03-20 至 2023-04-18
2022-2023学年度第二学期课案样板	已结束	19人	2023-02-10 至 2023-04-30

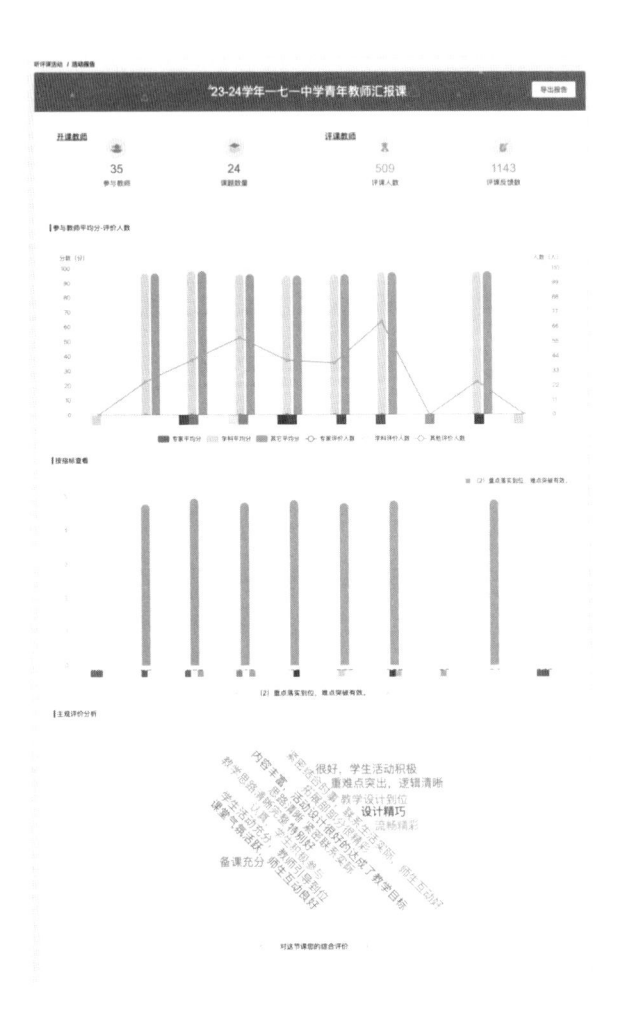

数字化工具助力生成式教研，不仅提高了听评课活动的效率和质量，还为教师们提供了一个更加便捷、高效的教研环境，有力推动了教师的专业成长和学校教学质量的提升。

例如，在"青年教师汇报课"活动中，全校教师以极高的热情参与，纷纷为青年教师的课堂表现提供宝贵的意见和建议。这次活动中，评课记录数量达到了一千余条，充分展现了教师们对青年教师的关注和支持。

第三章 | 数字化工具在生成式教研中的应用

为了更好地利用这些评课记录，我们运用果之教师平台对这些碎片化的听评课意见和建议进行了整合和分析。通过数据挖掘和智能处理，我们形成了一份详细的听评课分析报告。全维的智能化评课报告不仅总结了活动的整体情况，还针对每个青年教师的表现提供了具体的反馈和建议。

这份报告对于青年教师来说也是一份宝贵的课堂引导指南，他们可以通过报告了解自己的优点和不足，明确今后的努力方向。

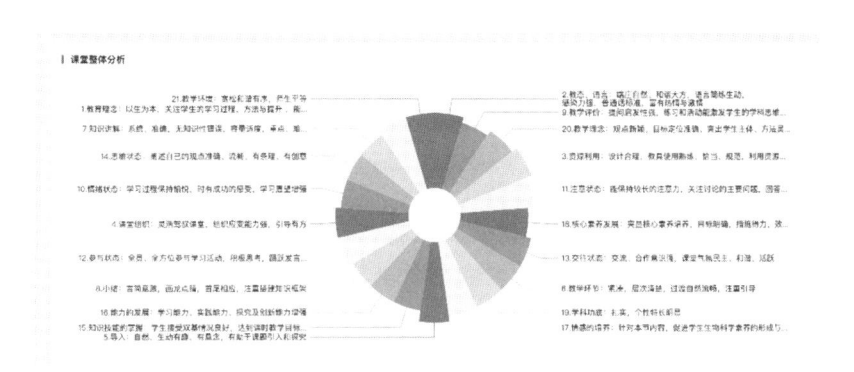

"青年教师汇报课"活动通过运用数字化工具，我们实现了全校教师的高效参与和评课记录的全面收集。这些记录不仅完整保留了课堂细节，还为后续的分析和改进提供了有力支持。在这样的教研氛围下，青年教师的成长将更加迅速，学校的教学质量也将得到进一步提升。

2021—2022学年青年教师汇报课

● 进行中

活动时间：2021-11-10/2021-12-03

活动说明：

评价表：预览评价表

学科　全部　　　学段　全部　　　关键字

序号	参与教师	授课主题	学段	学科	评课教师（已评/总人数）
1		中国共产党的诞生	初中	历史	10/
2		《等比数列》11月15日 第三节	高中	数学	37/
3		《第一次工业革命的影响》11月15日 第五节	初中	历史	35/
4		《关爱他人》11月15日 第六节	初中	政治	48/
5		磁生电（11月16日第2节）	初中	物理	32/
6		立体图形与平面图形（11月16日第3节）	初中	数学	41/
7		西方近代民族国家与国际法的发展（11月16日第4节）	高中	历史	41/
8		Module12 Unit 1（11月16日第5节）	初中	英语	42/
9		等比数列的概念（11月16日第6节）	高中	数学	36/
10		细胞的能量"货币"——ATP（11月17日第4节）	高中	生物	25/
11		经济专题复习（11月17日第5节）	高中	政治	36/
12		眼睛和眼镜（11月19日第4节）	初中	物理	40/
13		核心力量与耐久跑练习（11月19日第5节）	初中	体育	12/
14		细胞呼吸的原理与应用（11月19日第6节）	高中	生物	24/
15		听说练习专题（11月19日第7节）	高中	英语	24/
16		学习正手攻球（11月19日自习课）	高中	体育	20/
17		服务社会（11月22日第2节）	初中	政治	12/
18		Module 8 Unit1（11月22日第4节）	初中	英语	27/
19		舞动敦煌（11月22日第6节）	初中	音乐	19/
20		Module 1 Unit2（11月22日第5节）	初中	英语	28/
21		《统计图的判读》（11月22日第7节）	高中	地理	31/
22		短跑的专项素质练习	初中	体育	13/

数字化工具在推动全校各类大型听评课活动的高效开展方面发挥了重要作用，本校如此，北京市第一七一中学附属青年湖小学亦如此。全校教师积极使用果之教师平台进行教案的上传、交流和分享，这不仅促进了教师之间的合作与交流，还使得教学资源得到了更加充分的利用。同时，学校还利用听评课工具，成功开展了全校参与的大型听评课活动。这种活动在传统模式下难以实现全校范围的参与，但通过数字化工具的支持，活动得以顺利进行并取得了非常好的效果。全校教师共同参与评课，共同探讨教学问题，形成

了良好的教学研究氛围，推动教研模式由传统模式向生成式转变。

序号	参与教师	授课主题	学段	学科	评课教师（已评/总人数）	综合评分	操作
1		数学广角—简单的搭配问题	小学	数学	157/234	98.4	
2		科学复习系列——声音的秘密	小学	科学	152/234	98.23	
3		《漫画的启示》习作修改课	小学	语文	155/234	97.98	
4		"既"和"立"的辨识今生	小学	数学	120/234	97.90	
5		制作钢笔小香包	小学	劳动	156/234	97.92	
6		平面图形面积的整理	小学	数学	157/234	97.84	
7		We're going to high school	小学	英语	154/234	97.64	
8		平衡能力的练习与游戏	小学	体育	122/234	97.63	
9		《宝葫芦的秘密》	小学	语文	157/234	97.57	
10		字词专项复习	小学	语文	126/234	97.35	
11		Going to high school	小学	英语	158/234	97.29	
12		同组晓月	小学	音乐	124/234	97.25	

3. 搭建"校本科研系统"，促进科研便捷高效

学校通过使用果之教师平台的校本科研工具逐年开展科研活动，为教师们提供了一个便捷、高效的研究平台，不仅简化了小项目研究的申报和科研流程，还使得整个流程可视化，让每位教师都能清晰地了解研究进度和成果。在这样的环境下，教师们能够轻松地进行协同研究，相互分享经验和资源，形成了积极的学科组和教师之间互相激励的环境。

通过校本科研工具的支持，教师们能够高效共建共享教科研成果，促进了学科组内部的交流和合作。这种常态化的校本教学研究不仅提高了教师的教学水平，还推动了学校整体科研实力的提升。此外，校本科研工具的使用还促进了学校科研文化的形成。教师们逐渐认识到科研的重要性，并愿意投入更多的时间和精力进行研究。这种科研文化的形成不仅有利于学校的长期发展，还为培养更多具有创新精神和实践能力的学生提供了有力支持。

使用校本科研工具逐年开展科研活动是推动学校教学质量和科研水平提升的重要途径。通过便捷的小项目研究、可视化的科研流程、协同研究等方式，能够激发教师的科研热情，促进学科组和教师之间的互相激励和合作，形成常态化的校本教学研究氛围。这将为学校的发展和学生的成长带来积极的影响。

[表格图片]

4. 组建"校本培训系统",确保教师能力提升

借助智能校本培训工具,我们构建了个性化的校本培训课程体系,为教师们提供丰富多样的线上培训课程。这些课程不仅涵盖了教育教学的各个方面,还融入了最新的教育理念和技术,以满足教师们不断更新的学习需求。

平台通过引入学分激励机制,进一步激发了教师们的学习热情。学分不仅是对教师们学习成果的一种认可,更是一种激励,让他们更加主动地参与到学习中来。无论是在家中、办公室还是其他任何地方,教师们都可以随时随地进行学习,真正实现了学习的自由与便捷。

在这样的学习环境中，每位教师都可以根据自己的兴趣、特长和发展需求，定制个性化的学习计划。平台会智能地记录每位教师的学习进度和成果，为他们提供精准的学习建议和资源推荐，帮助他们更好地实现自我提升。

通过这样的方式，我们不仅能够促进教师的个性化专业发展，还能为学校打造一支高素质、专业化的教师队伍。这将为学校的教育教学质量提供有力保障，为学生的全面发展奠定坚实基础。

5. 生成教师成长档案，赋能教师专业成长

教师是推动学校发展、培育未来希望的核心力量。为了充分激发教师的工作热情和创新精神，我们基于果之教师平台的智能发展积分及证书管理工具打造了体系化的教师激励模式。这一创新模式全方位、全过程地统计和认可教师在教学育人以及教科研方面的卓越贡献。它不仅仅是一个简单的积分系统，更是一种深入教师工作各个环节的精细管理工具。从备课、听评课到科研、培训，每一项活动、每一次努力，都被细致入微地记录和分析，并且这些带过程型的教学育人成果还能持续复用到日后的工作中。

智能发展积分工具实时更新数据，智能分析每位教师的发展轨迹，形成个性化的教师成长档案。这些档案不仅详细记录了教师的辛勤付出和成长历程，更通过可视化的方式，展现了他们在各个方面的进步和成就。这不仅是对教师工作的一种认可，更是一种激励，让每一位教师都能感受到自己的价值和成长。这一全新的教师激励模式，不仅激发了教师的工作热情和创新精神，更为学校的长远发展注入了强大的动力。

一级指标	二级指标	三级指标	提交成果	学术积分	查看详情
综合业绩奖	优秀教研组长奖	一等奖	-	0	
		二等奖	-	0	
	优秀年级组长奖	一等奖	-	0	
		二等奖	-	0	
	初三成果奖		-	0	
	高三成果奖		-	0	
	教学希望之星		-	0	
	教坛新秀		-	0	
五级评优	受学生欢迎教师		受学生欢迎教师	0	☐
			受学生欢迎教师	0	☐
	教学能手		教学能手	50	☐
			教学能手	50	☐
	功勋教师		功勋教师	150	☐
			功勋教师	150	☐
单项业绩奖	优秀备课组长奖	一等奖		0	
		二等奖		0	
	特别贡献奖		教师资格证国考面试考官（组长）	25	☐
	研究性学习优秀指导奖		-	0	
	优秀公开课	一等奖	第六章《圆周运动》重点问题分析	25	☐
		二等奖		0	
	北京市会考全员通过奖				

通过这种方式，我们为每位教师提供了一个全面、客观的成长评价，使他们能够清晰地认识到自己的优势和不足，从而制订更加针对性的发展计划。同时，这也为学校管理层提供了一个有力的决策支持工具，帮助他们更加精准地了解教师队伍的整体状况和个体需求，制订更加科学合理的教师培养策略。

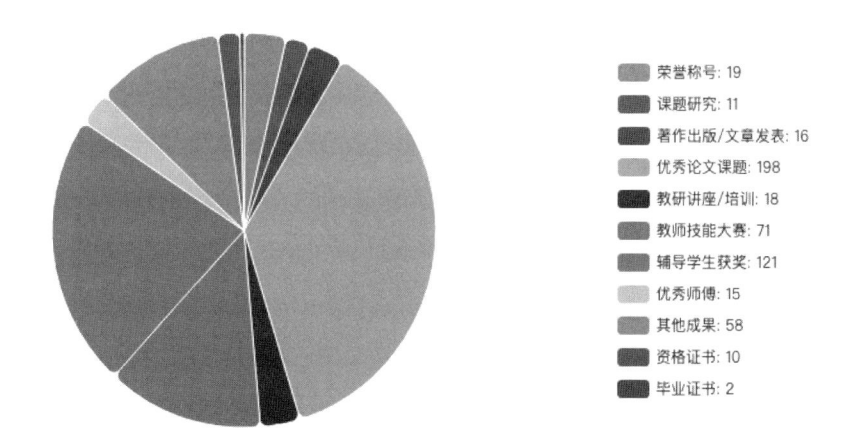

荣誉称号: 19
课题研究: 11
著作出版/文章发表: 16
优秀论文课题: 198
教研讲座/培训: 18
教师技能大赛: 71
辅导学生获奖: 121
优秀师傅: 15
其他成果: 58
资格证书: 10
毕业证书: 2

智能发展积分及证书管理工具的应用，催生了我们搭建一个促进教师专业发展的新模式，为学校的成果积累奠定了坚实基础。相信在未来，这一模式将继续发挥重要作用，推动学校的教育事业不断向前发展。

2022—2023学年，共收集教师成果奖励证明1553份

6. 建立校本云知识库，实现知识复用创新

在数字化时代，知识的积累、传承与创新显得尤为关键。北京市第一七一中学紧跟时代步伐，建立了校本云知识库，旨在实现知识的有效复用与创新，为教师提供了一个共享、交流与学习的广阔空间。果之智能校本云知识库通过自动采集教研环节中的丰富数据，运用先进的AI算法，深度挖掘其中的显性知识与隐性知识。显性知识，如教案、学案、教学视频等，是教育教学过程中的基础资源；而隐性知识，如教师的教学经验、心得体会等，

则是教育教学中的宝贵财富。通过 AI 算法的提炼与整合，这些知识得以以系统化、结构化的方式呈现，极大地提高了知识的可共享性和可复用性。

目前，北京市第一七一中学校本知识中心已沉淀了 20882 份优质学案和教案，累积知识总量达到 87305 份。这一庞大的知识库不仅为教师提供了丰富的教学资源，更为他们搭建了一个交流、学习、创新的平台。教师们可以轻松地浏览、下载其他教师的优质教学资源，借鉴他们的教学经验和方法。同时，也可以将自己的教学资源在备课时系统自动采集或上传至平台，与同事们分享自己的教学心得和成果。

此外，校本云知识库的建立还促进了教师之间的知识共享与创新。教师们可以在平台上开展协作备课、集体教研等活动，共同研讨教学问题、探索教学方法。这种同伴合作模式不仅有助于提升教师的教学水平和专业素养，更有助于形成积极向上的教学氛围，推动学校教育教学质量的不断提升。

未来，北京市第一七一中学将继续完善校本云知识库的功能和服务，进一步拓展知识资源的种类和范围，为教师提供更加全面、优质的教学支持。同时，学校也将鼓励教师充分利用这一平台，开展知识创新和实践探索，为学校的长远发展注入新的活力。

综上所述，以果之全场景教师工作发展平台为基础，学校构建的具有北京市第一七一中学自身特色的大数据精准教研中心平台涵盖了备课、教学、听评课、科研、培训、评价等多个教研场景，提供了一个一站式的生成式教研环境，为北京市第一七一中学的生成式教研实现路径，奠定了数字化环境基础。

（二）生成式教研在数字化推动下的实践创新

1. 教学资源循环"复用 + 创新修订"

我们鼓励教师充分利用已有的教学资源，如课件、教案等，进行循环利用。同时，教师也需根据自身的教学实践和学生需求，对这些资源进行修订和创新，使其更加符合实际教学需要。这种修订和创新的过程，也是教师自我学习和自我反思的过程，有助于提升教师的教学水平和专业素养。

2. 课案和课堂模式复制与创新

在生成式教研中，我们鼓励教师之间共享课案和课堂模式，并进行复制和创新。通过复制优秀课案和课堂模式，教师可以快速掌握有效的教学方法和策略。同时，教师也需在复制的基础上进行创新，以适应不同班级和学生的需求。这种复制与创新的过程，有助于提升教师的教学效率和教学质量。

3. 听评课指标与标准的渐进调整

为了引导教师进行专业评课和精准教学，我们建立了听评课指标与标准。这些指标与标准会根据教师的听评课表现进行渐进调整，以适应不同教师的教学风格和水平。通过不断调整和优化听评课指标与标准，我们可以激发教师参与听评课活动的积极性，提升他们的评课能力和教学水平。

4. 教研主题与学生发展需求的对接

生成式教研强调教研主题与学生发展需求的对接。我们鼓励教师根据学生的实际需求和课改前沿调整教研主题，使教研更加贴近实际教学和学生发展。同时，我们也注重将教科研成果转化为教学资源，为学生提供更加优质的学习体验。

5. 学年对接会与教学资源的传承

每学年结束时，我们组织年级对接会活动，让新旧年级的教师共同交流和分享教学资源。这种活动形式已经逐渐成为一种自觉行为，由被动变为主动。通过年级对接会，教师们可以无私地倾囊相授自己的教学资源和经验，为下一个年级的教学工作提供有力支持。同时，下一年级拿到教学资源后，并不是简单地重复使用，而是结合本年级学情、中高考走向、人才科学发展目标和备课组教师个人特点进行修改和创新，形成一份凝聚集体智慧的学案库和PPT多媒体资料库。

生成式教研助推教师专业发展的理念与模式，强调教学资源的循环利用与创新修订、课案和课堂模式的复制与创新、听评课指标与标准的渐进调整以及教研主题与学生发展需求的对接。通过这一模式，我们可以构建一个动态、生成性的教研环境，激发教师参与教研活动的积极性，提升他们的教学水平和专业素养，为学生的全面发展提供有力支持。

（三）基于生成式教研建立校际间云教研协同机制

为了促进教育教学的持续发展，提升教师队伍的整体素质，我们将生成式教研模式根植于建立跨时空的校际教师协同教研机制。该机制打破了分校间的隔阂，实现校际间的资源共享、经验交流和教学合作，共同推动教育教学的改革和创新。

1. 线上线下教研相结合

我们鼓励集团内的教师共同参与线上线下的教研活动。线上教研可以利用网络平台进行远程交流、资源共享和协作备课，打破地域限制，实现跨时空的合作。线下教研则可以组织教师面对面交流、观摩课堂、共同研讨，增强教师之间的互动和合作。

2. 听评课的全面参与

听评课是教师专业成长的重要环节。在协同教研机制中，我们鼓励教师全面参与听评课活动，打破分校间被动接受式发展理念。通过听评课，教师可以了解他人的教学风格、教学方法和教学效果，从而反思自己的教学行为，提升教学水平。同时，听评课也可以促进教师之间的交流和合作，共同推动教学改革和创新。

3. 教学改革、课程与师资培训的同频共振

协同教研机制不仅关注教师的教学实践，还注重教学改革、课程和师资培训的同步推进。我们鼓励教师积极参与教学改革活动，共同研究教育教学的新理念、新方法和新模式。同时，我们还组织定期的师资培训活动，提升教师的专业素养和教学能力。通过教学改革、课程和师资培训的同频共振，我们可以实现校际间教育教学的共同发展。

在生成式教研理念下，建立跨时空的校际教师协同教研机制是推动教育教学改革和创新的重要举措。通过线上线下教研相结合、课案课堂模式的复制与创新、听评课的全面参与以及教学改革、课程和师资培训的同频共振，我们可以打破分校间的物理隔阂，实现资源共享、经验交流和教学合作，共同推动教育教学的持续发展。这将有助于提升教师队伍的整体素质，为提高教育教学质量打下夯实基础。

（四）形成学区内、行政区内、跨区域的共享机制

在北京市和东城区教育政策的引领下，北京市第一七一教育集团积极响应，探索线上线下相结合的区域教育融合新模式。通过与几十所小初高学校的紧密合作，于2021年7月成立了"东城区校际协同教研及资源众创联盟"。以北京市第一七一教育集团为基地，形成了常态化、项目化的专题交流活动，通过"果之全场景教师工作发展平台"，开展了技术驱动的跨校区教研、教学工作研究。

共同体的建立打破了学区、行政区乃至跨区域的界限，实现了资源的优化配置和共享。作为学区内的一员，北京市第一七一中学附属青年湖小学通过联盟的全场景教师工作发展平台，备课组在平台上开展日常教研，形成了集体备课与个人备课相结合的高效协同教研模式。这种模式的实践，不仅提升了备课的效率和质量，也为"单元整组主题教学"工作提供了有力支撑。

课题	学科	所在备课组	主备人
二年级科学第二单元	科学	科学组	
课文6--口语交际：用多大的声音	语文	一年级语文	
第四单元	语文	三年级语文	
第一单元	语文	三年级语文	
第三单元	语文	三年级语文	
四年级科学第二单元	科学	科学组	
四年级科学第一单元	科学	科学组	
第九单元 复习课	数学	一年级数学	

按学科对比集体备课情况

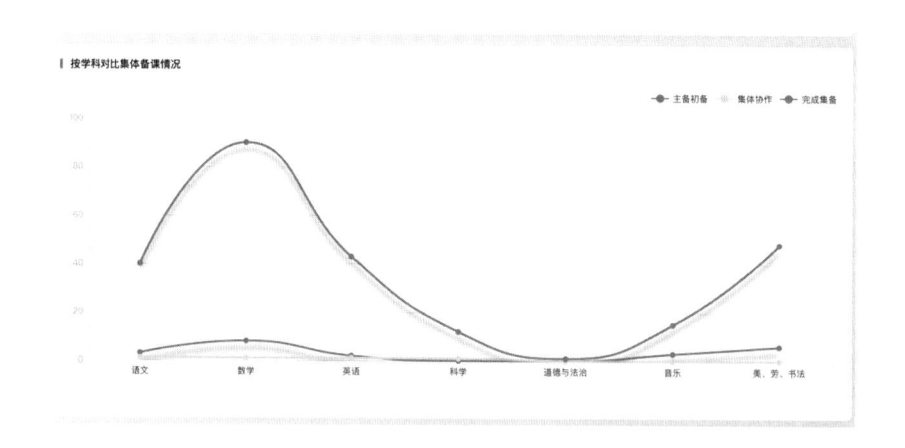

北京市东直门中学则利用平台，结合线上线下备课和听课，实现了线上备课、线下评课、线上留存的高效教研流程。这种模式的创新，不仅提升了教研的灵活性，也确保了教研活动的全面性和深入性。

7.1《家的意味》教学设计

（教学设计表格，包含课题、单元、学科、年级、教学目标、重点、难点、教学过程等内容）

批注：
- 建议根据模板修改的更为详细
- 此部分是否应该更加详细
- 开头之前是否应当简单导入
- 建议开头有一个简单的导入，可以引进优美的诗句

尝试对生物进行分类

| 基本信息

授课教师：

课型：常态课

授课时间：2021-12-03 10:10:00

学段：初中

学科：生物

| 拍纸质听课笔记本

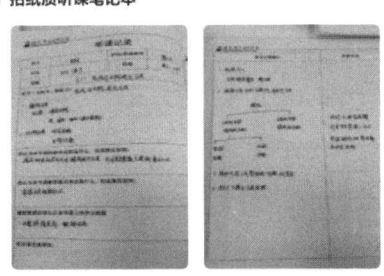

| 精彩瞬间

内容

尝试分类的小卡片设计巧妙，学生认真积极，活动参与度高

　　北京市东城区和平里第一小学和第四小学则通过听评课工具，分别开展了"大雁杯"和"智美杯"听评课大赛。这些活动不仅促进了教师之间的交

流与合作，也提升了教师的教学水平和专业素养。更重要的是，通过平台上的录播课，未能到场的教师也能参与评课，进一步拓宽了教研的参与度和影响力，实现了资源的最大化利用。

北京市东直门中学附属雍和宫小学通过果之教师平台的线上录播评课工具组织听评课活动，教师们相互观摩、交流经验。这种同伴互助的方式有助于形成积极向上的学习氛围，激发教师们的创造力和创新精神。在听课过程中，教师们可以学习到其他同事的优秀教学方法和技巧，从而丰富自己的教学手段和策略。

通过线上听评课能够真实、完整地记录教学过程，包括教师的讲解、学生的互动以及课堂氛围等。这使得教师们可以在课后回放，深入剖析自己的教学表现，发现不足之处并进行改进。教师们可以更加客观地审视自己的教学风格和效果，进而不断完善自己的教学风格和提升教学质量。

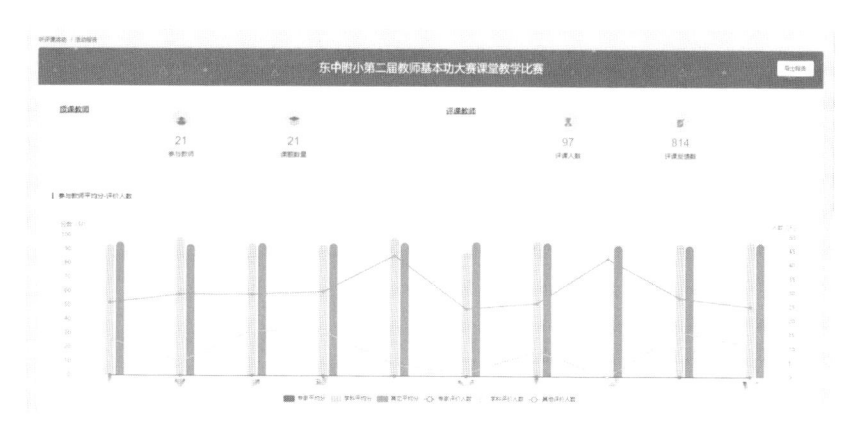

北京宏志中学开展学校线上教科研活动，助力教师进行课题、论文、研究课等多样态课题研究，激发教师科研热情。

提交教师	提交时间	指标	提交成果
	2022-01-19 09:02:57	论文类-市级-其他	普通高中中医药文化教育的实践研究
	2022-01-18 13:54:57	教研类-教研成果-区级	原创试题研讨
	2022-01-18 13:26:00	著作-著述-公开出版著作	有效的基础英语教学
	2022-01-18 09:35:47	公开课-区级-区级三等奖	《重力》
	2022-01-18 09:04:20	发表文章-发表文章-其他	打造宏志特色课程，建设高质量学校
	2022-01-18 08:49:36	说课-区级-其他	初中劳动教师基本功培训活动——劳动教育内容说课
	2022-01-18 08:47:28	论文类-区级-区级一等奖	中医药文化校本课程
	2022-01-17 14:50:43	论文类-国家级-国家级一等奖	移动互联环境下生态课堂教学模式的研究
	2022-01-17 14:47:26	教研类-教研成果-区级	《密云水库的蝶变——理解绿水青山就是金山银山理念》
	2022-01-17 14:44:06	公开课-国家级-其他	全国中学思政课教学基本功大赛

北京市东城区安外三条小学构建了线上培训体系，拓展"教育信息化2.0"的学习要求与数字化工具及平台应用的结合，促进教师信息化素养提升。

北京市第五十四中学则通过果之教师平台的"教师评价"工具开展学生评教工作，多维度客观反馈了教师的教学情况，助力教师调整教学策略，提高教学效果。

北京市第五十四中学任课教师教学评价

全部 | 2021-11-2 - 2021-12-1 | 参与教师：128人 | 实评/应评人数：1027/1146　评价完成率：　90%

|统计报表

一级指标	二级指标	指标项目	平均分	中位数	高于平均分占比
考核项目					63.28%
考核项目	依法从教				66.4%
考核项目	依法从教	热爱祖国，全面贯彻党的教育方针，依法履行教师职责			86.4%
考核项目	为人师表				72.65%
考核项目	为人师表	衣着得体，语言规范，举止文明，按时上下课，不体罚学生。		4	70.31%
考核项目	为人师表	作风正派，自觉抵制有偿家教，不利用职务之便谋取私利。			78.12%
考核项目	爱岗敬业				67.96%

这些学校的创新实践展示了数字化工具在教育领域的广泛应用和深远影响，让北京市第一七一中学生成式教研理念的影响从校内走向校外，不仅提升了教育教学的质量和效率，促进了教师的专业发展和学生的全面发展，同时为跨区域协同教研模式的构建迈向了坚实的一步，促进了校际间的资源共享和合作交流，也有助于推动区域教育的创新发展及教育质量的提升。

北京市第一七一中学通过多年不断实践构建生成式教研理念，充分利用数字化工具，形成了这种以教师自主学习和进阶成长为核心的教师专业成长模式。实现教学资源的循环利用和创新修订，课案和课堂模式得以复制与创新，同时结合学案教学对接培训和听评课等活动，在这个过程中，听评课指标与标准会根据教师的实际表现进行渐进调整，教科研主题则紧密围绕学生发展需求和教育改革前沿进行动态调整。

通过云端共建联创教学资源，引导教师进行自主学习和反思提升。在参与听评课的过程中，教师们不仅能够学习成长，而且基于听评课表现所做出的评课标准调整，也有效引导了教师的专业评课和精准教学。

建立了基于全类型数据决策的数字化学校教研管理机制。这种机制以数据为驱动，赋能教师的听评课和教研活动。所产生的过程数据被学校作为教研管理的决策依据，有效推动了教研的整体迭代，引领并支持本校教师实现持续性的专业成长。

形成了跨时空的校际教师共参与、真参与的集团校协同教研机制。通过建立集团内教师共同参与的线上线下教研平台，我们实现了课案、课堂模式的复制和创新,以及听评课的共同参与。这一机制打破了分校被动接受式发展的理念,实现了校际间教学改革、课程和师资培训的同频共振,有效促进了教师之间的合作与交流。

在漫长的教育征途上,北京市第一七一中学教育集团始终秉持着探索与进取的精神,积极继续探索生成式教研在教师教学育人过程中的广泛应用。未来,我们将坚定不移地推进成果的应用推广及普及,以实际行动回应教育的挑战与机遇。

三、数字化工具对教研活动的优化与创新

自2009年以来,北京市第一七一中学在教研文化传承和教师在信息技术创新教学方面的积极性面临挑战。为了充分发挥教研实力、积极利用深厚的教研资源、最大限度提升教师的教学能力,北京市第一七一中学采用数字化手段构建了教研资源数据库。从2010年开始,我们将生成理念融入教师听评课、教学研讨等活动,并根据教师反馈逐步优化评价指标。同时,教科研主题始终紧跟课程改革、教学改革和学生需求,确保教师与时俱进,激发其自我提升的热情。

2016年,随着集团化办学模式的实施,开始对各分校实施一体化管理。通过智能技术的应用,实现了集团校教学管理线上线下的常态化协同,确保了备课教案成果的共享,不仅提高了工作效率,还促进了各分校之间的紧密合作。

至2019年,北京市第一七一中学通过数字化手段为教研和教师专业发展注入了新动力。借助果之全场景教师工作发展平台,在备课、听评课、教学研讨以及课题研讨等教研活动进行了深入探索与实践。通过平台全面采集备课计划、教学过程及成果等数据,为教师提供了一个修订、创新并再次共享教案、课件等生成式资源的平台。这使得教学资源得以持续更新与丰富,形成了一个充满活力的教学资源生态系统。

在数字化工具的助力下，生成式教研的理念更加高效地落地，利用资源的生成性与教育性来促进教师的学习、反思与成长。这种生成式教研模式不仅推动了教师的专业发展，还取得了显著的实际效果。在这种模式下，教师更加聚焦于真实的教学问题和研究，自主发展动力得到了显著增强。同时，课堂教学质量也得到了显著提升，学校效能也得到了明显提升。

2021年，在北京市东城区教委的支持下，北京市第一七一中学成立了"校际协同精准教研及资源众创联盟"，并以果之教师平台为纽带，将生成式教研模式推广到学区、跨学区以及市内外学校，推动了生成式教研的深入开展。

在过去的近20年教育改革历程中，特别是在近五年里，北京市第一七一中学每年都能获得300多项区级以上教学科研奖项。北京市第一七一中学作为智慧教育实践的先行者，还承办了区智慧教育成果展示活动，向全区乃至更广泛的教育界展示了我们在教研和教师专业发展方面的显著成果。

（一）技术赋能传统教研走向生成式教研

生成式教研是北京市第一七一中学在实践中逐步探索出的一种教育研究模式，其核心在于引导教师通过实践探索与创新，不断生成新的教学理念、策略与方法，这一模式能有效促进教师专业成长和教育教学质量的提升。在数字化工具的支持下，生成式教研能够更好地融入教师的日常教学与研究之中，提高教研活动的实效性和创新性。数字化工具的运用极大促进了传统教研模式向生成式教研模式的转变。教师在数字环境中能够更高效地获取信息、更直接地交流沟通、更个性化地发展自身教研路线、更科学化地分析评价教研成果以及更紧密地构建专业共同体。

1. 教学资源"校本共享传承"，奠基教师成长（2009年9月—2019年8月）

为了让本校的优质教学资源实现共享，2009年9月，学校成立教研中心委员会，利用信息化平台，每个科目都建立了各个年级段的校本"课案库"。逐渐建立了全校的教案、课件、科研论文等数据库，实现优质资源的数字化保存和传承。

2. 教师"复用"教学资源的过程"再资源化",使校本教学资源得以"持续性的再生长"(2019年8月至今)

所有教师都成为校本教学资源的生产者和优化师。2019年,为推进深度教研,提高教研质量,基于果之全场景教师工作发展平台组建"大数据精准教研中心",升级平台技术,教师们对教案、课件资源进行完善、留痕,平台系统自动保留资源产生过程,教师观看修改内容增进教学反思能力。通过云知识库的建设,教师可以共享更多优质的校本知识,在复用的同时进行资源优化与创新。

3. 数据驱动且赋能教师听评课、教研,所产生的过程数据被学校作为教研管理的决策依据,推动教研的整体迭代,引领和支持本校教师持续性的专业成长(2020年9月至今)

教师集体听评课中,为解决教师评课质量不高,评课、教研等活动对教师专业发展推动力不强的问题,学校教研中心委员会制定评课标准,制定教研、科研主题,并且根据教师们的评课状态、教研状态以及课改、教改背景更新主题与标准,在教科研中不断生成新方向、新主题、新标准。

4. 集团校资源共享、线上线下教学,跨时空教研,实现集团校教师的共同成长(2020年9月至今)

2016年,北京市第一七一中学实施集团化办学。为实现集团校内教师共同参与教学研讨,增强交流,2020年,北京市第一七一中学在拓展资源库共享平台的基础上,打破集团校交流的空间障碍,通过全场景教师工作发展平台,建立专递课堂、实施云教研,实现集团校内教师"云现场"参与听课、评课功能。集团校的教师可以跨校区,实时视频研讨,同步开展集备、集体听评课、研课等教研协作。在教学处、教研组、备课组三层培训模式下,形成集"备课教学+教科研活动+教学管理"三位一体的线上教师工作发展平台,进一步提升北京市第一七一中学教学管理和教学、科研质量。

5. 基于数字空间建立学区智能化教研体系，以开放共享教研推动学区高质量教育生态建构，促进学区教师的专业成长（2021年7月至今）

2021年7月，以和平里学区为试点，成立北京市第一七一中学教育集团大数据精准教研中心示范基地，组建包含多校的"校际协同精准教研及资源众创联盟"，通过"果之全场景教师工作发展平台"建立体系化、分层、开放共享的智能化教研体系。

联合第一期加入的"五十四中学、东直门中学、宏志中学、和平里一小、和平里三小、和平里四小、和平里九小、安外三条小学"等数十所小初高学校，探索线上线下的区域教育融合发展的新模式，将优质教研经验、模式和成果互相推广，辐射带动区域教研能力整体提升。

随着应用的深入，第二期第三期的逐年开展，广渠门中学、雍和宫小学、北京国际职业教育学校、第十一中学、第二十五中学、第五十中学、第五十五中学、地坛小学、景泰小学、体育馆路小学等中小学先后加入"校际协同精准教研及资源众创联盟"，通过结合北京市第一七一中学基地打造东城"中心辐射，链式发展，多校联动"的精准教研体系，为区域内的学校集体开展精准教研提供模式引导和案例借鉴。

6. 形成学区—行政区—跨区域的大教研体系（2022年7月至今）

将生成式教研理念、数字化教研平台拓展分享至东城区、北京市其他行政区乃至河北省跨校共享优质课程资源，把课程以录像课的形式传递给雄安龙化中学，进行盟校间教师同研究学习，辐射带动全国多所学校教研能力提升。

（二）生成式教研借助数字化工具转型升级

1. 以问题为导向，技术赋能教师深化生成式教研应用

面对教育信息化的浪潮，北京市第一七一中学深知数字化工具是推动集团化教研从传统走向生成式教研的关键所在。这种转型不仅意味着教研方式的革新，更代表着教师角色的重塑。在这里，教师不再是单纯的知识传授者，

而是逐渐转变为学习者、研究者和创新者，与学生一同探索知识的边界。

在北京市第一七一中学的教研实践中，问题导向被置于核心地位。北京市第一七一中学鼓励教师以真实问题为起点，展开深入研究。这种"问题即课题、行动即研究、文字即成果"的问题解决型课程实施策略，不仅激发了教师的研究热情，也有效提升了教研的针对性和实效性。同时，还倡导主题性、项目化、任务驱动式的教研方式，以及小组合作学习、主动学习和参与式学习等多元化学习方式，从多个维度解决教育教学中遇到的实际问题。

然而，在推进生成式教研应用的过程中，北京市第一七一中学也面临着诸多挑战。如何传承和发展学校优秀的教研文化，如何激发教师队伍的创新活力，如何确保集团化办学中各校教师的全参与和主动参与，如何实现优质教育资源的辐射引领作用，以及如何将本部教师专业发展与集团校教师专业发展有效对接和一体化管理等问题，都成为学校需要深入思考和探索的重要课题。

为了解决这些问题，北京市第一七一中学进行了一系列的教学改革探索。充分利用数字化工具的优势，搭建起教研交流的平台，打破时间和空间的限制，让教师们可以随时随地进行学习和交流。同时，学校还通过项目合作、课题研究等方式，加强本部与集团校之间的联动和合作，实现资源共享和优势互补。这些举措不仅有效提升了教师的专业素养和教学能力，也为学校的持续发展和集团校的辐射效应发挥奠定了坚实的基础。

（1）学校优秀教研成果传承不够充分、教师们专业发展力度不大的问题

北京市第一七一中学具有优秀的教研文化，形成了宝贵的教研资源。但在利用教研资源，培养新教师上，存在着教研资源挖掘不充分、教研资源利用碎片、教师专业发展系统性不强等问题。为此，学校在教学改革之初，最初步的工作就是将教师们宝贵的教学资源，如教案、课案、课件、教学视频等资源电子化储存起来，供教师共享、学习利用。

（2）教师教学研究意识弱、利用技术创新教学能力不强的问题

学校的校本教学资源库建设，学校共享多样化的优质教育资源已经实现。

在优质教育资源共享得以保障的背景下，教师是否具有数字意识、数字能力、数字技术应用于教学的创新能力，成了决定学校教育教学质量提升的关键要素。教师们怎么积极主动地使用教学资源，应用教学资源创新教学改革，成为北京市第一七一中学面临的一个大难题。

另外，学校长期以来，教学上在区域、市域内领先，但在科研成果上，教师发表科研论文、申报科研课题等方面，比同类学校相对较弱。因此，发展研究型教师、科研强校也是学校改革的方向。

整体上，教师在听评课、校内公开课、集体备课、科研等校本教研投入上缺乏研究性、自律性、成效性以及可见性。学校教学管理缺乏循证性和针对性，方式传统而低效。

（3）集团化办学下各学校教育教学交流空间阻滞、交流不深入的问题

集团化办学是一所名校与多所普通学校组建成的学校共同体，具有流动范围大、辐射范围广、带动性强、互补性强等特征，其目标是扩大优质教育资源，整体提升办学效益和水平，推进基础教育均衡发展。高质量是集团化办学的生命，但我们发现，部分教育集团化在实践过程中存在一些问题，造成集团化办学低效、形式化的现象。

北京市第一七一中学实施集团化办学，作为集团化办学的龙头校，在办学之初也会面临单向交流、频次低、范围小、形式化、简单化、不深入等问题。当然，校际空间距离是导致交流难以深入的重要因素之一。基于学校数字化改革大背景，结合学校集团化办学，探索数字化改革与集团化学校深度交流的有效结合，是学校集团化办学之后面临的另一个问题，也是另一选题。

此外，教研活动的内容与形式也需要创新，比如从教师课前研磨精品课程；课中听课观察、评课反馈；到课后学习分享等环节一体化实施教研，让教研活动更加灵活多样。

未来教育创新的关键，在于信息技术与教育工作的结合。而面对一线教育，技术助力教师的培养与发展，对于未来教育的创新是至关重要且非常迫切的。因此，学校基于迫切需要解决的问题，在推广生成式教研应用层面借助信息

技术，探索推进教师专业成长、教学质量提升的路径。

学校通过果之全场景教师工作发展平台，在以技术赋能解决现状问题的基础上，以教研的三个基本要素为方向，自我反思，同伴互助，专业引领，助力学校构建满足教育教学需求、符合教育改革要求的现代化教研平台。

（1）工具赋能，助力实践高效、协同一体化教研活动。以智能工具为教师教研提供便捷，减少教师重复性工作。同时，助力教研组轻松落实统一规划、统一安排、便捷统筹的教研活动组织。

（2）知识共享，落实新老帮扶、同伴互助。便捷经验共享、互动学习。支持教学带头人、教学专家远程指导，真正让教师"研有所得"。

（3）模式导入，切实实现"教学反思"与"专业引领"。内嵌专业教学研究模板，引导教师统一、科学集体研修，促使教研活动快速形成有重点、有方向、有质量的结论成果，助力教学反思。教研成果自动累积、共享，指引教师深造。

生成式教研在教育领域的应用前景广阔，但其面临的挑战也不容忽视。解决这些问题，需要从提高教师的自身专业发展能力，信息技术应用能力、建立完善的评价监管体系、促进教研模式创新和加强师生互动等多角度入手，以达到优化应用推动教育现代化的进步。

2. 生成式教研模式融入教师日常教研

生成式教研理念在北京市第一七一中学教师教研活动中广泛应用，极大地提升了教研活动的适配性和教学内容质量。以往的传统教研模式中，教师往往依靠面对面的交流和手工整理资料等方式进行，这不仅耗费时间且效率低下。而数字化工具的引入，使得教研资源可以实现数字化、结构化，极大地便利了教研资料的沉淀、查阅和分享，校本知识的生成过程得以智能化，让学校资源建设从"搜索""收集"走向积累式自发展。

在教研资源共享及交流方面，生成式教研在数字化工具的助力下，使得课件和教案等可以实现云存储和在线共享教学资源和教学经验。例如，利用果之教师平台的云端文档和实时编辑功能，教师们可以在同一份教案上协作，及时反馈和基于班级学情修改，极大地提升了备课的效率和质量。教师无需纸质材料即可获取丰富的教研资料，这不仅节约了资源，而且打破了时间与空间的限制，任何时间都可进行教研资料的查阅和下载。教师们用这些工具进行在线文档、视频会议等多种交流方式，打破了校际、地域界限，促进了更为广泛和深入的教育教学研究。

在集体备课和教研活动管理方面，线上工具的模板化、流程化，实现了生成式教研活动的规范化管理。教师通过这些工具可以更简便地记录教研活动过程，自动生成过程性教研记录和报告，并进行教研成果的结构化归档与追踪。

在教师个人和团队的专业发展方面，随着北京市第一七一中学教师培训应用等资源的丰富，北京市第一七一中学依托果之全场景教师工作发展平台搭建符合各阶段教师发展的线上校本培训课程空间，进行个性化、分层校本培训。教师们可以根据个人的发展需要，选择合适的课程来提升自己的教学和研究能力。引导老师们思考、讨论、分享学习心得，进行智慧碰撞，学分激励机制激发教师主动参与热情。

并且，老师们可通过手机获取校内优质课程资源，这种学习的灵活性助力职初教师、成熟教师、骨干教师等不同阶段的教师精准提升，培训成果在结束后继续发酵，用教师们的智慧，"反哺"老师们日后的工作，为终身学习提供了便利的途径。

生成式教研模式在促进教研活动高效率进行的同时，其效果也是显而易见的，在教研成果的产出速度、数量和质量都有明显提升。例如，教师们运用果之全场景教师工作发展平台协同备课，对备课计划、过程、成果等进行全过程的数据采集，实现了大数据分析和优化。以备课组长驱动为核心，实现备课组线上线下的常态化协同，备课教案成果共享。备课组长系统组织与管理备课组的教研备课工作，教师实现高质量个备与高效率集备，这种群体协作下的生成式备课方式，能更有针对性地开展后续的教研活动。

3. 集团化办学下生成式教研的拓展与转型

集团化办学作为当前我国中小学教育改革的一种趋势，其核心在于实现资源共享、提高办学效率，形成协同育人的教育格局。集团化办学背景下的数字化转型，需要借助现代信息技术手段，通过建立一套高效能的教育资源共享机制，持续迭代生成式教研模式，促进师资、课程、设备等教育资源的优化配置和高效利用。构建起跨校域、跨地区，甚至跨国界的教研协作教研智能化环境，充分发挥集团化优势，提升办学层次和教育服务的整体水平。

从 2016 年北京市第一七一中学开始实施集团化办学模式以来，生成式教研模式的转型显著提升了优质教学资源的高效共建共享。北京市第一七一中学通过果之全场景教师工作发展平台为基座，搭建大数据精准教研中心平台，教师们的群体智慧与教育资源如课程内容、教学方法和学习材料，能够在集团内部各成员学校之间实现即时生成、共享和更新。这些资源能够以数字化的形式存储、检索和传递，极大地节省了资源的搜寻和利用时间，同时减少了物理存储空间的需求，实现了教研活动的可持续性和低成本运作。个性化推荐也将传统的资源搜索和利用流程数字化，让教研活动更加高效、精准。

生成式教研通过数字化工具在集团化办学中的应用还表现在促进教研协同和知识共建方面。通过在线教研平台和其他协作工具，教师们可以进行线上教研、线上评课、课堂展示等，跨越时间和空间的限制，实现教育教学经验的即时交流与共享。这种跨校教研协作方式，不仅激发了教师的教学创新，而且通过共同研讨，从单校到集团、到学区、到京津冀一体化发展。以北京市第一七一中学为基地，形成中心辐射，链式发展，多校联动的精准教科研体系和资源众创教育服务新体系，推动区域教科研质量效率双提升。

在高效率的分享机制中，生成式教研模式下的教育数据分析也扮演着重要角色。集团内部可以通过数字化工具对教学效果、学生学业进展、教师教研参与度等数据进行收集和分析，从宏观管理层面掌握教育教学的全面情况。

利用这些数据可以为集团化办学决策提供依据，诸如调整教研重点、优化课程设置、合理安排师资力量等，同时也能够对学生学习成效进行科学评估，实现精细化管理。

集团化办学下的生成式教研模式转型还意味着新的教学方法和学习方式的引入。例如，基于新课程方案建设背景下，北京市第一七一中学实施大单元教学、项目式学习等新型教学模式，借助于数字化工具的支持得以实现。这些先进的教学方法不仅加深了学生的理解和认知，也为教师的专业发展提供了新的路径，让教师发展从个体发展走向全员协同发展。

4. 生成式教研为集团化教师的创新发展加速

随着信息技术的快速发展，北京市第一七一中学将生成式教研理念与数字化工具结合，从资源打造、知识图谱构建、标准化体系建设等多个维度，展现 AI 技术助力学校教育数字化转型的实践成果。不仅在教学实践中发挥着越来越重要的作用，同样也在教师的教研活动中占据了核心地位。为集团化教研提供了便捷的沟通和协作平台。

在集团化教研模式下，跨校、跨区域的教师团队需要便捷高效的方式进行沟通和资源共享。借助果之全场景教师工作发展平台，实现了对北京市第一七一中学特色校本知识资源进行体系化建设，通过静默采集、自主上传等多种方式将教师们手中零散的各类知识，高效实现集中化、结构化、智能化的留存与创新复用，形成可视化的校本云知识库，促进资源利用率。这个智能化知识库包括了北京市第一七一中学优质教案、课件、培训、课题等资源，还自动保留了这些资源产生的过程，是带过程的结果。这些资源的共享通过标签系统和智能搜索引擎得到优化，确保了不同科目、不同年级的教师能够迅速检索到需要的资源。从而打破了地域限制，集团化教研的边界得以拓宽。

在集团化教研活动的开展中，生成式教研理念在与技术融合之下，教研数据分析得以真实、可量化，提供定量依据推动教研活动的科学发展。通过果之全场景教师工作发展平台实现备课、教学、听评课、科研、培训等教研场景的一站式完成。基于备课进度、学生学情、听评课反馈、科研审核、培训反馈业务等实时动态生成各类数据，同时基于数据的分析和对比，实现部门间高效协作，跨部门、跨校区的精准教研。

教师通过教师发展档案对自己专业发展过程一目了然，平台智能采集带过程的可视化数据构建发展档案，为教师们直观呈现"岗位及教学工作量、教学、科研、培训进修、育人成果、团队协作、职业发展、工作绩效、获奖及资料等各类成果"，过程即结果，这些宝贵的教师教研环节的各类自动生成式内容与数据，通过发展过程的综合评价分析，教师可快速根据数据参考调整自己发展的方式方法，促成自我转型以及持续发展激发内动力。

基于教研教学实时动态持续反馈与更新也是生成式教研为集团化教研所带来的重要价值。通过数字化工具教师的教研成果可以实时发布和反馈，使得教学改进成为一个动态循环的过程。教师们的教研成果可以轻松转化为电子教案，推动了教育资源的共建共享。技术助力下的生成式教研的快速响应方式，确保了教研成果能够持续更新，并及时纳入新的教学实践中，从而加速教研活动的创新步伐。

（三）新课程方案建设背景下的生成式教研走向改革深水区

1.落实新课程理念，生成式教研为一线教研提供更多新样式

随着教育信息化的深入推进，《义务教育课程方案和课程标准（2022年版）》提出了新课程标准、新教材的应用、项目式学习与大单元教学等一系列改革方向。这些改革的实施为中小学教师的教研工作带来了前所未有的机遇和挑战。新的课程方案要求教师在教学方法、内容的更新以及对学生能力的培养上做出相应的调整，需要教师进行持续的专业发展和教研活动。在这一背景下，北京市第一七一中学传承的生成式教研经验，在融合技术工具下，例如果之全场景教师工作发展平台等，可以有效地支持教师面对新课改带来的挑战，加强其教研能力，为教师提供了丰富的优质资源和交流合作的空间，使得对新教材的深入理解和有效运用成为可能。

新课程标准强调了多元化评价体系的建立，以促进学生综合素养的发展。以往以考试成绩为主的评价方式已无法满足新课程的需要，须通过项目式学习、大单元教学等方式，强调以学生为中心、探究学习和跨学科整合等核心素养的培养。生成式教研与数字化工具的融合应用，在此过程中扮演着至关重要的角色：首先，北京市第一七一中学用果之全场景教师工作发展平台实现了丰富教学资源的快速共享与获取，为教师备课提供了便捷的途径；有序高效组织教师开展集体研读新课程标准、分析学情、制订学科教学计划、分解备课任务、审定教学设计等系列事务。在良好研究氛围中利于形成适用性和借鉴性教案，团队成员在交流中开阔思路、增长见识。其次，学习进程可视化，教师可以实时跟踪学生的学习状态，及时调整教学策略。再次，数字化工具还为教师提供了多样的评价手段，便捷实施学生学业及日常评价，高效开展教师评价与学生评教，重视教师发展过程，以评促教，便捷开展教学诊断。

相信在日后的新教材的使用上，生成式教研融合数字化工具同样起着至关重要的作用。新教材的运用包含更丰富的学习资源和更为复杂的知识结构，需要教师具备高效整合和处理信息的能力。生成式教研融合数字化工具，可以通过数据分析，助力教师挖掘教材中的关键知识点，优化教学设计。此外，教师还可以利用家校沟通及育人系统与学生进行互动，拓展课堂外的教学边界。

在项目式学习方面，生成式教研提供了更广阔的实践方法和协作方式。教师通过布置和指导在线项目任务，既培养了学生自主学习能力，又实现了跨区域、跨学科的教研合作。这种方式极大地拓展了传统教研活动的界限，为教师提供了基于学情动态生成更多元化和实践性更强的教研内容。

大单元教学则要求教师跳出单一学科的框架，进行多学科知识的整合。这一过程中，教师需要充分利用生成式教研理念结合数字化工具，进行教学资源的整合并构建跨学科、跨学段全校教师集体研讨方案。例如，教师们通过果之全场景教师工作发展平台可以与不同学科的同事协作，共同编写导学案、共同设计课程项目等。生成式教研的传承与创新协作性，使得大单元教学的筹备工作变得顺畅且有组织。

同时，生成式教研理念为教师在新课程方案背景下的教研活动提供了强大的支撑。教师能通过结合数字化工具获得专业发展、改进教学实践，并进行教研交流和成果分享。教师可以更快地适应新课改带来的变化，更加高效地进行教研活动，从而有效提升教育教学质量，促进学生的全面发展。未来，随着北京市第一七一中学生成式教研更深化的应用，教师的教研工作将进一步得到优化，教学方法和学生学习方式都将发生革命性的变化。

2. 围绕学生核心素养，生成式教研助提升

生成式教研作为北京市第一七一中学独具特色的一种新兴的教学研究模式，其核心思想在于打破传统的、固定的教研结构，依托数字化工具，推动教师们围绕学生的核心素养开展个性化、创造性的教学设计与研究。当前，学校教育的指挥棒越来越聚焦于学生核心素养的培养，包括批判性思维、创新能力、合作精神等。生成式教研恰好提供了一种科学的路径，激励教师在不断的探索与实践中，注重从学生核心素养出发，实现教育教学的深层次改革与创新。

在这一过程中，数字化工具发挥着至关重要的角色。它们不仅仅是信息传递的渠道，更是教师之间沟通、协作与创新的平台。北京市第一七一中学运用果之教师平台助力教师掌握每个学生的学习进度与状况，从而设计出更加精准、个性化的教研项目。互动性强的线上教研云空间，能够促进教师之间的实时讨论与反馈，使得生成式教研更加高效与目标导向。

此外，生成式教研强调教师的主体性和创造性，数字化工具为此提供了技术支持和空间平台。教师们运用果之教师平台在线协作开发教学素材和学科教学方案，模拟教学场景，创建学生核心素养的评价体系等。教师可以在果之"分享学习"这样的平台上分享教学想法，相互交流教研心得，共同探究如何培养和评估学生的核心素养。观看者可以点赞、评论，并通过学分激励机制，让教师主动参与随时随地学习，成就高价值感的卓越教师队伍。这种教研模式能够带动教师主动学习、主动探究，实现教育教学的深度融合。

针对学生核心素养的培养，生成式教研强调教师之间的协作和交流。通过建立跨学科、跨年级，甚至跨校区的教研团队，教师能在更广阔的视野内互相学习、借鉴和启发。例如，北京市第一七一中学数学和语文教师在线研讨合作开展关于逻辑思维和表达能力的研究主题，共同探索如何在不同学科中培养学生的这些共通能力。这种跨界合作不仅开阔了教师的视野，也使得学生在各学科学习中获得了一致性和连贯性的素养提升。

数字化工具还为生成式教研提供了更为丰富的资源和更为广阔的视野。校本云知识库让教师能够轻松接触到各种先进的教育理论和实践案例，让他们在吸收新知的同时，能够根据本校本班的实际情况，创造性地将这些新知融入教学设计中，以达到培养学生核心素养的目的。

在生成式教研中，教师们利用果之全场景教师工作发展平台搜集与分析教育教学数据，为教研活动提供科学依据。数字化工具的使用使得教师能实时监测学生的学习状态，通过数据分析判断教学策略的有效性，并据此及时调整教学设计。同时，教师通过平台分享教学资源和研究成果，形成开放、动态的教研生态系统，极大促进了教师的专业成长和教学实践的改革创新。

生成式教研推动教师角色的转变，借助数字化工具，教师由知识的单向传授者转变为学习的设计者、引导者，甚至是学习的参与者。教师能够利用数字化工具及时反思和调整教研策略，使教研活动更加符合学生的需求，更加贴近教育的本质，为推进教育现代化和教育信息化作出积极的贡献。

（四）集团办学中生成式教研模式的创新与实践

2016年，北京市第一七一中学实施集团化办学后，集团对各分校实行一体化管理，随着集团化办学的深入，北京市第一七一中学尝试探索出一条集团化生成式教研创新模式，通过整合北京市第一七一中学集团内的教育资源、促进教师间的交流与合作、注重教研活动的生成性和实践应用价值，从而推动教育教学质量的持续提升和创新发展。在落实集团化生成式教研模式中，数字化工具的应用显得尤为重要。运用智能技术实现集团校教学管理线上线下常态化协同，备课教案成果共享。

2020年学校在拓展资源库共享平台的基础上，打破集团校交流的空间障碍，通过果之全场景教师工作发展平台，建立专递课堂、实施云教研，实现集团校内教师"云现场"参与听课、评课功能。集团校的教师可以跨校区，实时视频研讨，同步开展集备、集体听评课、研课等教研协作。在教学处、教研组、备课组三层培训模式下，形成集"备课教学＋教科研活动＋教学管理"三位一体的线上教师工作发展平台，进一步提升北京市第一七一中学教学管理和教学、科研质量。

生成式教研与数字化工具的融合，使得跨校、跨地区的协作成为现实，不仅加速了优质教研资源的分配，也解决了地域和时间上的限制问题。

1. 集团化教研共成长

集团化生成式教研模式的显著特点主要体现在资源共享，其中最为突出的是其能够实现各校教研资源的集中管理和统一调配，有效促进了优质资源的高效利用。此外，集团化生成式教研有利于形成教师专业成长的共同体，通过果之全场景教师工作发展平台分享教学心得，相互学习借鉴，共同成长。这种模式还鼓励校际合作和竞争，让教师有机会参与到不同的教研项目中，拓宽视野，增强自身的教育教学能力。

在发展现状方面，集团化生成式教研模式已经在北京市第一七一中学取得了一定的进展和成效。教师可以轻松获取各类教育教学资源、参与线上线下的教研活动，与其他教师进行实时互动和合作。还可以通过平台满足便捷邀请校内外专家在线指点课堂的需求，进一步拓宽了教师教研的渠道和方式。

集团化生成式教研模式的推广应用对于教师个体能力发展的瓶颈问题有着重要意义。首先，这种模式可以整合优质教研资源，实现资源共享，缩小不同校区之间的差距；其次，通过教师间的合作和交流，能够促进教师教研水平的共同提升；再次，还有助于搭建开放、包容、互助的教研文化氛围，激励教师在实践探索中不断创新；最后，这种模式的建立和完善，会为未来教师的专业成长和教育教学改革提供支持。

2. 集团化生成式教研模式，促进教师均衡发展

集团化生成式教研模式建设方面的核心价值在于提升信息的流通效率与教研质量，此模式倡导的不仅是资源共享，还强调校际之间、教师个体之间的互动和互补，涵盖集体备课、教案交流、教研讨论、同课异构、教学观摩、跨校区听评课、教师培训等多方面内容，促进教师在交流与碰撞中产生新的思想、观点和方法，不断丰富和拓展教研成果。

北京市第一七一中学为集团化生成式教研模式提供统一的交流互动平台。校际及区域间借助果之全场景教师工作发展平台开展"一体化联合教研"，构建教研员、教师、学生、资源、平台、工具之间的创新互动联合机制，通过平台赋能教研、支持教师集群学习。实现视频交流、线上讨论和即时消息互动，还可以用协同备课工具，实时撰写教案，以支持分布在不同地点的教师共同参与教案的编写和优化。同时，在教研活动的记录和追踪方面，数字化工具可以自动记录教研活动过程，包括时间、参与人员、讨论内容等，便于教师事后回顾和管理团队进行教研活动的监督与评估。

集团化生成式教研模式中，教研评价与反馈机制也是至关重要的角色。通过数字化工具对参与教研活动的教师进行在线评价，以及利用大数据处理教研活动中产生的大量数据，教育管理者和教师可以更客观、更全面地了解教研活动的效果和存在的问题，这种方式不仅能促进教研活动的个性化和精准化，还能通过数据驱动的方式不断调整和优化教研策略，使教研活动更加贴合教师和学生的实际需要。

在集团化生成式教研的构建过程中，制定更加科学和规范的运营流程也显得尤为重要。从教研活动的策划、实施到后期的总结评估，北京市第一七一中学借助数字化工具为整个流程提供了标准化和模块化的解决方案。例如，内置个性化教案模板，可以细化教研活动的时间线、责任人、预期目标等，明确各个环节的职责和期待成果，而这一过程中所产生的数据还可以辅助教育管理者进行决策支持和资源分配。还可以为教师提供个性化的教研建议和资源推荐。此外，通过教研数据的深度分析，结合生成式教研模式，教师能够准确掌握教学和学习的最新趋势，进行更加有针对性的教学设计和教研活动策划。

3. 让技术为集团化生成式教研协同机制的实践服务

北京市第一七一中学借助果之全场景教师工作发展平台，打破了地域界限，组成跨时空的校际教师共参与、真参与的集团化生成式教研协同机制，实现了各校之间教师的资源共享和教学经验交流。集团内教师共同参与线上线下教研，参与课案、课堂模式复制和创新，参与听评课，打破分校被动接受式发展理念，实现校际间教学改革、课程、师资培训的同频共振。这个平台不仅为教师提供了海量的教育资源，还包括了备课、教学、育人、听评课、科研、培训及激励评价等教师工作全场景工具通过应用，教师能够及时获取到其他校区同行的创意和建议，极大地丰富了个人的教学设计，提高了教学质量。同时，平台的数据分析系统，能够根据教师的活跃度、资源下载量、反馈情况等指标，为管理者提供教研工作的量化评估报告，这无疑为教研的有效性提供了客观依据。

在集团化生成式教研模式中，不同校区、年级、学科教师团队通过共同的教研项目、课程开发、教学改革实践等方式进行协作研究。基于数据的集团化生成式教研成效评估是一个重要议题。我们不仅需要定量的数据，还需要定性的分析。数字化平台产生的大量数据为我们提供了对教研活动的监测与评估的可能性。比如，通过收集教师在平台上传和在线编辑的教研内容，分析其参与度、互动频率和资源下载与分享情况，我们能够客观地探查数字化工具在促进教研活动开展上的作用。

在集团化生成式教研模式下，教研质量的提升是评估成效的一项关键指标。可以通过对教研产出物，如课程设计、教学案例、研究论文等的质量进行评估。评估指标涵盖独创性、实用性、科学性和推广价值等多个维度。另一个评估成效的指标是集团化教研模式在促进教师间协作和专业成长方面的效果。可以依据教师专业成长的指标模型，如教师的知识掌握程度、教学技能的提高、创新教学方法的应用等方面，评价数字化工具的实际作用。同时，教师协作的深度和广度，如教师间的互动频率、合作研究的项目数量和质量，以及跨学科教研活动的实施情况，都可以作为评价指标。教研活动的持续性和可持续发展能力也是评估成效的重要指标之一。涉及这一方面的评估需要关注教研活动的稳定性、教师参与度的长期性以及通过教研活动实现的创新与改进能否被持续推广和应用。

4. 生成式教研积极的成果：中心辐射、链式发展、多校联动

2019年，北京市第一七一中学教育集团顺应时代，打造了互联网＋教育背景下的大数据精准教研中心平台，以果之全场景教师工作发展平台为蓝图，结合本校实际需求，助力学校建设以学生为中心的学习成长空间，以教师为中心的工作发展空间和以学校为中心的知识共享及数据治理的管理空间。为集团校教师提供全方位的教研信息化服务，推动教师教研工作高效专业，助力学校打造教师群体学习型组织，实现学校教育教学效能的提升和品质的跃升，也带动了周边区域整体效能的共同提升。

五年来，秉承着"把一件事情做到底"的理念，经过反复沟通打磨、深度修改，实现技术工具和学校需求深度融合，体现了校本化，个性化、特色化的特点，并向着全景式、一站式发展。北京市第一七一中学也因此被教育部评为"2021年度网络学习空间应用普及活动优秀学校"。

基于生成式教研理念下的"协同教研平台"的应用场景，突出了北京市第一七一中学教育集团智慧教育校本化的三大特点。

第一，北京市第一七一中学真正是在用科技为教育赋能、让技术为实践服务。此"协同教研平台"是深刻结合学校自身课堂、教研、教学的个性化需求，精研细研不断打造，真正形成的校本化、特色化、个性化的协同教研平台。

第二，北京市第一七一中学做到了开放、包容、共享的态度和精神。从单校到集团、到学区、到京津冀一体化发展。以北京市第一七一中学为核心，形成中心辐射、链式发展、多校联动的精准教科研体系和资源众创教育服务新体系，推动区域教科研质量效率双提升。

第三，北京市第一七一中学的智慧教育应用源于实践、用于实践，具有可持续发展的生命力。在应用过程中，北京市第一七一中学不断根据自身需求探索、实践、打磨、迭代平台，最终走向生成式全场景一体化。这样实践才是真正有生命力的实践。

（五）继续优化生成式教研活动的思路与方法

1. 融合数字化工具，生成式教研助力教师提质增效

数字化工具改变着教师的教研模式，其中体现得最为显著的便是在助力北京市第一七一中学生成式教研模式的建立与实施方面。这种模式以教师的个体需求为中心，通过数字化手段得以实现教研内容的定制化和教研过程的灵活性，从而大幅提升教研效率和效果。

首先，生成式教研在技术助力下，为个性化教研提供了实现路径。传统的教师教研活动往往受限于时空，但数字化工具的介入打破了这一限制。通过果之全场景教师工作发展平台智能推荐系统的运用，教师可以根据个人兴趣、专业发展需求和教学难点，随时随地获取相应的教研资源和参与在线教研。

其次，数字化工具促进了知识的精准传递和接收。基于大数据分析和人工智能技术，数字化工具能够根据教师的过往教研行为和偏好进行智能推荐，提升资源获取的个性化和精准度。例如，平台可以根据教师全局搜索的关键词，推荐相关的精品课程、专业文章或教学案例，这种择优推荐个性化服务在增强教师自主性的同时，也极大地节省了他们的时间和精力。

再次，数字化工具强化了教研活动的互动性和实时反馈。通过在线协作等功能，教师可以与其他学校教师进行实时沟通和讨论，即使身处不同地域

也不再成为障碍。同时，平台可以即时记录教师的教研活动和交流情况，提供有力的数据支持教师日后的反思和进步。此外，实时互动的过程也激发了教师之间的合作意识和共享精神。

最后，开展形成性评价是生成式教研融合数字化工具，支持个性化教研中的另一项重要功能。通过课前在线提问及下发学习任务、学习分析和反馈机制，教师可以获得关于自己教研进度和质量的即时反馈，同时也能参与对其他教师教研活动的评价。这种及时、双向、形成性的评价能够促进教师深入反思、调整教研策略，从而提高教研效果。

2. 跨学科合作生成式教研融合创新

跨学科合作是新时代教育改革的重要趋势，尤其是在教师教研领域，跨学科合作已成为提高教学质量和教研效率的关键手段。在这一过程中，北京市第一七一中学运用生成式教研发挥了不可或缺的作用，不但优化了教研流程，还为教研内容和形式创新提供了高效实施路径。

教师们运用生成式教研模式与方法，通过在果之全场景教师工作发展平台上即时分享教学资源、交流教学经验，为不同学科之间的信息沟通提供了便捷的渠道。跨学科小组则可以共同编写和修改，实现资源的即时更新和优化。

生成式教研强化了教师之间的交流和互动，提升了教研活动的参与度和互动性。在平台上，教师们可以对教学中遇到的问题进行讨论，有效结合多学科知识，寻找解决问题的最佳方案。例如，教师可以使用在线共享文档工具，进行实时的课程设计和活动策划，各学科老师能够在相同文档上进行讨论和修改，确保了教研的连贯性和一致性。

生成式教研融合数据分析工具，在跨学科教研中同样不可替代，它们可以迅速处理和分析大量教育信息，为教研提供数据支持。例如，在课堂教学研究中，通过学生反馈和学习成果数据的分析，教师可以更准确地掌握学生需求，并据此调整教学策略。面对素养导向的课程改革挑战，实现常态化进班听课及跨校区"听评课活动"。即时同步教师的教案，结合纸质听课本，让教师能便捷记录课堂的文字与音视频，所有的听课记录可一键便捷导出。同时评价结果即时反馈给授课教师，助力教师的课堂专业发展。

生成式教研还具有促进个性化教学的潜力，这对于跨学科教研尤为重要。利用人工智能和大数据技术，教师可以设计出适应不同学生需求和背景的教学方案。这种个性化的教研方法既考虑了学生的特殊性，又能够在多学科融合的基础上实现深度定制化教学。

生成式教研模式融合数字化工具，在提升跨学科教研的效率方面也发挥着巨大作用。减少了教师在物理空间中的流动和协作中的时间成本，教师们可以更灵活地安排教研活动，提高了教研的实时性和互动性。同时，还可以为教研活动提供记录和追踪，使教研成果可以被有效地存档和复用，为日后教研活动提供宝贵的经验积累。

从长远发展来看，生成式教研还为教研成果的传播提供了广阔的可能。让优秀的教研成果能够快速传播，教师们可以吸纳其他学科的先进经验，不断提升自身的教研水平。

3. 以研促教，教研相长

生成式教研在教研成果的分享与交流对于提升教师专业水平和推动教学改革发展至关重要。在数字化时代背景下，数字化工具极大地促进了生成式教研的广泛传播和高效利用，推动了中小学教师教研活动的集团化发展。

数字化平台提供生成式教研共享环境。教师将自己的教研成果、教学视频、课例分析等资源上传到果之全场景教师工作发展平台中，这些资源通过平台的结构化整理和分类，其他教师根据教学需求快速检索、阅览和应用。此外，平台内置反馈和讨论机制，特定教研资源在线批注留痕，发表见解，形成有效的互动和讨论环境。这样的共享环境不仅为教师提供了一个展示和交流自己研究成果的空间，同时也为他们提供了学习和借鉴他人成果的机会，促进了知识和经验的共享与扩散。

融合智能工具的协作性是生成式教研的一个显著特点。不论是备课、设计活动还是研讨教学法，教师们通过云端文档协作和视频讨论能够无缝地协同工作。实时编辑和评论功能即时反馈意见和建议，多种历史版本同步留存，能够避免信息版本错乱的问题。这种协作工作方式优化了教研工作流程，提高了团队效率，有力地支持了集团化教研活动的发展。

数字化工具中的数据分析功能能够帮助教师掌握生成式教研活动中的趋势和教师的需求。通过分析果之全场景教师工作发展平台上的资源上传及下载量、浏览次数、点赞量等数据，可以了解哪些类型的教研成果更受欢迎，从而指导教师未来的教研方向。此外，数据分析还可以用来评估教研活动的效果和影响，为集团化教研活动的调整和优化提供依据。

生成式教研融合数字化工具，还能够有效助力教师将教研成果系统化和数据化，丰富了教师教研成果的展示形式，提高了生成式教研中教研资源的可获取性，使得教研成果的分享和交流更加有序和高效。还通过实时互动、数据分析等功能推动了生成式教研理念的进程。借助平台，教师能够对教研成果的传播途径和影响力进行跟踪分析，从而对教研活动进行精准的规划和调整。同时，数字化的存档和归类功能确保了教研资源的长期保存和易于检索，这对于构建长效的生成式教研生态具有重要价值。

4. 生成式教研数字化推进，构建从过程到结果的教师多元评价体系

在实施生成式教研中，教研评价与反馈机制是保证教研活动有效开展的重要组成部分，借助数字化工具在构建该机制方面具有独特的作用和广阔的意义。

传统的教研评价多为教研活动结束后的总结性评价，而数字化工具如果之全场景教师工作发展平台可实现生成式教研实时性反馈。利用数据分析技术，教师通过智能终端提交的教研资料能够迅速得到评价反馈，这些即时的反馈使得教师能够在教研过程中及时调整和改进，推进教研活动质量的不断提升。

在实践中，常见的教师评价较重视师德表现、工作量、学生满意度、教学成绩、个人教学竞赛、荣誉奖项等结果性评价。相较于传统评价手段，在生成式教研实施中，数字化工具能够围绕教研活动各个环节，如备课、授课、评价、教师培训、科研等，收集多维度信息并进行深入分析。它可以处理大量数据，评价内容不再局限于定量的评分，把结果性评价和形成性评价两种不同取向的教师评价综合起来，突出教育教学实绩，同时兼顾教师专业成长，以更全面、客观的视角评价教研活动的有效性。

通过360度教师评价、教师发展积分管理等形式，数字化工具促进了教师之间的互动和沟通。教研活动不再是单方面的信息传递，而是变为多方参与的交流与合作过程。每个教师都能够参与到教研活动的评价中来，提出意见和建议，共同推动教研工作的发展。

生成式教研为教研活动提供了动态追踪的可能性。教研评价不再是一次性的，而是一个动态持续的过程。学习分析系统能够追踪学生的学习轨迹，记录教师的教研活动和改动历史，为教研活动的持续优化提供了可能。通过这种生成式动态追踪，教师可以更好地理解每一次教研活动的效果，并在随后的教学设计中持续改进。

生成式教研有助于构建长效的教研评价体系。传统的评价往往是短期内的、片段式的，而生成式教研有助于构建长时间序列的教研评价体系。通过长期跟踪和持续评价，能够真实反映教研活动的效果和教师能力的成长轨迹，为教育行政部门决策和教师个人职业发展提供客观依据。

促进个体与集体教研水平的提升。生成式教研融合人工智能与大数据技术的数字化工具可以对教师进行个性化的评价，并给出成长建议，有助于个体教师教育教学能力的提升。它提供的数据可视化功能等方法，简化了评价的流程和难度，使评价工作更具可操作性和普遍性。与此同时，通过数据共享和分析，教研团队可以对集体教研活动进行评价，发现团队中的优势和不足，从而实现整个团队教研水平的整体提升。

（六）数字化工具在生成式教研中的优化应用

1. 共享集体智慧的智能校本云知识库

在当前教育信息化的浪潮下，生成式教研通过数字化工具的支持，不仅大大提高了教学资源的利用效率，还拓展了教育资源的影响范围，为教师的专业成长和教研活动提供了坚实的支撑。

数字化工具的集成化特性为生成式教研的建设提供了便利条件。当前，多种数字化工具能够协同工作，支持文本、图片、音频、视频等多媒体资源的整合，这使得教学资源共享平台能够容纳和呈现丰富多样的教学元素。北京市第一七一中学通过果之全场景教师工作发展平台，聚合校内离散知识，促进优质校本内容众创共享。教师不仅可以高效地上传和整理教学资源，还能与其他教师即时分享和讨论教学经验，促使教师之间的知识与方法互通有无。

生成式教研依托数字化工具，探索为不同需求的教师提供定制化的教学内容。利用数据分析和人工智能技术，平台能够根据教师的总体请求和历史行为分析，推荐相对应的教学资源和研究课题，从而实现精准匹配和个性化推荐。这种以数据驱动的个性化服务不仅节约了教师寻找资源的时间成本，还提高了资源利用的精准度和针对性。

2. 数字化生成式教研提高管理效能

数字化工具在教研活动管理中的应用，是新时代信息技术与教育教学深度融合的体现，有助于提高中小学教师教研活动的组织性、规范性和高效性。在互联网、大数据和人工智能技术的支持下，生成式教研不仅仅是简单的数字化转型，更是对中小学教研活动管理模式的一种创新与优化。

数字化生成式教研提升教研活动的组织与规划效率。传统的教研活动组织流程多依赖于纸质文件与线下会议，这种方式存在信息更新不及时、参与教师之间沟通不便等问题。而数字化工具通过线上会议系统、任务分配与进度跟踪等功能，使得教研活动安排更加透明、高效，极大提高了教师参与教研的积极性和教研活动的组织效率。

数字化生成式教研加强了教研活动的过程质量的提升。数字化管理工具中的数据统计与分析功能，能够可视化教研活动的进展情况，分析教研活动数据，为教研管理人员提供决策支持。通过果之全场景教师工作发展平台，教研活动负责人可以即时掌握各项任务的完成度、教师参与度等关键指标，对教研活动进行动态调整，确保教研活动能够高效有序地进行。

数字化生成式教研优化了教研资源的配置与利用。在平台中，可以建立起完整的教研资源数据库，包含教学案例、课题研究、专家讲座视频等丰富资源。这些资源可以按照不同教研主题进行分类、标签化管理，教师可以快速检索找到需要的教学素材和参考案例，并能够依据教学需求进行个性化调整，从而节约了大量的备课时间，提高了教研资源的利用效率。

数字化生成式教研促进了教研活动方法的创新。借助数字化工具，教师们可以采用更加多样化的教研方法，满足教师学期常规个人备课、师带徒、集体精品课打磨、跨校区教研协作等多种场景备课模式，打造常态化线上线下结合的特色备课模式。并打通备课与听评课场景，丰富智能工具满足教师常态化进班听课、青年教师公开课，及跨学科、跨校区等多类型听评课方式，实现学校线上线下结合的"备课+听课"模式。打破了时间与空间的限制，促进了教研方法的不断创新与发展。教师通过在线交流、协作备课等方式，实现了知识的深度共享与创新思想的碰撞。

数字化生成式教研加强了成果的评估与反馈。数字化工具提供的评价系统和反馈机制，可以根据预设的评价标准，对教研活动的过程和结果进行量化分析，使得教研活动的成效评估更加科学、客观。教师可以根据系统反馈进行教研内容的调整和改善，形成教研—实践—反馈—再教研的良性循环，持续提升教研活动的质量。

3.精准数据助力生成式教研

教研数据分析与挖掘也是发挥生成式教研的重要方向。通过大数据分析技术，教师可以更深入地了解教学活动的效果，定量地探索教学方法的有效性，从而提高教研活动的科学性和有效性。教研数据分析是通过收集教学过程中产生的各类数据，如学生的学业成绩、课堂互动记录、教学资源使用情况等，经过统计处理和深度分析，挖掘教学活动中的有价值信息。这些分析结果可以帮助教师了解学生的学习习惯、掌握程度及教学方法的适应性，为教师提供科学决策的依据，优化教学设计，实现针对性的教研持续的改进。

数字化工具高效的数据收集与整合能力使生成式教研数据分析变成可能。北京市第一七一中学教师在应用果之全场景教师工作发展平台过程中所产生的教与学的相关数据，提供了大量真实、连续的原始数据。平台的智能分析处理功能也极大提升了数据处理的效率和准确性。利用数据可视化技术，复杂的数据分析结果可以直观展示，便于教师理解和应用。

对于集团化教研而言，教研数据分析与挖掘的应用也尤为重要。在多校联合的集团化教研活动中，不同学校、不同年级，甚至不同学科的教育数据汇总分析，可以帮助教师和研究者发现更多的教学规律和教研趋势。这有助于形成有效的教育集团知识体系，实现教育资源的最优配置和教研成果的最大化共享。

4. 跨校联动共研讨

数字化工具在教研活动中作为提升教师专业素养和教学质量的重要手段，正逐渐由传统面对面交流，转变为依靠数字化工具实现的跨校协作新模式。

数字化工具提供了一个平台化、网络化的跨校教研环境。在这样的环境下，教师通过果之教师平台，分享成功的教学案例和课后反思，这不仅促进了知识和经验的传播，还激发了教师之间的创造性思维。

在构建跨校教研协作模式方面，数字化工具巧妙地打破了学科边界，使得不同学科的教师能基于通识教育的理念，开展跨学科教研活动。通过平台教师们可以围绕共同主题，进行跨学科课程开发和教学设计，从而丰富教育内容，激发学生的综合素质发展。教师们也可以轻松地上传教案、交流教学经验或共同编写研究性课题。平台不仅促进了知识的共享，而且提升了教研活动的效率。例如，通过云端文档协作功能，多位教师可以在同一份文档上实时编辑，记录教研讨论点，同时保证了文档版本的统一性和最新性。

教研的质量和成果在很大程度上取决于教师参与度和互动性。这种实时的互动方便了教师对教学方法的共同探讨，即时反馈和修改，从而有效提升了教研质量。

数字化工具还能够提供高效的教研管理功能。通过在线教研管理系统，教研活动的策划、实施、反馈等各个环节都能得到有效的记录和监控。这种透明化和数据化的管理方式，不仅方便教育管理者进行宏观把控，也便于教师自我调整和成长。

5. 在线集体备课凝智慧

在线集体备课模式作为近年来教育技术融入教师教研活动的一种新趋势，正在受到广泛的关注和实践探索。教师通过果之全场景教师工作发展平台实现同步交流、共享教学资源、集思广益和持续迭代课程内容等多重功能，显著提高了备课效率和质量。

北京市第一七一中学在实施集体备课过程中，教师根据学科特点和教学需求，制订相应的在线集体备课计划，确保每位备课组成员能够充分发挥专长、参与讨论贡献意见。学科带头人或教研组长通常负责监督和引导整个备课流程，确保教研活动高效有序进展。通过果之智能化整体备课流程助力，每节课的备课过程，从制订计划、分配任务，到课件上传、协作批改，每位教师的点评一目了然，备课进度全程跟踪，成果随时查阅。数字化工具自动记录、呈现每位教师编写的教案、发布的资源、批注的内容、修改的记录等信息，为教育研究和教学改进提供了珍贵的数据支撑。

在线集体备课模式的实践效果表明，这种模式能显著提升备课效率、丰富教学内容，同时促进了教师之间的专业成长。由于能够跨越地域限制，教师可以与不同学校甚至不同地区的同行展开交流合作，拓宽了教师的视野，也为教师提供了更多样化的专业发展机会。

6. 有效校本教研促进教师专业发展

融合生成式教研，探索校本教研和教师能力发展，不仅是适应教育发展趋势的需要，也是实现教师专业成长和教育质量提升的关键路径。

数字化工具能够聚合大量的教育资源和教学案例，让教师能够跨越时空限制，获取到更多样化的教学内容和研究资料。教师可以通过果之全场景教师工作发展平台进行在线听课记录与评价结果分享、教学设计的互评，以及教研活动的同步参与，全方位提升其教学和研究能力。教师们能够随时随地参与教研和学习，而且通过聚合教研资源、促进信息共享，极大地丰富了校本教研的内容和形式。

在生成式教研过程中，教师能力的发展是一个循序渐进的过程。数字化为教师提供了个性化学习路径，利用大数据分析推荐适合每位教师的学习资源，实现了教师培训的精准化和个性化。通过数字化工具，教师可参与到多样化的教育培训和研讨中，北京市第一七一中学通过果之教师平台校本培训云空间，沉淀学校多年积极探索实践的系统、多样、完善的教师校本培训体系，并通过平台提供的学分激励机制，让教师主动参与学习，发挥名师辐射带动作用、推动教师发展提质增效。

有效的教师专业发展还需要多元化的评价指标体系，以及相应的激励和支持机制。数字化工具可为此提供便捷的技术手段。学校管理层通过果之全场景教师工作发展平台全面掌握每位教师参与教研的情况，评价其教研贡献，并据此进行合理的激励，比如嘉奖、职称晋升、专业成长路径规划等。这种及时且细致的管理和激励，大大提升了教师专业发展的积极性和有效性。

7. 数字化工具让生成式教研更具创新力

数字工具不仅使得资源共享和教研协作变得更为便捷，还在提升教师专业素养、打造学校特色教学、提高教研成效等方面显示出巨大潜力。

高效率的分享机制是实现生成式教研创新的主要推力。借助云计算、大数据等现代信息技术，数字化平台可以集中存储海量教育资源，包括优质课程、教学设计、案例分析等，便于教师随时获取所需信息。不同学科、年级和教学水平的教师可以在此基础上，开展多元化的教学研究活动，实现知识和经验的共享，从而优化生成式教研结构，提高教学质量。

利用数字工具进行数据分析与决策支持，是推动生成式教研向更科学的方向发展的又一重要手段。通过对课堂教学数据、学生学业成绩、教师教学行为等数据进行详尽分析，管理者和教师能够更准确地掌握教学中的有效环节和需改进之处，据此调整教学策略和教研重点，实现精准教研和精细化管理。

数字化工具的进步还表现在生成式教研评估机制的建立上。通过数字化工具，教研活动的过程和结果可以实时记录和追踪，再利用评价算法对教研活动进行定量评估。这种透明且连续的评估机制，不仅为教师提供了明确的成长路径，也为管理层提供了科学的决策依据。

（七）生成式教研对中小学教师教研的影响与验证

1. 教师教研水平提升

生成式教研促进了教学资源的丰富，而且在提升教研效率和质量上起到了至关重要的作用。北京市第一七一中学教师通过生成式教研融合数字化工具，能够实现快速获取信息、方便参与合作研究、分享成果，进而极大地促进了中小学教育教学的创新和发展。

（1）教师自主学习能力显著增强，专业素养明显提高

教师的课程资源设计研发、诊断评价、技术助力、课堂教学、作业设计等专业素养都获得显著提升。

（2）实现教师之间的高效沟通与合作

在线文档协作与共享、视频会议研讨等，教师无须被地域限制，便可参与到教研活动中去。这种跨地域的合作模式极大地扩展了教师的视野和教研思维，促进了教育理念和教学方法的交流与融合。

（3）学校协同教学文化浓厚，创新活力增强

基于生成式教研文化，学校形成了一个学习共同体，教师间互相学习、

互相促进。生成式教研理念与模式，让教师不断创新突破，学校创新活力增强，取得成绩更为丰硕。北京市第一七一中学获北京市科技示范校、清华大学优质生源基地校、天津大学优质生源基地校、金鹏科技团、金帆书画院、人文翱翔基地校、北京青少年机器人教育基地等多个荣誉称号。

（4）为教研活动的精准评估和反馈提供可能

生成式教研通过果之全场景教师工作发展平台，可以对教学活动进行量化分析，学生的学习进度、教学方法的效果等都可以清晰地展现出来。利用这些数据，教师能够针对性地调整教学策略，实现教研活动与教学实践的无缝对接。

（5）提高教研效率方面也显示出巨大的潜力

通过数字化工具，教师们可以快速地开展集体备课和案例研讨，显著减少了教研准备工作的时间和精力投入。此外，通过云存储等技术，教研材料可以实现集中管理与共享，避免了重复劳动，提升了教研资源的利用效率。

2. 教研成果的质量与数量提升

生成式教研对教研成果的质量与数量提升具有显著作用和深远意义。采用数字化工具，教师可以实现信息资源的快速获取与高效管理，创造性地改善教研策略，从而提升教研成果的质量。

质量方面，生成式教研可通过强化教师的教学设计与研究深度，提高教研质量。在教育教学数据分析上，通过数字化工具的数据挖掘和智能分析技术，教师能发现学生学习行为和成效之间的内在联系，进而优化教学设计。数据可视化工具的应用使得生成式教研成果更加直观，促进了教学创新和教学方法的实践效果评估。

生成式教研在优化教研方法论方面的贡献不可忽视，能够培养教师进行深层次、多角度的教育研究思维。教师们利用生成式教研思维可以洞察教育政策的实施效果、学生学习成效的统计趋势以及教育教学创新的潜力点，确保了教研活动的科学性和前瞻性。

数量方面，生成式教研大大提升了教研活动的效率，从而间接增加了教研成果的输出，简化了教研管理流程，使教师在备课、授课、评估全流程中更高效。教师能在干预学生学习的同时，根据反馈及时调整教学策略，加快了教学活动的迭代周期，产生了更多的教研成果。实现资源和智慧的共享，促进了教研成果数量的增长。每年北京市第一七一中学教师在优质课、优秀科研论文等获得区级以上重要奖励三百余项，获奖数量和层次均居北京市东城区前列。

意义层面，生成式教研理念的应用不仅是教研方式的革新，更是教育观念和教研机制创新的体现。生成式教研的发展促进教师从传统的教育模式转变为以学生为中心的教学模式，提高了学习效果和教研成果的现实意义。通过生成式教研的应用，教研活动的开展变得更为多元化和个性化，可以更好地满足不同学生的学习需求，提高教育的公平性和教育质量。

3. 生成式教研促进集团化水平提升

集团化发展是教育资源均衡化、优化配置的有效途径，而生成式教研对北京市第一七一中学起着至关重要的作用。集团化教研水平提升，体现在信息共享、资源互通、协作互助等方面。利用数字化工具，教师可以跨越地域和时间限制，实现教学资源、经验心得、课题研究的联合开发和共享。这样一来，不仅丰富了教研内容，还提高了教研效率。

（1）集团校效能提升，教师专业发展成效显著

北京市第一七一中学作为市级示范校，学校顺应时代潮流组建起"大数据精准教研中心"，通过大数据精准教研中心平台为集团校教师提供全方位的生成式教研信息化服务，推动教师教研工作高效专业，助力学校打造教师群体学习型组织，实现学校整体效能的提升和品质的跃升。集团分校教学活力增强，教师专业发展提升显著。

（2）集团校资源共享，提高知识传播效率

集团化生成式教研模式的核心在于资源共享和知识传播的效率，而数字

化工具恰恰提供了这样的平台和机制。果之全场景教师工作发展平台支持教师上传教学视频、课件、教案与学案等教研资料，并形成优质资源库。此外，在线研讨会等交流工具促进了教师间的思想碰撞与知识更新。通过这些工具，教师可以及时获取到最前沿的教育理念及教学策略，有助于提高其教学水平和课堂教学的实效性。

（3）增强了集团化教研的针对性和实效性

生成式教研活动中产生的大数据，经过分析，能够为教师提供备课、听课、开课、科研、培训等具体分析报告，这有助于教研活动更加聚焦于解决教学实践中的实际问题。同时，基于此类分析的个性化教研方案能够更好地满足不同学情、不同地区和学校的特定需求，推动教研活动的个性化和精细化发展。

（4）增强集团化教研活动的系统性和规范性

运用生成式教研理念与机制，可以对教研活动从计划、实施到评估的各个环节进行科学管理，从而确保教研活动的质量与效果。同时，搭载数字化工具能够实时记录参与教师的反馈与进度，为管理者提供决策依据，促进教研活动的持续优化和质量提升。

4. 生成式教研推动了教研工作的集体智慧和协同创新

教研资源共享和分布式协作是生成式教研创新教研模式的显著特征。以往地域和时间限制导致的资源独享和知识壁垒正在被打破，数字化平台极大地丰富了教育资源的类型和内容，实现资源的最优配置和利用。结合生成式教研融合数字化工具，以果之全场景教师工作发展平台为例，教师可以上传自己的教案、课件等教学材料，供教师们评论和改进。同时，平台上共创集聚的海量资源为教师提供了更多的创新灵感和教学参考，教师可以随时随地获取到需要的教研资源，这种资源共享和协作模式，推动了教师集体智慧和协同创新。

生成式教研在北京市第一七一中学的普及改变了教研的时空限制。借助数字化工具，教师们可以突破物理空间的束缚，进行远程集体备课、教研研讨等，增强了教研活动的互动性与开放性。教师可以随时随地获取、分享和讨论教研资源，极大提升了教研工作的便捷性和协作性。

个性化和数据驱动的生成式教研评估机制正在逐步完善。传统的教研评估往往是定性的、经验主义的，而结合了生成式教研的数字化工具提供的大数据分析和智能评估系统，使教研成果能够得到更为精确和客观的测量。这一变化不仅提高了教研评估的效率，还使教师能够基于数据做出更为科学的教学决策，并及时调整教研方向。

教师专业成长的途径和模式发生了变化。利用生成式教研创新教研模式，进行自主学习和持续发展已经成为教师专业化成长的新趋势。生成式教研模式激励着教师主动学习、反思实践，从而实现从个体到群体的专业成长。

北京市第一七一中学的生成式教研模式的激励和反馈机制也趋向数字化和系统化。数字化工具能够记录教师参与教研的全过程，为教师提供及时的反馈和奖励。这种即时反馈机制对于激励教师持续参与教研活动，提高教研质量有着重要的意义。

四、数字化工具促进生成式教研的前景

（一）技术赋能——生成式教研助推教师全面发展

与传统教研相比，生成式教研强调教师主体性，教师在实践中生成新的教学策略和方法，有助于形成更符合学生需求和社会发展的教学内容。数字化工具的应用为生成式教研提供了便捷的协作平台、丰富的资源和数据分析支持，显著提升了教研活动的质量和效率。

例如，北京市第一七一中学教师通过智能听评课工具，听评课标准可动态调整，引导教师们科学地去观课、评课，去关注教改前言、关注教学中的关键点与细节。平台可记录下教师的评课状态、教研状态，自动汇总教师们的整体评课表现。基于教师们的听评课、教研表现，北京市第一七一中学教

研中心再设置更新下一次的教研主题与评课标准，通过评价标准引导教师们更为科学地评课、教研，引导教师基于课标、指向核心素养、遵守学生为本的教学。借助信息化平台，不断优化听评课标准与教研主题，在逐次的教科研中不断生成新方向、新主题、新标准、新要求，以此推动教师的专业成长。同时，数字化工具不仅丰富了教师教研的方式和方法，还大大提高了教研活动的效率和质量。教师借助数字化平台进行在线资源共享，用智能终端设备快速获取教研信息，利用数据分析工具筛选和评估教研成果，这些应用不仅改变了传统教研的时空局限，也激发了教师个体的创新能力。

数字化工具在推动集团化教研活动方面表现出显著优势。通过构建统一的数字平台，各成员校之间能够分享优质教育资源，开展在线研讨和集体备课，实现了跨地域、跨学科的协作与创新。这种集团化教研模式极大地拓展了教师的视野，促进了教育教学经验的快速流通和知识的积累。

数字化工具在实现教研个性化、跨学科合作和教研成果交流方面，不仅提升了教师的专业技能，也加强了教师间的内在联系。尤其在教研评价与反馈机制的构建上，数字化工具提供了高效、客观的评估途径，为教研活动的规范化和科学化奠定了基础。

在新课程改革的背景下，数字化工具帮助教师更好地对接课程标准和教材要求，采用项目式和大单元的教学策略，构建以学生核心素养为中心的教研活动。生成式教研理念的实施，通过数字化工具有效提升了教师的教研主动性和针对性，有力促进了教育教学改革。

数字化工具的应用不仅增强了教研活动的即时性、方便性和参与度，更为教师专业成长提供了新的路径。通过数字化工具，教师能够及时反思教学实践，迅速获取同行反馈，以数据驱动的方式不断优化教学设计，实现从单一的教研活动向综合的教研生态转变。

（二）因地制宜——生成式教研有效激发教师创新的积极性

针对学校优秀教研文化传承力度不强、教师利用信息技术创新教学积极性低等问题，北京市第一七一中学利用数字化技术，对备课、听评课、教学研讨、课题研讨、教师培训等教研活动展开探索实践，逐步确立了生成式教研的理念，利用资源生成性、教育性带动教师学习、反思与成长，形成了生成式教研助推教师专业发展的实践模式。实施生成式教研过程中，北京市第一七一中学尊重教师个体差异性，在推动数字化教师教研活动时，重视教师个体在教学风格、教育理念、技术熟练度上的存在的差异，激发教师的主观能动性。

建立了更加精准有效的生成式教研评价与反馈体系，数字化工具提供了数据收集与分析的能力，在实际教研活动中，鼓励个性化教研活动的开展，有效利用精准数据来建立科学的评价体系和即时的反馈机制，对教研成效进行量化分析。在生成式教研的驱动下，逐步形成了"中心辐射、链式发展、多校联动"新生态。

（三）立足实际——生成式教研促使学校形成独特的教育教学风格

随着信息技术的飞速进步，生成式教研在北京市第一七一中学教学育人领域的应用越发广泛，这也要求我们对现有的方法进行深入的反思和改进。

生成式教研理念结合数字化工具在服务学校、教师、学生、教育管理决策等方面还有巨大的潜力，未来还可以在以下方面进一步优化：一是更加完善平台功能，使其更加智能化、自动化，挖掘数据潜在价值，为学校的长远发展提供指导，使其更好地服务于学校管理；二是通过拓展基于数字技术的教师研训的内容和形式，使教研活动更加多样化、个性化，整合教研、课程、培训、评价、资源、活动等功能，建立学科线上教研室，在线开展教研活动，整合教研成果和研究工具，优化对教师的教学指导；三是借助人工智能技术，打破以往过度依赖对历史数据进行分析的局限，探索预测未来的趋势和变化，进一步完善决策机制，通过学习数据分析，为教师个人发展及教师队伍建设提供更科学的建议，使教育管理决策变得更科学、精准和智能化；四是跨校跨区教研合作的深度拓展。

数字化工具的共享性使得不同地域、不同类型学校之间的教研协作成为可能。未来，数字化教研平台应致力于打造更稳定、高效的合作机制，使得教师能跨越地理界限，进行深入的教学设计、教材研发和教学经验交流。此外，激发和培养教师的数据素养，提高其数据分析和应用能力，将数据转换为教学和教研的洞见。

随着新技术的高速发展，作为教育者要积极、主动应对新的教学方向。北京市第一七一中学将继续用科技为教育赋能，让技术为实践服务，扎根一线教育教学实践，为培养优秀的未来公民贡献力量。

第四章　生成式教研的实施策略与实践

一、生成式教研的实施步骤与流程

生成式教研，作为一种新型的教研模式，强调在教研过程中教师的主动性、合作性、创造性、反思性、改进性，注重通过借助智慧信息化手段，融汇教师个人、教师群体、学生群体乃至家长群体智慧，在不断改进中生成新的教学理念、教学方法和教学内容。生成式教研的实施步骤与流程对于提升教学研究质量、促进教师专业发展、更加有效培育学生核心素养具有重要意义。本节将分前期准备阶段、实施改进阶段、总结完善支撑阶段三部分详细阐述生成式教研步骤与相应的注意事项。

（一）前期准备阶段

1.明确教研目标

明确生成式教研的目标是至关重要的，教研目标不仅是指引教研活动方向的灯塔，也是衡量教研活动成效的重要标准。一个明确的教研目标能够帮助教师明确自己在教研活动中的任务和责任，激发教师的积极性和创造性，推动教研活动的深入开展。

生成式教研的目标应具有以下几个特点。

第一，生成式教研的目标要与学校的整体教学目标和教师的专业发展需求相契合。学校的整体教学目标一般都涵盖了学生各个方面素养的培育要求。

生成式教研旨在通过探索和研究新的教学方法和策略，推动这些目标的实现。因此，当教研目标与学校整体目标相一致时，教师能够更好地理解并贯彻学校的教育理念，确保教学工作在统一的框架下进行，从而提高学生的整体学习效果。

第二，生成式教研目标的制定应始终围绕学生发展和教师成长这两个核心。学生发展是教育教学的根本目的，教研目标应体现对学生学习需求、学习兴趣、学习能力等方面的关注。同时，教师成长是教研活动的重要目标之一，教研目标应有助于提升教师的专业素养和教学能力，促进教师的专业发展。

第三，生成式教研目标应具有具体性、可衡量性和可操作性。具体来说，教研目标应明确具体的教学任务、教学方法或教学策略，以便教师在教研活动中能够有针对性地开展研究和实践。同时，教研目标应具有可衡量性，即能够通过一定的评价标准或方法来衡量教研活动的成效。此外，教研目标还应具有可操作性，即能够在实际教学中得到应用和推广。

第四，生成式教研目标的制定不是一个人的事情，而是需要团队成员共同参与、集体讨论的过程。在明确生成式教研目标的过程中，团队成员应充分发表自己的意见和建议，通过讨论和修订，达成共识。这样制定出的教研目标更能够体现团队的智慧和力量，也更具有可操作性和实效性。

第五，教研目标的制定既要考虑长远规划，也要关注短期目标。长远规划为教研活动提供了发展方向和战略指导，短期目标则是实现长远规划的具体步骤和措施。因此，在明确教研目标时，应将长远规划与短期目标相结合，确保教研活动既有前瞻性又有实效性。

第六，生成式教研目标并非一成不变，它应随着教学实践的发展和教学理念的更新而适时调整和优化。在生成式教研活动过程中，团队成员应密切关注教学实践中的新情况、新问题，根据实际情况对教研目标进行必要的调整和优化。这样不仅能够确保教研活动的针对性和实效性，还能够推动教研活动的持续发展和创新。

2. 组建教研团队

生成式教研作为一种强调教师主动参与、集体协作、共同成长的教研模式，其成功实施的关键在于组建一支高效、和谐的教研团队。优秀的教研团队不仅能够激发教师的教研热情，还能够促进教师之间的交流与合作，推动生成式教研活动的深入开展。本节将详细阐述生成式教研团队组建的步骤、原则及注意事项，以期为实践提供有益的参考。

首先，在组建生成式教研团队之前，要明确团队的目标与任务。生成式教研团队的目标应与学校的整体教学目标和教师的专业发展需求相一致，旨在通过集体协作、共同研究，提升教师的教学水平和教研能力，推动学校的教学改革与发展。同时，要明确团队的具体任务，如定期开展教研活动、分享教学经验、研究教学方法等，以确保团队成员能够有针对性地开展工作。

其次，生成式教研团队的成员选择是组建过程中的重要环节，其应遵循以下原则：第一，学科互补性原则。生成式教研团队成员应涵盖不同学科背景的教师，以便在教研过程中能够相互学习、相互借鉴，形成学科交叉的优势。第二，年龄差异性原则。生成式教研团队成员的年龄和经验应呈现一定的梯度分布，既有经验丰富的老教师，也有充满活力的青年教师，以便形成优势互补，共同推动教研活动的发展。第三，自愿原则。生成式教研团队成员应具备一定的教研能力和意愿，能够积极参与教研活动，为团队的发展贡献力量。第四，合作沟通性原则。生成式教研团队是一个集体协作的组织，因此团队成员应具备良好的合作精神和沟通能力，能够与他人和谐相处、共同进步。第五，在遴选过程中，可以通过教师自荐、学科组推荐、学校选拔等方式进行，确保选拔出的团队成员具备较高的素质和能力。

再次，要明确生成式教研团队成员的角色与职责。在生成式教研团队中，每个成员都应明确自己的角色与职责，以便更好地发挥个人优势，为团队的发展做出贡献。一般来说，生成式教研团队中可以有以下几种角色。团队负责人：负责整个教研团队的规划、组织、协调和监督工作，确保团队活动的有序开展。学科组长：负责某一学科或领域的教研工作，组织相关教师进行集体备课、教学观摩、经验分享等活动，推动学科教学的改进与创新。研究人员：负责具体的研究任务，如收集资料、分析数据、撰写研究报告等，为团队的决策和实践提供科学依据。教学实践者：负责将团队的研究成果应用于实际教学中，通过教学实践检验和完善教研成果，为团队提供反馈和建议。

最后，建立有效的沟通与合作机制。沟通与合作是教研团队成功的关键。因此，在组建教研团队时，应建立有效的沟通与合作机制，确保团队成员之间的信息畅通、协作顺畅。具体来说，可以采取以下措施。定期召开团队会议：定期召开团队会议，让成员们分享自己的教学经验和研究成果，讨论教学问题和解决方案，促进团队成员之间的交流与合作。建立信息共享平台：利用现代信息技术手段，建立教研团队的信息共享平台，方便成员们随时了解团队的最新动态、研究成果和教学资源，促进信息的快速传播和共享。开展合作研究项目：鼓励团队成员开展合作研究项目，通过共同研究、共同探讨、共同实践，增强团队成员之间的默契和信任，推动团队的整体发展。

3. 收集相关资料

在教研开始前，团队成员应收集与教研主题相关的资料，包括文献资料、教学案例、学生作业等。相关资料不仅能为教研团队提供理论支撑和实践借鉴，还能帮助团队成员深入了解研究领域的现状和发展趋势，从而更有针对性地开展教研活动。生成式教研收集相关资料需要注意以下两个方面。

第一，明确收集资料的目的与范围。在收集资料之前，教研团队首先需要明确收集资料的目的和范围。这有助于团队成员有针对性地开展资料收集工作，避免盲目性和重复性。同时，充分利用信息化资源。网络资源是收集资料的重要途径，教研团队应充分利用这些资源，广泛搜集与教研活动相关的文献资料。在利用网络资源时，教研团队需要注意筛选和甄别资料的真实性和可靠性，避免使用来源不明或质量不高的资料。

第二，参与学术研讨会。研讨会是交流研究成果、分享教学经验的重要平台。教研团队应积极参与这些活动，通过现场聆听讲座、参与讨论和观看展示等方式，收集相关资料。通过参与学术会议和研讨会，教研团队不仅可以收集到丰富的资料和信息，还可以结交同行、拓展人脉，为未来的教研活动打下良好的基础。同时，与同行交流与合作。教研团队可以通过与同行教师、专家学者等进行交流和合作，了解他们的研究成果和教学经验，从而丰富自己的教研资料库。通过与同行的交流与合作，教研团队可以拓宽视野、开阔思路，获取更多的教研资料和灵感。

（二）教研活动实施改进阶段

1. 确定教研主题

生成式教研作为一种以集体智慧和实践探索为核心的教研模式，其首要任务便是确定一个明确、具有针对性的教研主题。教研主题的确定不仅关乎教研活动的方向和目标，更直接影响到教研的效果和成果。因此，教研团队在进行生成式教研时，应充分考虑多方面因素，确保教研主题的合理性和有效性。

第一，深入调研与分析。确定教研主题的首要步骤是进行深入的调研与分析。教研团队需要关注当前教育领域的发展动态和热点问题，了解教育政策的变化和教育教学改革的方向。同时，团队还需要对所在学校或地区的教育教学现状进行深入了解，包括学生的学习情况、教师的教学水平、课程设置与实施情况等。通过调研与分析，教研团队可以发现教育教学中的问题和不足，从而为确定教研主题提供重要依据。

第二，聚焦教学实践问题。教研主题的确定应紧密结合教学实践，针对实际教学中遇到的问题和困惑展开。教研团队可以通过与一线教师的交流、观察课堂教学、收集学生的反馈等方式，发现教学实践中的具体问题。这些问题可能涉及教学方法、教学策略、教学评价等多个方面。教研团队需要从中筛选出具有普遍性、代表性和可操作性的问题，作为教研主题进行深入探讨。

第三，考虑教师发展需求。教研主题的确定还应充分考虑教师的专业发展需求。教研团队需要了解教师的教育教学理念、专业知识和技能水平，以及他们在专业发展过程中遇到的困难和挑战。通过了解教师的发展需求，教研团队可以确定一些与教师成长紧密相关的教研主题，如教学能力的提升、教育教学方法的创新等。这些主题有助于激发教师的教研热情，促进他们的专业发展。

第四，结合学科特点与学校特色。教研主题的确定还应结合学科特点和学校特色。不同学科具有不同的教学内容和教学方法，因此教研主题的选择应充分考虑学科的独特性。同时，学校的教育理念和特色也会对教研主题产生影响。教研团队需要结合学校的实际情况，选择能够体现学校特色的教研主题，以推动学校教育教学改革的深入发展。

第五，综合考虑与权衡。在确定教研主题时，教研团队需要综合考虑以上各方面因素，进行权衡和取舍。教研主题既要具有针对性，能够解决实际教学中的问题；又要具有前瞻性，能够引领教育教学改革的发展方向；同时，还要具有可操作性，能够便于团队成员进行深入研究和实践探索。因此，教研团队需要在深入调研、充分讨论的基础上，经过多次修改和完善，最终确定一个既符合学校实际又具有创新性的教研主题。

第六，注重持续性与发展性。教研主题的确定并非一蹴而就的过程，而是一个持续性与发展性的过程。教研团队需要在教研活动的开展过程中，不断对教研主题进行反思和调整，确保其始终与教育教学改革的实际需要保持紧密的联系。同时，教研团队还需要关注教育领域的新动态和新趋势，及时更新和完善教研主题，以适应教育教学的不断发展变化。

2. 开展集体备课

集体备课是生成式教研中不可或缺的一环，它通过整合教师资源、共享智慧成果，实现教学资源的优化与提升，进而提高教学效果。在备课过程中，团队成员围绕教研主题进行深入的讨论和交流，分享各自的教学经验和教学策略，通过汇聚团队的智慧，形成新的教学思路和教学方法。生成式教研的集体备课要注意以下几个方面的问题。

第一，明确集体备课的目标与意义。集体备课旨在通过集体智慧，对教学内容进行深入研究，共同设计教学方案，解决教学中的难题，提升教学质量。通过集体备课，教师可以相互学习、交流经验，促进个人教学能力的提升，同时也能够增进教师之间的合作与沟通，形成良好的教学氛围。

第二，组织管理与分工协作。在分工协作方面，可以采取主备人制度。即每个备课组选定一名主备人，负责主导备课过程，汇总备课成果。其他成员则根据各自的专业特长和教学内容，承担相应的备课任务。在备课过程中，成员之间要相互支持、相互帮助，形成合力，共同推进备课工作的进展。

第三，深入钻研教材与教学设计。在集体备课中，深入钻研教材与教学设计是关键环节。首先，要对教材进行深入解读，理解教材的编写意图、结构体系、重点难点等。在此基础上，根据教学目标和学生实际，确定教学内容和教学策略。其次，要进行教学设计。教学设计要体现学生的主体地位，注重激发学生的学习兴趣和思维能力。最后，要关注教学方法的选择和教学手段的运用，以提高教学效果。在集体备课中，还可以开展教学研讨活动。通过研讨，教师可以分享自己的教学经验和教学方法，相互学习、相互借鉴。同时，也可以针对教学中的问题和困惑，进行深入的探讨和研究，寻找解决方案。

第四，共享智慧成果与个性发挥。集体备课的成果应该是集体智慧的结晶。在备课过程中，每个成员都要积极发表自己的观点和看法，共同讨论、修改和完善教学方案。同时，也要尊重每个成员的个性差异和教学特色，允许在教学过程中进行个性化的发挥。这样既可以保证教学质量的一致性，又可以充分发挥每个教师的教学特长和风格。

第五，关注反馈与及时调整。集体备课并非一蹴而就的过程，而是需要不断地反馈与调整。在备课过程中，备课组成员需要相互之间进行反馈，指出教案中的优点和不足，提出改进的建议。同时，也需要根据教学实践的反馈，对教案进行适时的调整和完善。这样，通过持续的反馈与调整，可以不断提升集体备课的效果，使其更加贴近教学实际，更加符合学生的需求。

第六，注重创新与实效。一方面，备课组成员应积极探索新的教学理念、教学方法和教学手段，将其融入集体备课中，提升教学设计的创新性和前瞻性；

另一方面，也要注重集体备课的实效性，确保备课成果能够真正转化为教学实践中的有效行动，提高教学效果和学生的学习成果。

第七，总结与反思。集体备课结束后，备课组需要对整个备课过程进行总结与反思。总结集体备课的成果和不足，提炼教学经验，形成可推广的教学案例。同时，也要反思备课过程中存在的问题和不足，提出改进措施，为下一次集体备课提供参考和借鉴。

3. 实施课堂教学

生成式教研作为一种富有活力和创新性的教研模式，强调在教学过程中注重教师的主动探究与学生的积极参与，以实现教学相长的目标。课堂教学作为教学活动的核心环节，是生成式教研理念得以实施的重要阵地。生成式教研下的课堂教学要注重以下几个问题。

第一，注重生成与引导探究。课堂实施是生成式教研实施课堂教学的核心环节。在这一环节中，教师应注重学生的主体地位，通过引导学生积极参与、主动探究，实现知识的生成和内化。首先，教师应创设良好的课堂氛围，鼓励学生大胆发言、敢于质疑。通过营造民主、平等、和谐的课堂氛围，激发学生的探究欲望和创新精神。其次，教师应灵活运用多种教学方法和手段，如问题导入、小组合作、实验探究等，引导学生积极参与课堂活动。通过设计具有层次性和挑战性的问题，引导学生逐步深入探究，发现知识的内在联系和规律。同时，教师还应关注学生的学习过程，及时发现并解决学生在学习过程中遇到的问题。对于学生在探究过程中产生的疑问和困惑，教师应给予及时的引导和解答，帮助学生建立正确的知识结构和思维方法。此外，教师还应注重课堂生成的处理。对于学生在探究过程中产生的新的想法和观点，教师应给予充分的肯定和鼓励，并引导学生进行深入的思考和讨论。通过处理课堂生成，教师可以进一步拓展教学内容，提升教学效果。

第二，关注个体差异与因材施教。在生成式教研的课堂教学中，教师应充分关注学生的个体差异，因材施教，确保每个学生都能在课堂中得到充分的发展。教师可以通过观察学生的表现、与学生交流等方式，了解他们的兴趣、特长和困难，然后针对不同学生的特点，设计不同的教学活动和策略。例如，对于基础薄弱的学生，教师可以给予更多的指导和帮助；对于学有余力的学生，教师可以提供更具挑战性的学习任务，激发他们的潜能。

第三，强化评价与反馈机制。评价与反馈是生成式教研课堂教学的重要环节。通过有效的评价和反馈，教师可以及时了解学生的学习情况，调整教学策略，促进学生的学习进步。在评价方面，教师应采用多元化的评价方式，包括课堂表现、作业完成情况、测验成绩等，以全面反映学生的学习状况。在反馈方面，教师应及时给予学生具体的、有针对性的反馈，帮助他们认识自己的优点和不足，明确努力方向。与此同时，教师也应当根据学生反馈的情况，及时调整自己的教学进度、教学方法。如果教师在课堂上不能做出临时的调整，也要记录下学生的生成性反馈与问题，为课后进行集体讨论和个人反思改进提供素材与方向。

4. 课堂观摩与反思

生成式教研作为一种注重教学实践与反思的教研模式，强调教师在实际教学中不断探索、创新，因此课堂观摩是生成式教研的重要手段。团队成员应相互观摩彼此的课堂教学，观察教学过程中的优点和不足。观摩结束后，应进行深入的反思和讨论，分析教学中的问题和原因，提出改进意见和建议。生成式教研进行课堂观摩与反思应关注以下几个问题。

第一，课堂观摩的准备。在进行课堂观摩之前，首先需要明确观摩的目的。观摩的目的可以是学习他人的教学经验和教学方法，也可以是发现自身教学中存在的问题和不足。明确观摩目的有助于教师更有针对性地进行观摩，并从中获取有价值的启示。此外，教师还需要做好观摩前的准备工作。这包括了解观摩对象的基本情况，如教学风格、教学内容等；制订观摩计划，确定观摩的重点和关注点；准备好观摩工具，如记录本、相机等，以便在观摩过程中及时记录相关信息。

第二，课堂观摩的重点。首先，在课堂观摩过程中仔细观察教师的教学行为、学生的反应以及课堂氛围等方面。注意记录教师的教学策略、教学方法以及与学生的互动情况，同时也要关注学生的参与度、学习兴趣和学习效果。其次，应及时记录关键信息和亮点。这包括教师的教学亮点、学生的精彩表现以及教学中出现的问题和不足。通过记录这些信息，教师可以更加深入地了解课堂教学的实际情况，为后续的反思和讨论提供依据。再次，保持客观中立的态度。在进行课堂观摩时，教师应保持客观中立的态度，避免主观臆断和偏见。要尊重观摩对象的教学风格和特点，不要以个人的喜好或经验来评判课堂教学的好坏。

第三，课堂观摩后的反思与讨论。首先，对观摩过程进行回顾与总结。观摩结束后，教师应及时对观摩过程进行回顾与总结。回顾自己在观摩过程中的所见所闻，总结观摩对象的教学特点和经验，以及自己在观摩过程中的感受和收获。其次，分析教学中的优点与不足。在反思过程中，教师应深入分析教学中的优点和不足。对于观摩对象的教学优点，可以思考如何将其应用到自己的教学中；对于教学中的不足，则要思考如何改进和避免类似问题的出现。最后，探讨改进策略与措施。针对教学中存在的问题和不足，教师应积极探讨改进策略与措施。这包括调整教学策略、改进教学方法、加强师生互动等方面。通过探讨和改进，教师可以不断提升自己的教学水平，提高教学质量。

反思与讨论中要特别注意以下的问题。首先，积极参与讨论与交流。在进行反思与讨论时，教师应积极参与讨论与交流，分享自己的观点和想法。通过与其他教师的交流，可以拓宽自己的视野，获取更多的教学启示。其次，保持开放的心态。在讨论过程中，教师应保持开放的心态，虚心接受他人的意见和建议。不要过于固执己见，而是要学会倾听他人的观点，从中汲取有益的营养。最后，将反思成果转化为教学实践。反思与讨论的最终目的是提高教学质量和效果。因此，教师应将反思成果转化为教学实践，将讨论中获得的启示和建议应用到实际教学中去。通过实践检验反思成果的有效性，并不断优化和改进自己的教学方法。

第四，持续跟踪与反馈。课堂观摩与反思并非一次性活动，而是一个持续的过程。教师应定期对课堂观摩与反思进行跟踪和反馈，了解改进措施的实际效果，并根据实际情况进行调整和优化。同时，教师还可以通过与其他教师的交流和合作，共同探索教学改进的新途径和新方法。

（三）总结完善阶段

生成式教研完成后，进行总结完善是一个至关重要的环节。这不仅能对教研过程进行反思，提升教研质量，还能为未来的教研工作提供宝贵的经验和借鉴。以下将详细阐述生成式教研完成后如何进行总结完善的步骤和方法，确保总结全面、深入，具有实际指导意义。

第一，梳理生成式教研成果。在生成式教研完成后，首先要对教研成果进行梳理。这包括整理教研过程中形成的各种资料，如教学设计、课程课件、教学反思、教研论文等。同时，还要对生成式教研过程中的讨论、交流、合作等环节进行回顾，提炼出教研成果的核心内容和创新点。通过梳理教研成果，可以更加清晰地认识到教研工作的实际成效和亮点。

第二，分析生成式教研不足。在梳理教研成果的基础上，还需要对教研过程中的不足进行分析。这包括反思教研目标是否明确、教研方法是否得当、教研过程是否顺畅等方面。同时，还要关注教师在教研过程中的参与度、合作意识和创新能力等方面的问题。通过分析不足，可以找出教研工作中的短板和瓶颈，为今后的教研工作提供改进方向。

第三，提出改进措施。针对生成式教研过程中的不足，需要提出具体的改进措施。这些措施可以包括加强教研目标的明确性、优化教研方法的选择、完善教研过程的组织等方面。同时，还可以提出提升教师参与度、促进教师合作、激发教师创新能力等方面的具体建议。通过提出改进措施，可以为今后的教研工作提供具体的指导和借鉴。

第四，制订未来计划。在总结完善的过程中，还需要制订未来的教研计划。

这包括确定教研的主题和方向、明确教研的目标和任务、安排教研的时间和地点等方面。同时，还要考虑如何更好地发挥教师的主体性和创造性，推动教研工作的深入发展。通过制订未来计划，可以为教研工作的持续发展提供有力的保障。

第五，采用多种方式进行总结。在总结完善的过程中，可以采用多种方式进行总结。例如，可以组织教师进行集体讨论，共同梳理教研成果和不足；也可以让教师撰写个人总结报告，分享自己的心得和体会。此外，还可以利用网络平台进行在线交流和分享，拓宽总结的渠道和方式。通过多种方式进行总结，可以更加全面地反映教研工作的实际情况和成效。

第六，注重数据的收集和分析。在总结完善的过程中，还需要注重数据的收集和分析。可以通过问卷调查、访谈等方式收集教师对教研工作的意见和建议，也可以对教研过程中的各种数据进行统计和分析，如参与人数、讨论次数、合作成果等。通过数据的收集和分析，可以更加客观地评估教研工作的效果和价值，为今后的教研工作提供数据支持。

第七，加强理论与实践的结合。生成式教研强调教师的主体性和创造性，但在实际操作中，我们也需要注重理论与实践的结合。在总结完善的过程中，我们需要深入剖析教研过程中遇到的实际问题，并结合相关教育理论进行分析和解释。同时，我们还要关注教研成果在实际教学中的应用效果，以检验教研工作的实际效果和价值。通过加强理论与实践的结合，我们可以更好地指导教学实践，推动教学改革的深入发展。

第八，推广优秀教研成果。在总结完善的过程中，我们会发现一些优秀的教研成果和创新性的教学方法。这些成果和方法不仅对本校的教研工作具有指导意义，也可以为其他学校和地区的教研工作提供借鉴和启示。因此，我们需要积极推广这些优秀教研成果，通过举办研讨会、交流会等方式，与其他教师分享经验和心得。同时，我们还可以将优秀教研成果整理成案例集或论文集等形式进行出版和推广，以扩大其影响力和应用范围。

我们对生成式教研的三个不同阶段进行了详细的介绍，总之，生成式教研是一个不断追求进步和发展的过程。通过深入剖析生成式教研过程中的经验和教训、积极推广优秀教研成果等方面的工作，我们可以不断提升教研工作的质量和效果，为推动我国教育事业的繁荣发展做出更大的贡献。

我们特别要强调，学校作为生成式教研的组织者，需要从制度上进行保障与支持，如制订教研计划、明确教研目标、规范教研流程等，确保教研活动的有序开展；如学校为生成式教研提供必要的资源支持，包括提供教研场地、配备教研设备、购买相关书籍资料等；如学校应建立激励与考核机制，激发教师参与生成式教研的积极性和主动性。可以通过设立教研成果奖励、优先推荐参加高级别教研活动等方式，对表现优秀的教师进行表彰和奖励。通过以上步骤与流程的实施，生成式教研将能够充分发挥其优势，促进教师的专业发展，提升教学质量，为学生的全面发展提供有力支持。同时，这也需要学校、教师和社会各界的共同努力和持续支持，以推动生成式教研的深入发展。

二、生成式教研的典型案例分析

案例

语文学科生成式教研实践案例

——以高中语文沈忱老师"学写文学短评"主题教学为例

一、课题的选定

（一）语文核心素养的要求

《普通高中语文课程标准（2017年版2020年修订）》进一步凝练了学科核心素养，明确提出"语言建构与运用""思维发展与提升""审美鉴赏与创造""文化传承与理解"四个方面的核心素养。本主题教学为"学写文学短评"，意在通过指导学生进行古诗词的文学评论写作，从而提升对中国古代诗词文化的审美鉴赏能力，形成独立的审美意识。同时，较以往的常规古诗词教学落脚点在赏析情感、主旨之后更进一步，引导学生生成自己对诗歌的独立体验和看法，培养学生创新思维的能力，教学创新带来学生学习上的创新。

（二）任务群教学的要求

新课标从祖国语文的特点和高中生学习语文的规律出发，以语文学科核心素养为纲，以学生的语文实践为主线，设计"语文学习任务群"，要求我们的语文教学以任务为导向，以学习项目为载体，整合学习情境、学习内容、学习方法和学习资源，引导学生在运用语言的过程中提升语文素养。本主题教学属于"文学阅读与写作"任务群，新课标中明确提出本任务群旨在引导学生阅读中国古代诗歌，使学生在感受形象、品味语言、体验情感的过程中提高文学欣赏能力，并尝试文学写作，撰写文学评论，借以提高审美鉴赏能力和表达交流能力。

综上所观，本主题教学是符合语文核心素养和任务群教学的要求，同时侧重于学生创新思维的培养与发展。

文学批评有广义和狭义两种：广义的文学批评属于文学理论研究的范畴，既是文学理论研究中不可或缺的重要内容，又是文学活动整体中的动力性、引导性和建设性因素；既推动文学创造、传播与接受，又影响文学思想和理论的发展。其涵盖内容宽泛，从作品评介到理论研究都包含其中，在西方几乎是文学研究的同义语。狭义的文学批评属于文艺学的范畴，是文艺学中最活跃、最经常、最普遍的一种研究形态。它是以文学鉴赏为基础，以文学理论为指导，对作家作品和文学现象进行分析、研究、认识和评价的科学阐释活动，是文学鉴赏的深化和提高。

文学短评属于文学批评理论范畴，是一种精短的、以作家作品等作为评论对象的议论性文章。

二、原有设计的问题以及个人初步设计

（一）教学内容与课标、教材的关联

本次主题教学为"学写文学短评"，意在通过指导学生进行古诗词的文

学评论写作，从而提升对中国古代诗词文化的审美鉴赏能力，形成独立的审美意识。从而提升学生"语言建构与运用""思维发展与提升""审美鉴赏与创造""文化传承与理解"这四个方面的核心素养。

从教材来看，本次主题教学隶属于第三单元古诗词教学单元，在单元任务中明确提出，"逐步掌握古诗词鉴赏的基本方法，认识古诗词的当代价值，增强对中华优秀传统文化的传承意识。要在诵读和想象中感受诗歌的意境，欣赏其独特的艺术魅力；感受诗人的精神世界，体会诗人对社会的思考与对人生的感悟，提高自身的思想修养和文化品位；尝试写作文学短评"。

由此可见，"学写文学短评"的主题教学脱胎于课标与教材的要求，是一次对课标与单元任务教学的全新课堂实践。

（二）课时分配

本次主题教学主要内容是以《永遇乐·京口北固亭怀古》用典手法为例指导学生学写文学短评。指导学生理解、掌握《永遇乐·京口北固亭怀古》中的用典手法为第一课时，讲解文学短评的概念及特点，布置学生课上完成用典文学短评的任务为第二课时。指导文学短评写作、修改自己的文学短评为第三课时。

（三）学生情况分析

经过对本单元《短歌行》《梦游天姥吟留别》《念奴娇·赤壁怀古》，学生已经初步了解古诗词中用典的作用和意义，也能从用典角度对诗歌进行审美鉴赏，能够生成自己独立的诗歌体验，但学生对古诗词的评价仅停留在"好"或"不好"，很难说出"好"或"不好"的具体原因在哪里，生成议论性的文本就更加困难，呈现出"无话可说""无法自圆其说"的写作困境。

在开展文学短评教学设计之前，我利用果之教师平台发布了一个学习任务在线提问，调查授课学生对于"文学短评"概念的认知情况。通过前期的任务布置，能看出学生们对"文学短评"的概念比较陌生。了解文学短评的概念及特点，按照高中生文学短评的写作要求学写文学短评，以及如何使自己的文学短评既有观点又能自圆其说是本次主题学习中学生的思维障碍点和发展点。

序号	主题	布置对象	类型	批阅方式
1	你认为文学短评是什么？	1班-语文	在线提问	普通批阅

（四）以往备课情况分析

利用果之教师平台，我查阅了往年各备课组对于文学短评的备课资料，发现几乎没有对文学短评方面的备课资料，这也是在提示我，受新教材新课改新高考的影响，我们就更需要回归课标、回归教材，认真钻研教材的每一个单元学习任务。

三、教研组、备课组研讨以及教学设计改进

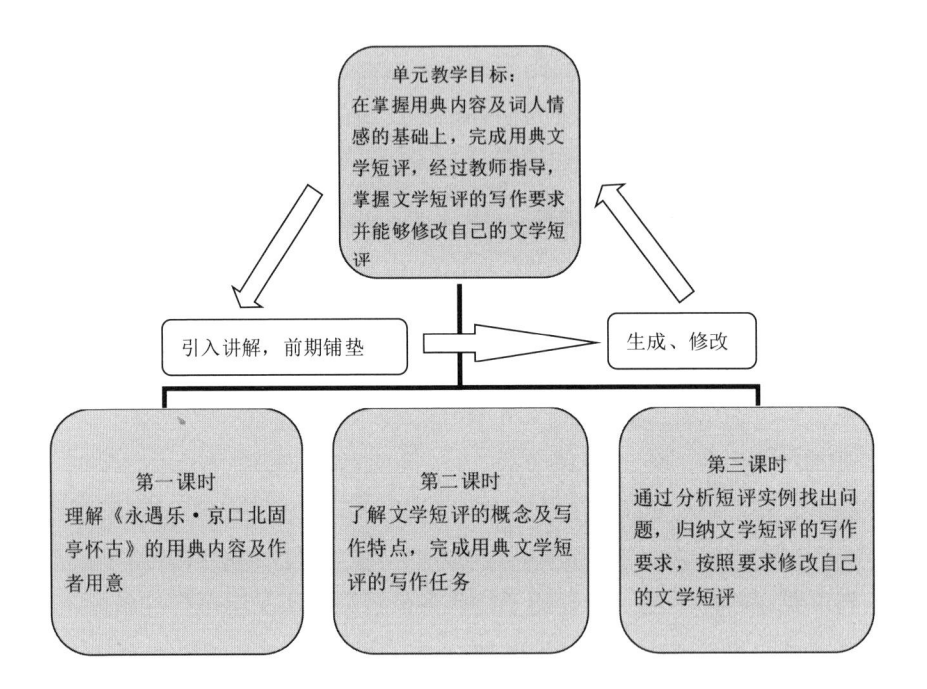

```
                    单元教学目标：
                    在掌握用典内容及词人情
                    感的基础上，完成用典文
                    学短评，经过教师指导，
                    掌握文学短评的写作要求
                    并能够修改自己的文学短
                    评
       ↙                                    ↖
   引入讲解，前期铺垫          ⇒         生成、修改
   ┌──────────┬──────────┬──────────┐
   │  第一课时  │  第二课时  │  第三课时  │
   │理解《永遇乐·│了解文学短评│通过分析短评│
   │京口北固亭怀│的概念及写作│实例找出问题│
   │古》的用典内│特点，完成用│，归纳文学短│
   │容及作者用意│典文学短评的│评的写作要求│
   │           │写作任务    │，按照要求修│
   │           │           │改自己的文学│
   │           │           │短评        │
   └──────────┴──────────┴──────────┘
```

在完成整体设计之后，我利用果之教师平台的协同备课中的"主备初备"撰写了单元教学整体设计思路并发起了集体协作。本备课组所有教师都在"集体协作"处发表了自己的意见，为我继续进行教学设计提供了很大的帮助和便利。

四、课堂实施以及师生互动发现问题

整体思路

掌握用典内容＋了解文学短评概念，尝试写作 ⟹ 总结写法，修改短评

```
个人备课 / 个人备课

▎9-2 *永遇乐·京口北固亭怀古/ 辛弃疾/必修上册  已完成

第1课时    第2课时


资源类型                                        备课资源

  课案        永遇乐学案

  课件        永遇乐

  习题        暂无
```

在我提交三课时备课资源后，本组教师认为整体思路是可以的，建议我将第三课时的教学内容再进行细化，将学生的文学短评下载、收集、整合，可以作为探讨新课标新教材的重要教学资源。于是我又在果之教师平台上继续提交了第三课时的完整教学设计、教学课件和相应学生作业资源，在协同备课中根据教师们在教学流程、教学细节、学生作品修改方法等方面的修改意见，完成了最终的教学设计并提交教学资源。

五、教学设计改进与正式实施

教学阶段	教师活动	学生活动	设计意图
【任务一：明确文学短评写作任务】 一、明确文学短评写作任务 南宋岳珂认为《永遇乐·京口北固亭怀古》用事太多。但是明代杨慎却说，"谓此词用人名多者，当是不解词味"。你认同谁的说法？请结合本词内容，从用典角度写一则200字左右的文学短评。 二、审题 岳珂：用事太多——不好 杨慎：说用典太多不好的人是不解词味——好 （一）外在要求： 1.两个不同的观点，认同哪个观点，只能选择其中一个。 2.结合本词内容——用典内容及作者用意。 （1）背诵《永遇乐·京口北固亭怀古》全文。 （2）回顾用典内容，快速完成下列表格。 	诗句	用典人物	作者用意
---	---	---
英雄无觅，孙仲谋处	孙权	慨叹英雄难觅，讽刺宋室昏聩
人道寄奴曾住	刘裕	向往英雄功绩，表现抗金的主张和恢复中原的决心。
元嘉草草，封狼居胥，赢得仓皇北顾	刘义隆	借古讽今，告诫南宋朝廷不要草率出兵。
佛狸祠下，一片神鸦社鼓	拓跋焘	今昔对照，抒发对南宋朝廷不图恢复中原的愤懑。
廉颇老矣，尚能饭否？	廉颇	以廉颇自况，抒发壮志难酬的悲愤。 | 3.针对用典手法——小切口，角度针对性。	出示上一课时所写的文学短评写作任务，组织学生重新读题、审题，快速回忆《永遇乐·京口北固亭怀古》用典内容、作者用意以及文学短评的概念及特点，总结写法要求	学生读题、审题，找出题目中关键信息	文学短评写作是学生们在上一课时已经完成的内容，本环节意在帮助学生回顾短评任务，重新审题，明确要求，快速回顾用典内容和文学短评的相关概念

续表

教学阶段	教师活动	学生活动	设计意图
（二）隐藏要求：文学短评的概念及写法特征 1.明确文学短评的概念。 （1）阅读文学作品时，从自己的感受出发，用简要的文字把自己对作品的理解、分析和评价写出来，就是文学短评。 （2）可以评析思想内容的某个方面、艺术技巧的某一特点，也可以对作家作品进行全面评析。提倡"以小见大"，切口小，开掘深。 2.明确文学短评的写法特点。 文学短评在表达方式上的特点是叙议结合，在适当复述、介绍或者引用作品内容的基础上展开分析和评论。 "叙"要精当，为"议"提供支撑或依据。 "议"要紧密结合"叙"，思路清晰，态度鲜明，最好有自己的见解。包括分析和评价。 "分析"是对作品思想内容或艺术技巧的有关特色逐步揭示的过程；"评价"则是分析后得到的结论，是文学短评的中心论点。 三、总结用典文学短评写法要求 1.评论角度应具有针对性，以小见大。 2.评论观点明确，评论理由充分。 3."叙"精当、准确、简洁，以议为主，逐层揭示，分析恰当		全班背诵《永遇乐·京口北固亭怀古》，快速根据表格回答作者用典用意	

教学阶段	教师活动	学生活动	设计意图
【任务二：对照写法要求，找出短评实例中的问题】 一、无叙，全议 我赞同杨慎的说法。这篇文章引用了多个典故，充实了内容，使文章更华丽。作者能准确地用典，更强力抒发了感情。文章题目有"怀古"，怀古意思是追慕古代的人和事，所以作者用了多个典故来怀古。通过用典，间接地抒发了政治抱负，表达了对古代人和事的追慕和对南宋朝廷的不满。 二、议不透 我更认同杨慎的说法。因为这首词所用典故中的孙权、刘裕、刘义隆、拓跋焘都与京口有关系，而辛弃疾借用典故将当时宋朝所遇到的问题和需要吸取的经验教训都表达了出来，体现了他对当时国事的担心。最后，辛弃疾用廉颇进行自喻，体现了他的雄心壮志，这些用典之间连接非常顺畅，而且用典能更加明确地表达自己的情感，所以我认同杨慎的说法，用典虽多，但都有意义。 三、观点偏 我认同明代杨慎的说法。首先，作者举了孙权击败曹操，建立伟业的例子，其次，再举刘裕北伐中原，气势如虎的例子，表达了收复失地的决心和渴望，再次，用刘义隆北伐因草率而败北警示宋王朝不要盲目出兵。从次，拓跋焘击败宋文帝的例子讽刺南宋偏安江南，最后，用廉颇虽老却仍不忘国的典故彰显自己虽老但想为国家建功立业的雄心壮志。词人很好地将典故发生的情节与其当时所处环境结合起来，用典故说事情、表心意，流露自己壮志未酬的感情	引导学生按照上面总结的写法要求，参考学案上的三篇示例，以小组讨论的方式，充分讨论，找出主要问题。教师穿插参与学生讨论，并给予适当指导	阅读三篇短评实例，小组合作，充分讨论，找出这三篇各自的问题	从学生的短评实例入手，根据上述文学短评的写作要求找出短评实例中存在的主要问题，为下面修改短评环节做铺垫

续表

教学阶段	教师活动	学生活动	设计意图
【任务三：通力合作，集中修改示例2文学短评】	再次布置小组合作任务，集中修改示例2文学短评。教师穿插参与学生讨论，并给予适当指导。同时找出几篇修改较为完善的例子	小组合作集中修改一篇文学短评，先找到问题，再进行修改。小组上台展示	学生明确文学短评写法要求后，对照要求修改一篇文学短评，以亲身实践的方式再次巩固，为下一环节出示优秀范例提升总结做铺垫

续表

教学阶段	教师活动	学生活动	设计意图
【任务四：参照优秀范例，总结文学短评的提升写法】 【范例】 我更赞同杨慎的说法。首先，典故虽繁多，却能紧扣题目。孙权、刘裕、刘义隆、拓跋焘四位历史人物都和京口有着千丝万缕的联系，在京口想到这些人物和他们的故事，自然合理，最后以廉颇自喻收尾，首尾圆合。五个典故之间不可分割，浑然一体。 其次，用典可使情感和思想表达得更含蓄。《永遇乐·京口北固亭怀古》用典不是展示作者知识的丰富，而是源于作者表达复杂情感的需要。辛弃疾不是简单地抒发抗金豪情，面对韩侂胄的轻敌冒进，他忧心忡忡。鉴于他是"归正人"的身份，得不到南宋朝廷的真正信任，所以很多事情不便明说，只能通过典故将自己的壮志豪情和爱国忧心隐晦地表达出来。 最后，典故虽多，但全词语言表达却简洁疏朗。如刘裕的典故采用眼前之实和想象之虚结合的手法写出，简洁自然。所以典故虽多，却并不晦涩，言有尽而意无穷，更有玩味之处。 综上，我认为《永遇乐·京口北固亭怀古》的典故虽然多，但却运用得很精到，体现了辛弃疾高超的艺术技巧。 总结： 本篇短评观点明确，具有针对性，阐述理由时，能从不同层次进行分析与评议，且层层递进，思路清晰，叙议紧密结合。	通过学生展示的修改稿，表扬进步之处，总结问题，出示优秀范例，概括提升写法。 教师进行课堂总结与拓展。 在果之教师平台同步布置有层次的课后作业	学生阅读范例短评，勾画叙议句，体会如何进行层层递进式的分析。 拓展延伸	通过学生修改后存在的问题引出短评范例，进而对写法进行总结提升。 以梁衡散文《把栏杆拍遍》为例进行课堂总结与延伸，意在表现文学评论可以从不同角度入手，拓宽学生的思维

续表

教学阶段	教师活动	学生活动	设计意图
【任务五：总结与拓展】 对辛弃疾或其诗词从不同角度进行文学评论 一、从词人生平入手 梁衡《把栏杆拍遍》 二、从辛弃疾其他诗词中任选角度进行文学短评		完成课后作业，发布在果之教师平台	
【任务六：课后作业】 根据自己的实际情况，任选其中一项完成。 一、修改自己《永遇乐·京口北固亭怀古》的文学短评★ 二、从用典角度写一篇《水龙吟·登建康赏心亭》的文学短评★★ 三、自选角度写一篇《水龙吟·登建康赏心亭》的文学短评★★★			布置有层次的作业，检验全体学生的学习情况，为下一课时提供学情助力

六、教师评价

文学短评写作等级评价表

等级	对用典内容的理解	自己的观点	叙议手法	结构	语言表达
A	准确理解	有针对性，观点明确，有创新性	叙议结合恰当，精叙详议	议论有层次感，层层递进，结构清晰，逻辑严密	流畅、简洁、有文采
B	准确较深入	有自己的观点，较明确	叙议结合，夹叙夹议	结构较有逻辑	流畅、简洁

续表

等级	对用典内容的理解	自己的观点	叙议手法	结构	语言表达
C	准确	有观点	有叙议	有结构	整体较通顺
D	较大偏差	观点不清晰	叙议失当	结构混乱	大部分不通顺

七、对于教学设计再优化

第一课时

学习目标：理解《永遇乐·京口北固亭怀古》的用典内容及作者用意。

主要教学环节及设计意图：

教师：主备初备（撰写教案（在线word、在线ppt语音说课））→ 集体协作（发起协作（视频讨论教案协作））→ 个人复备（同步集备（在线编辑））→ 成果共享（集备成果个备成果）

1. 全班齐读《永遇乐·京口北固亭怀古》

熟读，规范读音，初步感受辛弃疾怀古词的意韵。

2. 找出本词中的典故，结合书下注释及写作背景分析用典内容及作者用意。

理解用典内容及作者用典用意、情感。体会辛弃疾的爱国之情。

第二课时

学习目标：了解文学短评的概念及写作特点，完成用典文学短评的写作任务。

主要教学环节及设计意图：

1. 出示《登高》《乡愁》文学短评节选范例。

让学生对文学短评有初步的体会和印象。

2. 结合教材对文学短评的介绍和上面的范例，总结文学短评的概念及特点。

引导学生了解文学短评的概念及特点。

3. 教师在果之教师平台布置用典文学短评的写作任务，完成后学生上传果之教师平台。

尝试以《永遇乐·京口北固亭怀古》用典手法为例，写作文学短评。

第三课时

学习目标：通过分析短评实例找出问题，归纳文学短评的写作要求，按照要求修改自己的文学短评。

主要教学环节及设计意图：

1. 明确文学短评写作任务，快速复习《永遇乐·京口北固亭怀古》用典内容和作者用意以及文学短评的概念及特点，总结写法特点。

帮助学生回顾短评写作任务，重新审题，明确要求，快速回顾用典内容和文学短评的相关概念。

2. 对照写法要求，找出学生短评实例中的问题。

从学生的短评实例入手，根据上述文学短评的写作要求找出短评实例中存在的主要问题，为下面修改短评环节做铺垫。、

3. 小组通力合作，集中修改一篇文学短评。

对照要求修改一篇文学短评，以亲身实践的方式再次巩固，为下一环节出示优秀范例提升总结做铺垫。

4. 参照优秀范例，总结文学短评的提升写法

通过学生修改后存在的问题引出短评范例，进而对写法进行总结提升。

5. 总结与拓展

在果之教师平台发布新的教学资源，以梁衡散文《把栏杆拍遍》为例进行课堂总结与延伸，意在表现文学评论可以从不同角度入手，拓宽学生的思维。

数学学科生成式教研实践案例

——以高中数学张佳佳老师"余弦定理"一课为例

一、课题的选定

根据风采课的时间段，这次公开课需要在向量这一单元中选择某一节作为研究课题。向量理论具有深刻的数学内涵、丰富的物理背景。新课标指出本单元的学习可以帮助学生理解平面向量的几何意义和代数意义，且使学生用向量语言、方法来表述和解决现实生活、数学和物理中的问题。本组成员在果之教师平台上各抒己见，大家认为向量的应用，即正余弦定理，是高中数学课程主线之一——代数与几何的表现，能很好地让学生通过数形结合，感悟数学之间的关联，加强对数学整体性的理解，并且教师的引导与讲授也需要一定的技巧性。最终经过近一周的商定，我选定"平面向量及其应用——余弦定理"作为风采展示课。

在《普通高中数学课程标准》中对余弦定理提出的学习要求：①借助向量的运算，探索三角形边长与角度的关系，掌握余弦定理；②用余弦定理解决简单的实际问题。课标对余弦定理的学习要求不仅注重用向量方法推导余弦定理的过程，还注重解斜三角形作为平面向量知识的应用，突出其工具性和应用性，体现数学建模、数学运算、逻辑推理等数学核心素养。本节课选自人教A版必修第二册第六章第6.4.3节，在学习这个知识之前，学生已经学习了平面向量的概念、运算定理和坐标表示，并以向量为工具，探究了向量在平面几何中的应用。本节课在此基础上研究了解三角形，三角形是平面几何中最常见最重要的图形之一，三角形的边角关系是三角形中最重要的关系之一，余弦定理和正弦定理是刻画三角形边角关系最重要的定理。本节课利用向量探究三角形边长与角度的关系，突出了向量在解三角形中的应用，展示了以向量为工具解决问题的优越性，及向量的巨大作用，使学生感受到向量运算的力量。在证明余弦定理之后，进一步用其解决实际问题，体现了向量教学的整体性，以及数学与现实生活的联系和在实际应用中的价值。在解决实际问题的过程中，使学生感受数学的重要价值，体会学好数学的重要作用，发现数学与生活的密切联系。解决问题时，联系以往学习的三角函数，向量的数量积等知识，理解事物之间普遍联系与辩证统一。在学科网上，有不少的关于余弦定理的教学设计，其中一部分教学设计是在给学生提前预习之后，给出了直接呈现公式的方式授课的，讲解内容简明了当，直指核心；还有一部分教学设计，在"创设情境，引入新课"这一环节，引导学生回忆关于三角形的内容，即全等三角形的判断，引出本节课的学习内容，不但为本节课提供知识准备，而且为探究新知提供动机和研究方法；在教学策略上，大都从初中学习的三角内容进行拓展，再从刚学过的向量出发，引入余弦定理的证明，后来再进行余弦定理的推论。这些教学设计各有特点，适合不同学习基础的班级。本人初步设计采用"复习引入—探究新知—巩固练习—课堂总结"的知识形成过程。

二、原有设计的问题以及个人初步设计

1. 复习引入

师：如在初中我们已经知道两边及其夹角分别相等的两个三角形全等，判断理由是什么呢？

生：false（边角边）定理。

师：也就是说已知三角形的两边及夹角，这个三角形是唯一确定的吗？

生：（点头）唯一确定。

师：对，由三角形全等的知识我们可以知道这是显然的，这是一种定性的结论。那么三角形既然确定了，它的边、角该如何用这两边及夹角表示呢？这就是我们这节课要研究的三角形边角之间的一种定量关系，也就是本节课要学习的余弦定理。

2. 探究新知

(1) 余弦定理

探究 1：在 false 中，三个角 false 所对应的边分别是 false，怎样用 false 来表示 false 呢？

师：我们看到三角形边长，大家能想到什么？

生（预设）：刚学完的向量。

师：边长也就是向量的模，我们想用向量的模和夹角表示第三边，想一想哪个内容涉及模和夹角？

生（预设）：向量的数量积。

师：那么接下来我们尝试用向量及其数量积来研究这个问题。

推导过程：

如图，$\overrightarrow{CB}=\vec{a},\overrightarrow{CA}=\vec{b},\overrightarrow{AB}=\vec{c}$,

则 $\vec{c}=\overrightarrow{CB}-\overrightarrow{CA}=\vec{a}-\vec{b}$,

所以 $\vec{c}\cdot\vec{c}=(\vec{a}-\vec{b})\cdot(\vec{a}-\vec{b})$

$=\vec{a}^2+\vec{b}^2-2\vec{a}\vec{b}$,

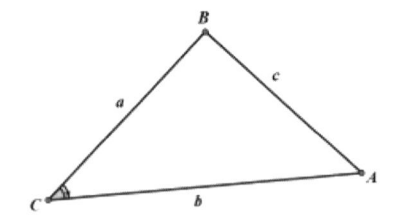

则 $|\vec{c}|^2=|\vec{a}|^2+|\vec{b}|^2-2|\vec{a}||\vec{b}|\cos C$,

从而 $c^2=a^2+b^2-2ab\cos C$。

同理
$$a^2 = b^2 + c^2 - 2bc\cos A$$
$$b^2 = a^2 + c^2 - 2ac\cos B$$

师：这三个公式对于任何三角形都是成立的，我们把它叫作余弦定理。观察一下这个公式的几个量，这些量有什么关系呢？大家能不能用文字语言来描述一下，哪位同学愿意尝试说一说?

生（预设）：在三角形中，任意一边的平方，等于其他两边平方的和减去这两边与它们夹角的余弦的积的两倍。

(2) 余弦定理的推论

探究 2: 余弦定理说明，已知两边及其夹角，我们可以求第三边，那么已知 false 的三条边，怎么确定角的大小呢?

师生活动：学生自由讨论三分钟，请同学回答。根据学生的回答，给予肯定或纠正其错误的地方。由教师和学生共同得出余弦定理的推论

$$\cos C = \frac{a^2 + b^2 - c^2}{2ab}$$

$$\cos A = \frac{b^2 + c^2 - a^2}{2bc}$$

$$\cos B = \frac{a^2 + c^2 - b^2}{2ac}$$

师：从余弦定理及其推论可以看出，三角函数把几何中关于三角形的定性结论变成了可定量计算的公式。

(3) 余弦定理和勾股定理的关系

观察余弦定理推论，都存在三个边的平方，大家想到了什么？没错，勾股定理!

探究3: 勾股定理指出了直角三角形中三边之间的关系，余弦定理则指出了三角形的三条边与其中的一个角之间的关系。以第一个公式为例，你能说说这两个定理之间的关系吗？

生（预设）：

当 $\angle C$ 是直角时，$\cos C = 0, c^2 = a^2 + b^2$，

当 $\angle C$ 是锐角时，$\cos C > 0, c^2 < a^2 + b^2$，

当 $\angle C$ 是钝角时，$\cos C < 0, c^2 > a^2 + b^2$。

师：当 $\angle C = 90°$ 时，余弦定理变成了勾股定理。由此可见，勾股定理是余弦定理的特殊情况，余弦定理是勾股定理的推广。

这个特性就启发我们可以用余弦定理来判断三角形的形状。

一般地，三角形的三个角 $\angle A, \angle B, \angle C$ 和它们的对边 false 叫作三角形的元素。已知三角形的几个元素求其他元素的过程叫作解三角形。

3. 巩固练习

例1. 在 $\triangle ABC$ 中，已知 $a = 1, b = \sqrt{7}, c = 3$，求 B。

4. 课堂总结

学生活动：学生总结本堂课的收获。

余弦定理及其推论：

利用余弦定理可以解决已知两边和夹角求第三边，已知三边求三角的问题。

余弦定理的推导过程中用到了向量法，也就是数形结合方法，还用到了类比和转化思想。

5. 课后作业

1. 完成课本113页的习题1、3；

2. 有没有其他方法可以推导余弦定理，课下思考并整理出来。

三、教研组、备课组研讨以及教学设计改进

在完成初步教学设计后，本人将教学设计文档上传至果之教师平台的协同备课系统中协同研讨，共磨好课。同教研组的教师们在果之教师平台收到文档后，立即在平台上展开了交流。首先，翟老师指出情境引入时，尽量引入发生在学生身边的真实案例，引发学生对本节课的兴趣，通过将实际问题数学化，再将数学问题一般化，以及分层设置问题，便于学生接受和理解，从而顺利引入新课。其次，高老师指出在探究新知时，对定理的证明可以采取教师引导，学生自主探究的形式，因此证明过程在具体实施时，可以采用填空的形式步步引导。最后，门老师指出在巩固练习时，注意题型的选取，使学生在练习中强化知识点的灵活运用，不宜选取数字偏难偏"怪"的习题。教学设计在平台上经过多位专业教师的指导，最终按照如下流程进行：温故引新—引例激疑—分析转化—探究新知—巩固练习—课堂总结。具体设计如下：

【温故引新】

①向量的减法：
同起点，连终点，指向被减。

②向量的数量积：
$$\vec{a} \cdot \vec{b} = |\vec{a}||\vec{b}|\cos\langle \vec{a},\vec{b}\rangle$$

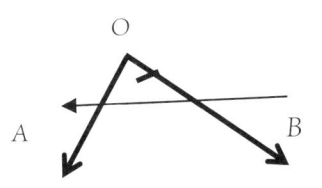

【引例激疑】

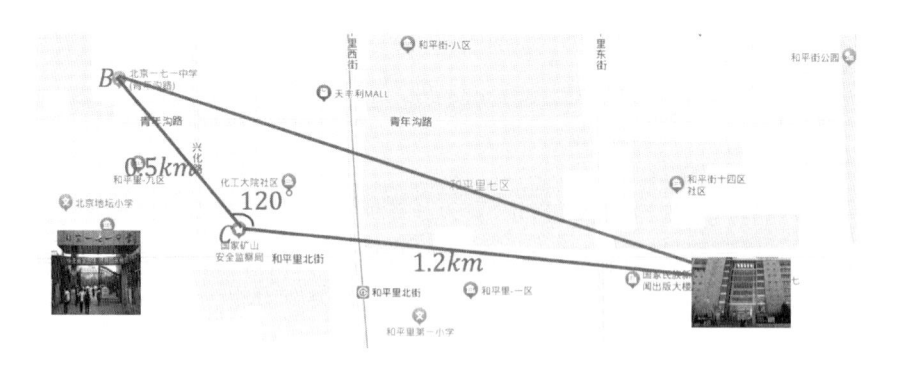

问题：为了加强北京市第一七一中学本部 A 和北校区 B 的密切联系，校方决定为两校区建立空中天桥 AB。为了测量两校区的直线距离，今测得国家矿山安全监察局 C 到 A 的距离与到 B 的距离分别为 1.2km、0.5km，测得角 C 为 false。请同学们试求出天桥 AB 的距离。

【分析转化】

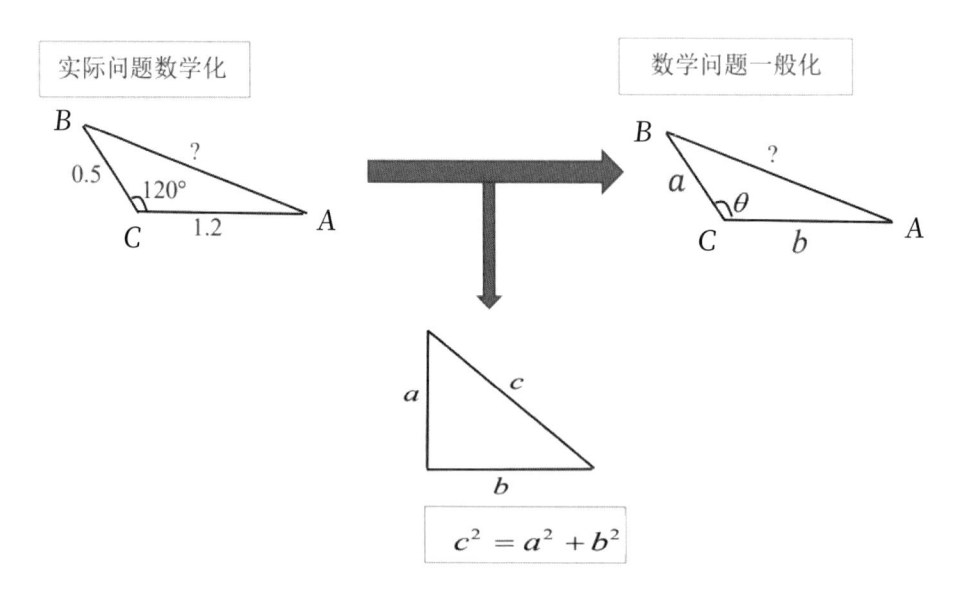

实际问题数学化

数学问题一般化

$$c^2 = a^2 + b^2$$

思考：已知三角形的两边 false 以及夹角，如何求第三边 false 的问题？

【探究新知】

（1）余弦定理

探究1：在 $\triangle ABC$ 中，三个角 $\angle A$，$\angle B$，$\angle C$，A,B,C 所对应的边分别是 a,b,c，怎样用 $a,b,\angle C$ 来表示 c 呢？

师：看到三角形边长，大家能想到刚学到的什么？

生（预设）：刚学完的向量。

师：边长也就是向量的模，我们想用向量的模和夹角表示第三边，想一想哪个内容涉及模和夹角？

生（预设）：向量的数量积。

师：那么接下来我们尝试用向量及其数量积来研究这个问题。

推导过程：

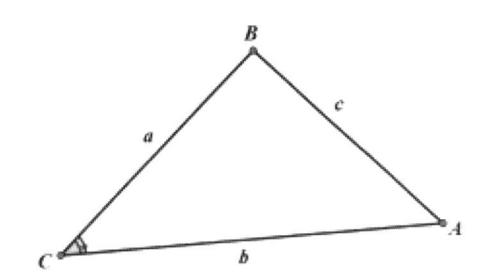

如图，设 $\overrightarrow{CB}=\vec{a},\overrightarrow{CA}=\vec{b},\overrightarrow{AB}=\vec{c}$，

则 $\vec{c}=\overrightarrow{AB}=\overrightarrow{CB}-\overrightarrow{CA}=$ _____，

所以 $\vec{c}\cdot\vec{c}=(\vec{a}-\vec{b})\cdot(\vec{a}-\vec{b})=$ _____，

则 $|\vec{c}|^2=$ _____。

从而 $c^2=a^2+b^2-2ab\cos C$。

同理

$$a^2=\text{_____}$$

$$a^2=\text{_____}$$

师：这三个公式对于任何三角形都是成立的，我们把它叫作余弦定理。

观察一下这个公式的几个量，这些量有什么关系？请用文字语言来描述一下。（教师引导，学生总结）

生（预设）：在三角形中，任意一边的平方等于其他两边平方的和减去这两边与它们夹角的余弦的积的两倍。

余弦定理的推论

探究 2：余弦定理说明，已知两边及其夹角，我们可以求第三边。那么已知 false 的三条边，应用余弦定理能否确定角的大小呢？

余弦定理的推论：

$\cos A = $ _____

$\cos B = $ _____

$\cos C = $ _____

师：从余弦定理及其推论可以看出，三角函数把几何中关于三角形的定性结论变成了可定量计算的公式。

思考：已知三角形的三边，则三角形的三个角是不是唯一确定的？为什么？

生（预设）：是的，因为在三角形中任意角的取值范围是 false，而在 false 上的余弦值是单调的，所以三角形中的角与它的余弦值是一一对应关系。

余弦定理和勾股定理的关系

思考：①已知三角形的三边之比是 $1:1:1$，试判断此三角形的形状。

②已知三角形的三边之比是 $1:1:\sqrt{2}$，试判断此三角形的形状。

③已知三角形的三边之比是 $1:2:\sqrt{6}$，试判断此三角形的形状。

探究 3：勾股定理指出了直角三角形中三边之间的关系，余弦定理则指出了三角形的三条边与其中的一个角之间的关系。你能说说这两个定理之间的关系吗？

生：以第一个公式为例，

当∠C 是直角时 ⇔ $\cos C = 0$ ⇔ $c^2 = a^2 + b^2$，

当∠C 是锐角时 ⇔ $\cos C > 0$ ⇔ _____，

当∠C 是钝角时 ⇔ _____ ⇔ _____。

师：当∠C = 90° 时，余弦定理变成了勾股定理。由此可见，勾股定理是余弦定理的特殊情况，余弦定理是勾股定理的推广。

这个特性就启发我们可以用余弦定理来判断三角形的形状。

(4) 解三角形的概念

一般地，三角形的三个角 false 和它们的对边 false 叫作三角形的元素。已知三角形的几个元素求其他元素的过程叫作解三角形。

【巩固练习】

例 1.（引例）设 $a = 0.5, b = 1.2$，则北京市第一七一中学预建造空中天桥的直线距离 c 可由余弦定理求得：

$c^2 = a^2 + b^2 - 2ab\cos C$

$= 0.5^2 + 1.2^2 - 2 \times 0.5 \times 1.2 \times \cos 120°$

$= 2.29$

因此 $c = \sqrt{2.29} \approx 1.513$。

所以北京市第一七一中学预建造空中天桥的直线距离约为 1.513 km。

例 2. 在 $\triangle ABC$ 中，已知 $b = \sqrt{3} + 1, c = 2, \angle A = 30°$，解这个三角形。

小试牛刀：在 $\triangle ABC$ 中，已知 $a = 1, b = \sqrt{7}, c = 3$，求最大角。

【课后练习】

1. 在 $\triangle ABC$ 中 $a = 7, b = 4\sqrt{3}, c = \sqrt{13}$，则 $\triangle ABC$ 的最小角为（　）。

A. $\dfrac{\pi}{3}$　　　　　B. $\dfrac{\pi}{6}$　　　　　C. $\dfrac{\pi}{4}$　　　　　D. $\dfrac{\pi}{12}$

2. 在 $\triangle ABC$ 中，已知 $a^2 = b^2 + c^2 + bc$，则角 A 等于（　）。

A.$60°$　　　　　B.$45°$　　　　　C.$120°$　　　　　D.$30°$

3. 在 $\triangle ABC$ 中，若 $a = 2b\cos C$，则 $\triangle ABC$ 的形状为_____。

4. 在 $\triangle ABC$ 中，内角 A,B,C 的对边分别为 a,b,c，已知 $\angle B = \angle C, 2b = \sqrt{3}a$，则 $\cos A =$ _____。

5. 在 $\triangle ABC$ 中，已知 $a=5, b=3$，$\angle C$ 的余弦值是方程 $5x^2 + 7x - 6 = 0$ 的根，求第三边 c 的长。

【课堂总结】

学生活动：学生总结本堂课的收获。

余弦定理及其推论，可以解决已知两边和夹角求第三边，已知三边求三角的问题。

余弦定理的推导过程用到了向量法，数形结合、类比和转化的思想方法，这些思想为我们高中数学的学习奠定了基础。

【课后作业】

1. 完成课本 44 页的习题 1—3；
2. 尝试一道有关余弦定理的数学建模问题，并写成小论文解决。

四、课堂实施以及师生互动发现问题

为了更好地研磨出一节"好课"，我在果之教师平台上邀请同备课组的教师们进入试讲班听课，老师们也及时在平台上做了评课，其中有四点问题大家达成了共识。

其一是在新课引入时，为北京市第一七一中学两校区建立空中天桥这一实例有点过大，建议将实例描述得更简单实际，因此实例引入改为：

问题：北京市第一七一中学某学生家住在国家矿山安全监察局 C 附近，他家距离本部 A 和北校区 B 的直线距离分别为 1.2km、0.5km，且测得角 C 为 120°。请同学们试求出两校区的直线距离 AB。

其二是在实例引入后，学生其实并没有按照教师的预设用向量来尝试解决此问题，而是用高中学习的锐角三角形的三角函数和勾股定理也是可以解决已知两边及夹角，求第三边的问题。此时可以派一位学生代表在黑板上用此方法给学生演示一遍，并予以肯定，然后再启发学生，我们能不能用最近学过的知识解决呢？这样就顺利地引入了利用向量的数量积来解决问题。

其三是在引入余弦定理和勾股定理关系时，学生回答的问题与教师期望引入的知识点有偏差，为了精准地引导学生得出勾股定理是余弦定理的特例，余弦定理是勾股定理的推广这一结论，老师们建议将这里的三个小问题换成如下连线题。

连一连：在 $\triangle ABC$ 中，

边之比是 $1:1:1$ $\triangle ABC$ 是直角三角形

三边之比是 $1:1:\sqrt{2}$ $\triangle ABC$ 是钝角三角形

三边之比是 $1:2:\sqrt{6}$ $\triangle ABC$ 是锐角三角形

其四是在课堂小结时，需要注意学生是学习的主体，也是课堂的主人。课堂教学应该给学生足够的时间和空间去体验、思考和感受，同时让学生有机会畅谈他们的体验、感受与收获。学生不仅是接受者，他们也应该对课堂教学、教师及学习同伴做出评价。在一堂课的最后，教师应把课堂还给学生，给他们权力对课程学习表达出他们的疑惑或者收获的欣喜，提出建议和不同见解。在开始阶段，学生往往只会模仿老师进行简单的知识内容的整理，或者很泛泛地谈几句等。这时教师不要气馁，在鼓励他们的同时，可以自己先提出一些小问题，请同学思考，或是谈谈自己对某个教学环节处理的"事后反思"，提出修改意见，也可以谈谈对某位同学发言或方法的欣赏，时间久了，学生自然而然由简单模仿到有自己的观点和自己的表达方式。最后老师在肯定学生的总结后，给出本节课除了学习这些知识外，我们还学到了方程、类比、化归与转化的数学思想，这为我们高中数学的学习奠定了基础，相信同学们高中数学的学习会越来越好。

老师们在果之教师平台上互相交流，不受时间、空间和传统教研活动等的诸多限制，可以随时随地在平台上对课件、学案以及教案进行改进，从而高效地提升了教师课堂实施能力。

五、教学设计改进与正式实施

在正式上课阶段，果之教师平台会定时推送给学校的每位教师，提醒教师们积极主动参加听评课。教师们可以预览提前上传的课堂资源课，并在听课时在果之教师平台上做笔记。课后课堂视频也会传在平台上，教师可以回放点评，这也方便了未能按时到场参加听课的教师的听评课工作。果之教师平台上的课堂评价分为客观评价和主观评价，本节课的客观评价得分为97.32分，本节课的主观评价中，突出说明了本节课的教学活动以学生为中心突出了立德树人，符合学生的认知规律，有利于培养学科核心素养并达成教学目标，且课前有预习和思考，课后能拓展提升。平台的主观评价中也提到了学生在学习过程中的主动参与度不高，应关注分层教学。本节课结束后，教师的主观评价意见均快速高效地推送进来，方便了本人继续优化教学设计。

六、教师评价

在果之教师平台的助力下，这次教师风采展示课圆满完成。整个磨课过程中，果之教师平台通过优化教研流程与机制，高效积累教研成果。为了更有效地实现教学目标、突破教学难点，本节课采用从特殊到一般的策略，让学生经历探索、发现、认识、理解平面向量的应用过程。为便于开展教学活动，可以运用 TI 图形计算器的集合功能实现平面向量应用的动态展示，以此加强学生对向量应用的理解，进而积累基本活动经验，形成数形结合的思维认知，提升直观想象的核心素养。

七、对于教学设计再优化

本节课也得到了以下三点反思：

（1）回归公式本源，提升思辨能力

在做课后练习时，发现学生课上虽记住了余弦定理，但在和以往知识合并时，错误率升高，因此引导学生回归余弦定理推导的本源，不死记硬背公式，多理解并自发推导公式，达到理解公式的精髓，在做题时多思少算，方能做到举一反三。

（2）创设问题情景，提高鉴赏能力

在例题讲解时，应有目的地引导学生多角度探究余弦定理，并通过对余弦定理的鉴赏，不但能使学生深刻理解余弦定理，更能有效地提高学生探索发现和直观感知的能力，而且也是有效地形成学习逻辑推理、数学运算与直观想象等数学核心素养的重要途径。

（3）提炼解题方法，形成反思能力

在例题变式中，应通过对比学习才能帮助学生具体问题具体分析，真正做到一题多解、多题一解，有的放矢。在解题鉴赏中，潜移默化地启发他们的数学思维，培养他们的数学核心素养。

本论文通过校级公开课"余弦定理"的生成式教研实践流程，展现了在借助果之教师平台协同模式与便捷流程之下,教师们相互研讨、业务互补、共同提高,发挥集体力量与集体智慧优化教学思路与方法,并构建了数学学习共同体,使学生在教学过程中得到更科学、全面的培养,从而提高数学素养和综合能力,也促使了教师团队素养的整体提升,最终将会推动北京市第一七一中学教学质量的整体提高,实现学生全面发展。

英语学科生成式教研实践案例

——以高中英语陈哲震老师"In China, We Open a Gift Later"一课为例

一、课题的选定

本节课的教学内容是外研社版《英语（八年级上册）》第十一模块"Way of life"的第一单元"In China, We Open a Gift Later"，课型为听说课。此模块的教学内容由三个教学单元组成，主要围绕"不同国家对待同一事件有着不同的处理习惯和方式"这一主题展开。作为本模块的第一单元，本课语篇以玲玲的生日为背景，导入阶段的小对话围绕伙伴们为玲玲挑选生日礼物展开，大对话呈现了朋友们给玲玲送生日礼物的场景。玲玲和贝蒂、托尼的文化背景不同，接受礼物的方式和打开礼物的时间也不同，大家由此展开了对各国风俗习惯的讨论。

二、原有设计的问题以及个人初步设计

果之教师平台就像校内版的"知网"，为每位教师提供了一个强大的资源库，教师可以在上面找到全校所有教师之前上传的备课成果以及优秀公开课视频，可以随时随地浏览、下载、学习前辈的智慧结晶，这对急需通过大量观摩和摄入来提升教学技能的新教师来说，无疑是一个巨大的宝藏。所以课题确定下来后，我首先到果之教师平台上查阅了原有的教学设计。

原有教学设计思路非常流畅，从单词导入，到听前、听时、听后的活动设计，

再到语法讲解和课后练习，如果能够按照课件内容完整上下来，相信不同层次的学生都会学有所获。但是由于原有思路是按照常态课来设计的，而新的汇报课要求体现学生的成长型思维，且部分环节不符合本届教研员的要求，所以需要进行"再创作"设计。原有设计问题如下：

（一）缺乏场景导入。学生是课堂的主体，课堂需要创设合理的情景，让学生有兴趣参与进来，才能发现问题和解决问题，才能发展和提升思考水平，从而提高思维素养。

（二）中考听口考试改革后，转述题型去掉了单词填空，并且将转述内容由已给信息量较多的表格形式调整为已给信息量较少、难度较大的思维导图形式，对学生的逻辑思维和速记能力提出了更高的要求。这要求教师在日常听说教学中训练学生会画、会看、会对着思维导图进行文本复述。本节课的语篇结构清晰、难度适中，所以可以在信息记录环节引入思维导图。

（三）英语学科不仅仅要学习语言本身，更是让学生通过语言了解不同国家和地区的风俗习惯，拓宽国际视野，培养文化包容心，促进其跨文化交际意识的发展。原有课程设计对于学生情感态度价值观这方面的引导不够明确。

在原有教学设计的启发下，我以英语学习活动观为指导，结合新中考改革方向，以及北京市第一七一中学对于成长型思维课堂的要求，进行了个人的初步设计。然后将PPT、学案、教学设计等材料上传到果之教师平台，发起集体备课，将教学老师和备课组老师设置为参与人。这样，其他老师就能通过果之教师平台对我的材料进行浏览、标注和修改了。

三、教研组、备课组研讨以及教学设计改进

在北京市第一七一中学，每节公开课绝不是一位老师的个人秀，而是整个教研组、备课组一次次打磨后的智慧结晶。在目标一致、资源共享、大家积极出谋划策的教研氛围下，每次备课组会都能高效地解决实际问题，尤其

当某位老师的公开课在即，这样的研讨总能成为思维碰撞的阵地。然而，由于该校初中年级班级数量和老师数量大，每周三上午大家都没课的集体备课时间无法满足日常需要，这时果之教师平台的"协同备课"系统就成为老师们的得力助手，果之教师平台在我本次的公开课中同样起到了不可或缺的作用：

（一）打破了时间、空间的限制，可以让备课组老师们根据自己的情况随时随地展开讨论，无论是电脑端，还是 Pad 端，无论是在学校、家里、通勤路上，都可以对我上传的初始设计进行在线查看和批注。

（二）磨课过程中，老师们给出的建议往往聚焦于细节，线下教研的面对面交流体验固然更好，但是手写的笔记通常会有所遗漏，而通过在线协同编辑，实现了备课自动留痕，研讨后我可以直接利用文档提供的编辑记录一一反思和修改自己的设计，甚至可以直接下载修改好后的设计。

经过备课组讨论后，我对教学设计做了如下改进：

（一）导入环节增加场景感。本节公开课的语篇中，来自不同国家的主人公借由玲玲的生日讨论了东西方送礼文化的差异以及中国春节的相关风俗。生日这一情景跟他们之前学过的一篇文本一脉相承，之前那篇课文的结尾，外国小伙伴们问大明想要什么生日礼物，身为中国人的大明含蓄地说这是个秘密。这次面对即将到来的玲玲的生日，外国小伙伴选择不再询问她想要什么生日礼物，而是直接去商场为她挑选，场景由此展开。通过提问"Do you still remember what Daming said when his friends asked him about what presents he would like for his birthday?"引导学生对新旧两个情景进行对比和思考，激发学生启动先前认知，为新旧知识之间搭起桥梁，从而自然引导出不同国家的风俗差异。与此同时，也引导他们关注到外国小伙伴的转变和成长，以及玲玲为了尊重外国朋友而当面打开礼物的细节，也为文化包容的主题做了铺垫。

（二）思维导图处理文本的好处是显而易见的，给予学生较大的自由度和发挥空间的同时，教师能够直观看到学生处理信息的方法和思维方式，从而判断学生对知识的掌握情况，而且在文本复述阶段，形象化的导图可以帮助程度较差的学生整理思路，但是思维导图并不适用于所有文本。本课文本第一部分，主人公分别讨论了东西方接受礼物和打开礼物时的文化差异，学生需要记录的就是四个信息，由"田字格"来呈现明显要更直观，所以我在这里摒弃了思维导图。而第二部分在记录中国春节传统时，用思维导图要更合适。两部分文本采用不同的策略，分开讨论，既符合了实际文本的特点，也符合了中考的新题型方向，而且能让学生直观感受到两种记录方式的差别，可谓一举多得。

（三）课文复述阶段，要求学生们对着课文的动画截图来用情态动词谈论中国的春节习俗，由于已经看过动画，且已经对课文进行跟读，我在初始设计中并没有在 PPT 中将图片所示的动词提示打出来，而是直接让学生对着图片复述。备课组老师们认为只看一遍动画，大概只有一半学生才能记住图片的含义，对于英语基础较差的学生来说太过困难，这里确实是我考虑不周，没有照顾到所有学生的水平。于是我对这里进行了改进：在看动画、跟读之后，带领所有同学将图片所示的习俗过一遍，然后让学生练习，在展示阶段，第一个学生可以看着提示词复述，在之后的同学复述时，则把提示词隐去，从而兼顾到各个层次的学生。

（四）最后输出环节，场景为托尼的父母将要来到中国陪托尼过中国春节，身为托尼的朋友，请以小组为单位为他出谋划策，向他的父母介绍中国的春节习俗，必须使用情态动词。之所以这样设计，是因为学生在上学期的春节专题中学习过春节的相关活动，不至于在讨论环节无话可说，或者纠结于不熟悉的语言表达。在此语言基础上，可以专注于本节课的语法重点——情态动词的使用。场景设计没有问题，但问题在于形式——虽然要求小组所有的同学都参与展示，但依旧是一人说一个风俗，一人负责一句话，空有小组汇报的形式，内核却是个人的展示，而且教师对于学生们的互评不能及时做到汇总和公布，"生生互评"只是流于表面。于是我将小组汇报改为小组竞赛：

学生举手发言，一人一次说一条，说对了可以给小组积一分，规定时间内得分最高的小组获胜，组员可以全员得到奖励卡。这样不仅调动了学生的积极性，又增加了课堂的趣味性和刺激性，而且积分情况可以实时更新，评价标准和各组表现情况一览无余。但是这就对教师的课堂掌控能力提出了挑战，需要事先对各种突发情况做出预案，结合之后试讲的情况，可以对此活动的规则做出一定调整。

（五）从导入阶段引导学生关注到外国小伙伴的转变和成长（之前课文的结尾，外国小伙伴们问大明想要什么生日礼物，身为中国人的大明含蓄地说这是个秘密。这次面对即将到来的玲玲的生日，外国小伙伴选择不再询问她想要什么生日礼物，而是直接去商场为她挑选），以及玲玲为了尊重外国朋友而当面打开礼物的细节，到通过输出活动引导学生 be understanding、be open-minded、be confident，我在培养学生客观、理性看待世界、帮助其树立国际视野的同时，也在不断通过英语课程培养学生的家国情怀和文化自信，帮助其形成正确的世界观、人生观和价值观。

四、课堂实施以及师生互动发现问题

教学设计初步成形之后，就需要到平行班级进行试讲了。如果说之前的工作是纸上谈兵，那么进班试讲就如同模拟演习，同样是获取胜利必不可少的步骤。北京市第一七一中学的班级众多，为每堂公开课的"练手"提供了丰富的机会。

在三个班级试讲完毕，经过和各位听课老师的再次讨论，以及收集到各层次学生的课后反馈后，一些原有设计中的问题暴露出来，实践对于理论的重要意义在此刻不言而喻。

（一）按照教学进度，每个模块的第一单元，也就是听说课+课后练习讲解，一般需要两个完整课时来完成，初始设计的教学设计保留了从词汇导入到口语输出的绝大部分环节。在试讲的三个班级中，除了在其中一个学生英语基础非常好，整体的听力口语水平较高的班级匆匆上完，在剩下的两个中等班级都没有将所有内容上完，而正式上课的 1 班肯定不是最优秀的班级，所以需要考虑对部分教学环节进行取舍。最后我选择将词汇讲解部分删掉，因为本课的生日礼物词汇对于绝大部分学生来说比较简单，而且大多数都属于熟词，个别如"chess set"的表达，完全可以在预习阶段解决，就算不熟悉，也不会对对话的理解产生影响，学生只要能听懂伙伴们要给玲玲买的"dictionary"就可以，删掉的这一部分不会影响整节课的完整性，而且从导入到听力环节也变得更加连贯。

（二）在文本第一部分信息处理环节，原先设计是想先通过回答设问来引导学生归纳出对话的主要内容，也就是"different customs about giving gifts in different countries."，再引导学生填写表格，也就是具体信息。但是试讲过程中发现很多同学选择直接说出具体内容，而很难对具体内容进行归纳。经过课后和学生的讨论，发现他们对于"custom"这个词比较陌生，以及和"tradition"的区别不是特别清楚。于是我在情景导入阶段通过让学生观察两幅图片中人们面对礼物的不同方式，顺其自然地对"custom"这个词进行讲解。之后的试讲中，已经有部分同学可以说出"different customs"的这个要点了，但是整体还不是很顺畅。所以我预设了两种情况，如果学生自行归纳得出正确答案，则最为理想；如果还是比较困难，我会再把"custom"代入此文本，进一步跟学生解释"so it also means different ways of opening and accepting gifts in different countries."。在此后的试讲中，这个环节就变得顺畅起来。

（三）本课的语法为情态动词，情态动词贯穿学生的英语学习生涯，所以学生对情态动词的使用并不陌生，只是没有以专题的形式专门讲解过。本节课的重点为"must(not)"和"had better(not)"，对于这两个词学生相对陌生，所以我在语法归纳部分也着重强调了其用法。但是到了要求学生用情态动词复述课文内容时，很多学生能把内容复述出来，但是却没有使用情态动词，尤其是对于"must(not)"和"had better(not)"避而不谈，或者是将情态动词与 usually、never 等频度副词混为一谈，说明掌握得还是不够好。于是我在归纳情态动词用法时，在 PPT 中加入了每个词的中文意思，并且将这两个词标红突出，又带着学生一起在黑板空白处罗列了这些词汇，重复加深印象。在学生转述的过程中，如果没有使用情态动词，或者使用不当，我轻轻拍一下黑板上的情态动词，这时学生一般就会及时反应过来。如果还是没有反应过来，我会在复述结束后的评价阶段指出，或者提问让其他同学指出。经过这些强调，后面试讲班级的大部分学生很快掌握了情态动词的使用。

（四）在最后的输出环节，小组竞赛的形式取得了预想的效果，学生在小组讨论阶段就跃跃欲试，在举手回答阶段争先恐后，不仅将本课和之前所学的春节习俗复习了一遍，更是看到了很多学生深厚的语言积累，给出了很多意料之外的精彩回答，将课堂气氛推向高潮。但是同时，学生的思维天马行空，所给的答案跳跃性极大，我有时候会忘了此条答案是否已经重复，而且由于学生都急切想给组里加分，情绪过于激动时课堂会显得比较混乱，于是我做出了相应改进。比如在环节介绍部分多给学生一点提示，提示学生可以按照春节前、除夕夜和春节期间三个时间段来整理春节习俗。之前课文里春节相关介绍也是按照这个时间顺序来的，所以学生们会心领神会，自然联想到之前课文里的内容，不至于看到任务后头脑空白。在举手回答环节，我也会按照这三个时间段来进行提问，如果学生说的习俗不在相对应的时间，则不予加分。这个规则在帮助学生梳理知识的同时，也可以让他们冷静下来，学会"三思而后答"，时间线的插入也让我自己在统计环节减少了工作量。在后续的试讲中，此环节混乱的情况明显得到了改善。

五、教学设计改进与正式实施

经过近两周的磨课，终于来到了真正的"战场"。我经过多轮试讲，对于教学环节和指示语的使用已经滚瓜烂熟，而且正式上课面对的是自己的学生，默契程度自不用说，所以我是比较放松的。但是公开课的变量就在于"公开"——上课地点移到了录课室，后面坐着密密麻麻陌生的老师，学生一进到教室就变得严肃起来，平时嘻嘻哈哈惯了的学生此时也大气不敢出。幸运的是，整堂课环节非常流畅，整体基本达到预期设想，只是发生了一个小插曲：在思维导图生成环节，一个平时英语很好的孩子自愿到黑板上进行画图，但是由于紧张，他有些发挥失常，听力结束后还有信息缺失，于是我叫了另一位同学上来帮他完善了导图。课后我及时找这位同学进行了复盘，帮他卸下了心理负担。也许这个小插曲让公开课不是那么完美，但却也如实反映了日常课堂中可能会出现的问题，这就要求教师尽可能对各种情况做出提前预测，并且沉着应对。

公开课不仅仅是为了展示教师风采，还要通过公开课更加深刻认识到自己的闪光点与不足之处，以便持续进步，不断提升教学能力，而获得反馈的最佳途径就是其他教师的评价。老师们的听课、评课依然在果之教师平台上进行。在评价环节，平台将定性与定量评价有机结合，使得课堂评价更加全面、客观。一上完课，我就可以及时看到老师们的评语和打分，以及自己在所有授课教师中的分数排名。即使有些教师因为课程冲突而没来听课，也可以看到课堂的完整录像，并且可以跟现场听课的老师一样进行打分和评价，这些评价也成为课后教学反思的重要数据支撑。

值得注意的是，果之教师平台上可以查询到自己之前上过的所有公开课的录像和评价，通过对比例次授课数据，老师们不仅可以看到自己的成长轨迹，更可以激励自己为下一次的勇攀高峰而继续努力。

六、教师评价与再优化

授课结束后，教研组也请来了海淀区教师进修学校的教研员孙老师对我的课进行点评和指导。虽然专家大篇幅表扬了这堂课的精彩之处，但我明白"但是"之后才是我要格外注意的部分。结合教研组各位老师的讨论，以及果之教师平台上其他科目教师的点评，我对部分教学设计进行了再优化，正所谓"没有最好，只有更好"。

附录

教学设计如下：

教学基本信息				
课题	Module11 Unit 1 In China, We Open a Gift Later.			
学科	英语	班级：初二（1）班		教师：陈哲震
学习领域	学校课程	课型		听说课
教材	书名：英语八年级上册　　出版社：外语教学与研究出版社			
教学背景分析				

教材内容分析： 本节课的教学内容是外研版《英语（八年级上册）》第十一模块"Way of life"的第一单元"In China, We Open a Gift Later"。本模块的主题为"人与社会"范畴中"历史、社会与文化"主题群的子主题"世界主要国家的文化习俗与文化景观、节假日与庆祝活动"。本模块的教学内容由三个教学单元组成，主要围绕"不同国家对待同一事件有着不同的处理习惯和方式"这一主题展开。

What： 本课语篇以玲玲的生日为背景，小对话围绕朋友们为其挑选生日礼物展开，大对话呈现了朋友们赠送玲玲生日礼物的场景。玲玲和贝蒂、托尼的国籍不同，接受礼物的方式和打开礼物的时间也不同，由此大家展开了对各国风俗习惯的讨论。

Why： 不同国家有不同的风俗习惯和风土人情，通过本课，不仅能让学生了解不同国家和地区的风俗习惯，更可以帮助其拓宽国际视野，培养文化包容心，促进跨文化交际意识的发展。

How： 本课的语篇内容为玲玲和朋友们的对话，根据对话内容分为两个部分：第一部分通过玲玲接受礼物的这一过程，讨论了东西方的送礼文化差异；在第二部分，贝蒂由东西方送礼文化差异联想到了中国的传统习俗，于是四人则分别从中国人和外国人的角度介绍了五种春节习俗。对话中大量使用了can、must等情态动词及其否定形式，通过重复让学生感知情态动词的用法。

学生情况： 本节课的授课对象为初二（1）班学生，该班大部分学生语言能力较好，学生思维活跃，能够积极参与课堂活动。学生在七年级上册中的两个单元分别学习了人们在生日聚会上的常见活动和中国春节期间人们常做的事情，所以对本课的场景和话题并不陌生。"情态动词"这一语法概念虽未在课本中正式讲解，但学生在日常生活中已经能够较好地运用 can、should 等词，只是对于目前不常见的 must(not) 和 had better(not) 稍微陌生，尤其是 mustn't 表达"禁止"这一用法。因此，本课的课程设计紧密围绕不同风俗传统这一主题，激活学生已有知识的同时，带领学生进入连贯情景，通过练习和讨论和小组竞赛来强化学生对情态动词的掌握

续表

教学目标
1. 学习理解 获取和梳理东西方接受礼物时的风俗差异，以及中国春节相关风俗等信息。 **2. 应用实践** 关注和提取情态动词的用法，进而运用情态动词复述语篇。 **3. 迁移创新** 运用相关语言表达方式，进行春节风俗小组知识竞赛，引导学生通过从认识不同文化的差异出发，培养其文化包容心
教学重点和难点
1. 教学重点 获取和梳理对话中不同国家传统习惯的关键信息并且记录，形成思维导图。 **2. 教学难点** 迁移创新阶段如何激活学生已知来运用新掌握的语言知识表达对事物的观点

教学目标	学习活动	效果评价
1. 获取和梳理东西方接受礼物时的风俗差异，以及中国春节相关风俗等信息	1. 学生观察大明和玲玲的生日图片，学习补充词汇。 2. 学生听对话前半部分，回答关于礼物的提问，在教师引导下概括对话主题。 3. 学生听第二遍对话，记录东西方接受礼物风俗的细节信息，互相核对信息，讨论所记内容，之后全班讨论。 4. 学生听对话后半部分，概括对话主题。 5. 学生再听两遍对话，根据内容画思维导图，互相核对信息，讨论所记内容，之后全班讨论	观察学生回答问题的表现，根据其说出的具体信息，了解其对风俗相关知识的掌握情况。 观察学生记录的笔记和思维导入，判断其获取并记录信息的全面和准确程度

设计意图：导入主题，创设语境，激发学生参与的兴趣，激活学生关于传统风俗等相关语言知识；帮助学生明确要解决的问题，形成学习期待；通过"听前预测—听中记录—听后梳理验证"的形式帮助学生整体感知对话内容，培养学生准确获取、梳理和整合信息的能力。（感知与注意、获取与梳理、习得与建构）

续表

2. 关注和提取情态动词的用法，进而运用情态动词复述语篇	6. 学生跟读文本录音，找出文中情态动词并观察、学习相关用法。 7. 学生根据所给图片对课文中提到的中国传统和习俗进行复述	观察学生是否能感知到情态动词在描述传统风俗时的重要性和用法。 观察学生在进行文本复述时对于所学知识是否使用精准，把握学生对语言和信息的内化情况
设计意图：在学生理解文本内容的基础上，指导学生提炼语言知识，通过练习和活动对新知识进行内化和巩固；通过复述课文进一步加深对文本内容和语言知识的理解。（概括与整合、内化与运用）		
3. 运用相关语言表达方式，进行春节风俗小组知识竞赛，引导学生通过从认识不同文化的差异出发，培养其文化包容心	8. 学生以小组讨论形式解决教师所设情景的问题。 9. 学生进行春节风俗小组知识竞赛。 10. 学生思考探讨不同国家风俗习惯差异的意义	观察学生是否可以运用所学知识进行迁移，是否能够对主题进行深度思考，引导学生树立正确价值观
设计意图：引导学生将所学知识和实际相结合，进行语言输出，进一步内化语言知识；帮助其拓宽国际视野，培养文化包容心，促进跨文化交际意识的发展。（迁移与推理、思考与评价）		
作业设计： **必做：**熟读课文，将课上本组讨论的中国春节习俗写到课案上。 **选做：**查阅、整理10条中秋节的传统习俗，使用情态动词		

物理学科生成式教研实践案例

——以高中物理王鑫老师"密度"一课为例

一、课题的选定

生成式教研,强调的是"生成"和"教研"的结合,即在教学研究和教学过程中,教师与教师、教师与学生等多方通过互动、合作、探究等方式,共同创造出新的知识、经验和理解。可以理解为在教学研究和教学过程中,教师以提高学生的核心素养为核心,通过引导各方参与、合作探究,不断生成新的教学资源和方法,从而实现教学相长、共同发展的目标。在新课标背景下,生成式教研成为提高学生核心素养和加强教师专业水平的有效教研模式。

(一)教学资源的共享和共建

生成式教学强调多方合作生成新的教学资源和方法。信息化时代,教学资源的获取不再仅仅依赖于纸面资料和口口相传,以互联网为载体进行信息的储存、传播、交流使获取教学资源变得空前的便捷和高效。将互联网交流应用到初中物理教研中将实现教学资源更大范围的共享和共建,有助于促进教师水平的均衡发展。而在这一过程中,选择合适的教师研究互联网平台也是十分有必要的。

以果之教师平台为例,教师登录平台后可直接进入对应学校和教研组的工作台,教师可以从中预览教研组的往期备课资料和教学素材,也可以将自己设计和收集的教学资源提交到平台上,供教研组其他老师参考和研究,从而实现现有教学资源的共享。

高效的教研注重问题导向，在利用原有教学设计资料进行研究和备课的过程中，发现一个问题往往比解决一个问题更有价值和意义，这也是教师进行研讨的必要前提，当教师们在备课过程中发现问题后，可以在果之教师平台发起"集体备课活动"，选择对应教学章节（或自定义）作为主题，邀请相应老师进行线上研讨，采取主题性、项目化、任务驱动式的教研方式，采取小组合作学习、主动学习和参与式学习等方式，扎扎实实解决现实中存在的问题。在解决问题后，即可将研讨结果落实到平台上，实现行动即研讨、文字即成果，从而创造创建的教学经验、理论或知识。

这类自发性的教学交流研讨活动将有助于教师提高自身专业素养和教学能力，尤其有利于落实新老帮扶、同伴互助，便捷经验共享、互动学习，同时也能够有效减少教师重复性工作，助力教研组轻松落实统一规划、统一安排、便捷统筹的教研活动组织。

(二) 初中物理学科核心素养的培养

初中物理教学要培养学生的核心素养，主要包括物理观念、科学思维、科学探究、科学态度与责任。学生以核心素养达成为目标进行学习，改变了被动灌输的学习方式，在主动学习中培养独立自主意识，在合作学习中提高沟通交流能力，在探究学习中发展创新意识和能力。要实现学生物理学科核心素养的提升，对教学有以下要求：其一要能够创设丰富的教学情境，让学生亲身感受知识的产生和发展过程；其二要为学生提供深度学习的问题和环境，注重对学生思维的培养；其三要搭建多样化的合作交流平台，设置合适的活动，培养学生的创新思维和合作意识。因此，教师必须深入研究，明确其核心要领，形成理论前沿培育共识。毫无疑问，教研是教师探讨学科核心素养的必要途径，尤其是信息技术在初中物理教师教研中的应用，为教师深入学习、培养学科核心素养提供了便捷。

以生成式教研作为教研的主要方式，能把教师培训和教学研究相结合。

将核心素养的某一个表现设为主题，以对其深度研究为引领，以在教学中如何落实这一素养为研究核心，以形成典型课例为研究载体，最后以定性定量评价达成情况为导向，便可形成围绕核心素养一两个表现的主题教研。如可把物理核心素养中的科学思维设为主题研究，使理论学习、课堂课例研究和实践、反思融入教研中，实现教师深入核心素养的"学习—实践—反思"过程，最终提升个人、学校、区域的教研水平。

(三) 选定课题

笔者所任教的初二年级是于本学期首次接触物理课程的学生，这个学段的学生正处在一个物理观念和科学思维开始建立的阶段，在此之前学生已经掌握了质量、体积等相关概念。在日常生活中，学生对物质的轻重、大小等有一定的感性认识，此外密度与生活实际联系紧密，可能引起学生的学习兴趣。但密度是一个抽象的物理量，初中生的抽象思维能力正在发展，但仍以具体形象思维为主，因此密度这一物理概念的建立是学生由具象思维发展为抽象思维的重要节点，是其物理观念构建过程中的重要一环。在学习密度的过程中，需要学生通过实验操作和数据处理得到物体质量与体积的关系，这有利于培养学生的科学探究能力。再者，我国在密度知识相关领域存在着相当多的古代发明案例和现代前沿技术，通过对这些技术的分享，也有助于学生科学态度与责任的建立。因此"密度"这节课是当前阶段非常值得研究的一节重点课程。

二、原有设计的问题以及个人初步设计

通过果之教师平台，笔者可以查阅备课组上传的往年密度教学设计案例，传统的密度教学设计通常包括以下步骤：

1. 导入：通过展示不同物质的实物或图片，引入密度的概念。
2. 讲解密度的定义：介绍密度的公式和单位。

3. 举例说明：通过具体例子帮助学生理解密度的含义。
4. 演示实验：对物体进行密度测量的实验。
5. 学生练习：提供一些练习题，让学生巩固所学知识。

然而，如果以促进学生核心素养落实为目标，传统教学设计可能存在如下问题：1. 缺乏主动，学生可能只是被动地接受知识，缺乏主动探索和思考的机会；2. 实践不足，实验可能过于简单，无法让学生深入理解密度的概念和应用，且通过实验也很难理解密度这一抽象概念和质量、长度等具象的概念之前存在的认知差异；3. 教学方法较为单一，难以激发学生的兴趣和创造力；4. 与实际生活联系不紧密，学生可能难以将所学知识应用到实际生活中。

三、教研组、备课组研讨以及教学设计改进

基于如上问题，笔者在果之教师平台发起了"密度"核心素养导向教学设计的研讨活动，将自己书写的初步教学设计上传到研讨课题中，同初二物理备课组的老师在平台上对相应教学设计进行批注和发表修改意见，同时教研组其他年级老师也提供了相关理论资料和指导思路。如：对于"密度相较于质量和长度，从物理观念的性质上讲的理解难点在于哪些？"这一问题，高中备课组老师给出了以下观点：质量和长度都是广延量，这种量随质点数的发展而变化，时间或空间可以作为其延展的基础，这意味着学生能在实际生活实践中观测或感受到相关物理量的多与少，强度量是广延量除以质点数，消去了数量的影响，表达了一个单位的性质，因此本身就具有内敛性，不易在生活中被观察到，因此难以被初学物理的学生理解。

四、课堂实施以及师生互动发现问题

笔者整理研讨成果后，对教学设计进行了相关改进，如为了让学生对密度是现实世界中物质存在的一种固有性质，本节课以鉴别"道具砖头"的真

伪作为情境引入，提出了所谓的砖头"重"指的是"质量大"还是"质量和体积的某种关系较大"这一根本问题，引发学生的认知冲突，引导学生通过对依靠"体积""质量"区分物质种类这一生活经验的思考得出，其实是依靠"质量与体积的关系"区分物质这一客观事实。再利用实验探究的方式引导学生充分实验，总结质量与体积的具体关系，借助图像法，得到同种物质质量与体积比值与质量、体积无关，与物质的种类有关的结论。

(一)师生互动研讨和教学设计进一步改进

完成初步课堂实施后，教师利用互联网平台发布相关作业，作业内容主要考查学生的教学重点和教学难点的理解程度，并通过访谈的方式听取学生从学习者视角对本节课的理解，以及遇到的困难。如，学生提出在分享"质量与体积关系图像"时很难直观看到各小组测得材料的关系图像的相同点和不同点，这是因为各小组所做图像都是纸质图像，无法高效地整合到同一张图中。针对这个问题，笔者对教学设计进行了进一步改良，最终敲定以Excel共享文档的形式收集学生的实验数据，通过线性拟合功将实验图像整合到同一张图中，从而引导学生更直观地总结出同种物体和不同物体的质量与体积关系。

(二)教学实施、教师评价和再优化

确定教学实施方案后，教师进行正式的教学实施，在果之教师平台预约了公开课展示活动，在完成课程教学后，将录制的课堂实录和教学资料上传到果之教师平台上，供全校老师进行听课评课，在收集了多个年级、多个学科教师的意见后，对教学设计进行再优化。

五、教学设计改进与正式实施

"密度"教学设计

（一）学习内容分析

本节内容是人教版初中物理八年级上册第六章第 2 节，是在学习了质量之后引出的一个新的物理量，在本章中起到了承上启下的作用：既是在质量的基础上对物质世界的进一步探索，也是掌握密度的测定方法和解决密度相关的实际问题的基础，同时也是以后学习压强、大气压强、阿基米德原理和物体浮沉条件等内容的必要基础。

密度是继速度后又一个利用比值定义法定义的物理量。通过探究同种物质的质量与体积的关系得到同种物质的质量与体积的比值是一定的，通过对比不同物质的质量与体积的比值得到不同物质的质量与体积的比值一般不同，从而得到质量与体积的比值与质量和体积无关，是物质的一种特性。为了方便研究这种特性，科学家将其定义为"密度"这一物理量。

（二）学情分析

八年级上学生的思维方式逐步由形象思维向抽象思维过渡，有了一定的科学探究能力以及逻辑思维能力。

学生先前所学习的长度、质量等物理量都是外显的（extensive），在生活中对这些物理量的大小是可观测和可感受的，因此学生具备足够的源自生活经验方面的知识储备去理解这些物理量。密度作为一个强度量，它表现出了内敛性（intensive），人类需要借助物质在与外界接触作用时外显出的"质量""体积"等特征间接表示出这种性质的强弱，所以在生活中，学生有利用（等质量）比体积、（等体积）比质量的方法区分物质的生活经验，却很难将其联系到二者的比值是物质的特性，我们其实是依靠这一特性去区分物质的。

基于以上两方面的分析，为了较好地完成教学任务，达到理想的教学效果，本节课以鉴别"道具砖头"的真伪作为情境引入，设计了大量的具有启发性的链条式问题，引导学生通过对依靠"体积""质量"区分物质种类这一生活经验的思考得出，其实是依靠"质量与体积的关系"区分物质这一客观事实，再利用实验探究的方式引导学生总结质量与体积的具体关系，借助图像法，得到同种物质质量与体积比值与质量、体积无关，与物质的种类有关的结论，进而把"密度"这一内敛性质显露出来。

此外，物理学是研究物质最一般的运动规律和物质基本结构的学科，研究主体是物质。物理学应当服务于社会和人类的发展进步，成为人类认识世界、改造世界的有力工具。因此，应当引导学生了解密度的定义在人类的生产生活中起到的重要价值，并试图引导学生理解比值定义法定义物理量的一般特点。

(三) 教学方式和教学手段说明

教学方式：学生分组进行实验探究、教师采用启发式教学、图像法和演示法等教学方式。

教学手段：通过实验演示和学生分组合作自主探究并行。利用 Excel 软件进行数据处理辅助教学。

(四) 教学目标

1. 物理观念

（1）知道密度的定义、符号、公式和单位；

（2）知道密度是物质的一种特性，与物质的质量和体积无关，与物质的种类、温度、状态等有关。

2. 科学思维

（1）能够理解质量与体积的比值与质量（或体积）无关；

（2）能够理解质量与体积的比值是物质的一种特性，人们为了方便研究这种特性将其定义为一种新的物理量"密度"。

3. 科学探究

（1）能参与设计"探究同种物质的质量与体积的关系"的实验方案并进行实验；

（2）能利用图像法处理实验数据并根据图像归纳出实验结论。

4. 科学态度与责任

（1）在科学探究过程中，培养学生严谨细致、实事求是的科学态度；

（2）通过了解"密度"在生产生活中的应用，体会学习物理知识对于解决实际问题，推动生产力发展中起到的重大作用，了解比值定义法定义的物理量的基本特点。

（五）教学重点和难点

教学重点：

（1）通过实验探究，归纳物质质量与体积的关系，学会用比值的方法定义密度的概念；

（2）理解密度的概念、公式及其应用。

教学难点：

能够理解物质的密度与质量、体积无关。

（六）问题链设计

模块一 情境引入

问题一：生活中依靠什么区分水、酱油、白醋？
问题二：依靠什么鉴别砖头的真假？
问题三：质量相同的两种物质，靠比较什么来区分物质种类？
问题四：体积相同的两种物质，靠比较什么来区分物质种类？

区分物质种类可以依靠物质质量与体积的关系

模块二 探究物质质量与体积的关系

- 问题五：探究质量与体积的关系需要测量什么物理量？
- 问题六：如何测量固体的质量与体积？
- 问题七：如何测量液体的质量与体积？
- 问题八：通过实验数据能看出质量与体积有什么关系？
- 问题九：如何更直观地看出质量与体积的关系？
- 问题十：根据 m-V 图像同种物质 m/V 的比值有什么特点？
- 问题十一：根据 m-V 图像不同种物质 m/V 的比值有什么特点？
- 问题十二：根据 m/V-m（或 V）的图像物质 m/V 与二者有关吗？
- 问题十三：根据图像可知物质 m/V 与什么有关？

> 物质的 m/V 的比值与物质的质量和体积无关，与物质的种类有关，人们将其定义为密度

模块三 密度的应用

- 问题十四：根据密度表总结物质的密度具有哪些特点？
- 问题十五：从氢气球上浮这一现象说明上浮的物质密度有什么特点？
- 问题十六：根据问题十五总结的规律推测浇灭蜡烛气体的种类。
- 问题十七：航空航天领域的相关材料有什么密度要求？

> 密度概念在人类的生产生活中有重要的应用价值

(七) 教学过程

教学环节	教师活动	学生活动	活动意图
情境引入	展示三杯不同的液体并提问：如何区分哪杯是酱油，哪杯是水，哪杯是白醋？ 【利用实验理解生活中经常通过质量与体积的关系来区分物质】 演示"道具砖"砸空纸盒，引导学生猜测"道具砖"是不是真砖，并上前鉴别。 提问：刚刚同学说到的"轻"是依靠什么鉴别的物质？	思考并回答：靠颜色可以区分出黑色是酱油，靠味道可以区分出酸味的是醋。 上前查看道具砖，发现是假的，理由是道具砖很"轻"。 初步认为"轻"指的是质量小。	生活中人们常用颜色和味道这两种物质的特性用来区分物质种类，由生活化问题情境做引入，便于学生快速构建出"特性"的概念，也便于学生后续理解"密度也是一种特性"。

续表

教学环节	教师活动	学生活动	活动意图
	将和道具砖质量相同的真砖头放在调好的天平上，发现天平平衡，提出问题：是不是说明二者其实是同种物质？ 拿出与道具砖体积相同的砖，放在调好的天平上发现天平不平衡，提出问题：这时候为什么可以说二者是同种物质？ 【总结】	认可二者质量相同，但认为不是同种物质，因为此时二者体积不同。 提出此时两块砖体积相同，因此可以通过比较质量来区分物质	学生在生活中有依靠物体的"轻重"去区分物质种类的生活经验，容易产生我们是依靠"质量"去区分物质这种误区。通过一系列实验和问题链的引导，使学生意识到其实此时是通过物质"质量与体积"的一种关系来区分物质种类的，打破学生的认知误区，同时引出接下来的探究实验

续表

教学环节	教师活动	学生活动	活动意图
环节一 探究物质质量与体积的关系	【设计实验】 问题1：本实验需要测量什么物理量？ 问题2：能否测一个物体的质量m和物体体积V就得到该物质质量与体积的关系？ 根据学生的分析展示实验表格，展示学生桌子上的待测固体或液体。 问题3：固体的体积和质量怎么测？ 问题4：如何测量液体的体积？ 问题5：如果液体放在容器中，电子天平示数是否为液体质量？ 通过预先录制的视频演示电子天平的"清零"功能，提出问题6：如何测量液体质量？ 鼓励同学们小组讨论完成实验方案的设计。并要求数据记录员将数据记录在Excel共享文档中。	回答1：需要测量物体质量m和物体体积V。 回答2：不行，得多次实验得到普遍规律。 回答3：可以用刻度尺测出长方体长宽高计算体积，利用天平或电子天平测出质量。 回答4：可以用量筒测液体体积。 回答5：不是，示数中包含了容器的质量。 回答6：将空容器放在电子天平上，按下清零键后，再倒入液体，示数就是液体质量。 小组讨论，制订实验方案，由小组代表进行分享。	教师以问题链的形式引导学生思考实验中所需的测量数据、实验器材和操作方案，通过小组讨论的方式鼓励学生自己设计出实验方案，增强学生的科学探究能力。

续表

教学环节	教师活动	学生活动	活动意图
	【进行实验】探究物质质量与体积的关系 巡视并指导学生	进行分组实验，将实验数据记录在实验表格和共享文档中。 | V/cm³ | | | | | | | m/g | | | | | |	培养学生的实验操作能力，亲手收集实验数据，体会科学探究中严谨细致、实事求是的科学态度
	【分析实验数据】 请一个小组的同学分享实验数据，说明仅从表格数据中能得到什么规律。	分享数据，得出该物质的体积越大，质量越大的实验结论。	引导学生利用图像法分析实验数据。
	继续引导学生，提出问题7：如何更直观地得出物质质量与体积的关系？	回答7：可以通过图像法进行研究。	引导学生理解图像，为后面学生理解m/V-m（或V）的图像做好认知上的准备。
	点评一组学生的数据，指出图像中每个数据点横坐标V的变大，都对应着该数据点质量m的变大，引导学生理解如何从图像上看出物质的体积越大，质量越大。	认真思考，理解如何识别图像图像。	
	依据图像提出问题8：你能发现物体的m-V图像在形状上有什么特点吗？	回答问题8：是一条过原点的直线。	

续表

教学环节	教师活动	学生活动	活动意图
	介绍过原点的直线为正比例函数图像，特点是纵坐标物理量与横坐标成正比，引导学生观察共享文档上m/V的特点，得到每组图像中m/V是不变的。依次点评7组同学的图像，并将7组图像合在一起，请同学们再次观察，提出问题9：既然都是正比例图像，为什么7种物质的图像不是重合的呢？ 教师继续提出问题10：既然m/V的比值在咱们的研究中频频出现，能否猜一猜这个值和什么有关呢？是不是和物质的质量、体积有关呢？ 追问11：要想更直观地看出m/V的比值与m或V的关系，能不能还用图像法进行分析，如果可以，应该做关于谁和谁的图像？	回答问题9：因为每组图像中m/V的比值与其他组都是不同的。 回答问题10：有关(或无关)。 回答问题11：可以，做m/V-m和m/V-V的图像。	通过实验图像的对比与问题链设置，启发学生可以用图像法研究m或V的关系的方式类比研究m/V与质量（和体积）的关系，有效降低认知负荷，与分析促进抽象思维与逻辑推理的发展；渗透科学探究中的证据意识，培养质疑能力。

教学环节	教师活动	学生活动	活动意图
	展示几种物质的m/V-m和m/V-V的图像，提出新问题12：类比刚刚从图像中研究质量与体积关系的方法，现在的图像反映了m/V与质量（和体积）有关无关？ （物质的m/V与质量m的关系图像） （物质的m/V与体积V的关系图像）	回答问题12：无关，以第一张图为例，对于同种物质而言，其图像中数据点的横坐标质量的值无论增大或减小，其纵坐标m/V都是不变的。 回答问题13：和物质的种类有关，不同物质m/V是不同的	
	追问13：那从图像中你能看出物质m/V的比值和什么有关？ 再次展示水、酱油、醋，问题14：刚刚我们说可以依靠颜色、气味区分物质，因为这些是物质的一种特殊性质，简称特性，现在再来看一开始我们在生活经验中到底是如何区分这是假砖头的呢？是依靠质量吗？是依靠体积吗？到底是依靠什么？ 【总结结论】	回答追问13：和物质的种类有关，不同物质m/V是不同的。 回答问题14：依靠不同物质m/V不同，这个比值也是物质的一种特性。	

续表

教学环节	教师活动	学生活动	活动意图
环节二 密度	说明历史上大量事实证实了m/V是物质的特性，它一定值得研究，因此科学家将它定义成一个物理量，称之为密度。 引导学生说出密度的定义、公式、单位	思考并得出密度的定义、公式、单位	在基于m/V是物质的特性的认知下总结密度的物理观念，引导学生意识到科学家是因为发现m/V是物质的客观特性，后续才把它定义为一个物理量进行研究，深化学生对比值定义法的理解
环节三 密度表	展示密度表，鼓励学生小组讨论，归纳总结出物质的密度具有的特点。	通过讨论后得到以下结论： ①一般情况下，不同物质密度不同，可用密度来鉴别物质。而有些物质种类不同但密度相同，如冰和蜡。 ②同种物质物态不同，密度可能不同，如冰和水。 ③一般情况下，气体的密度远小于固体和液体。 ④物质的密度还会受到温度和压强的影响	回归课本，提升学生归纳总结能力与精练准确的科学表述能力

续表

教学环节	教师活动	学生活动	活动意图
环节四 密度的应用	将气球作为奖品发给回答问题的同学,在交接时"不慎"将其放飞。 提出新的问题14:这种气球中装有什么气体?通过密度表能否解释这种气球为什么会飞起来? 在烧杯中点燃一根蜡烛,将一瓶神秘气体倒在烧杯口,提出问题15:这种气体可能是什么气体?	回答问题14:气球里面装有氢气或氦气,查阅密度表可知这两种气体密度比空气小,因此密度小的气体会上浮。 3. 一些气体的密度(0 ℃,标准大气压) | 物质 | 密度/(kg·m⁻³) | 物质 | 密度/(kg·m⁻³) | | 二氧化碳 | 1.98 | 一氧化碳 | 1.25 | | 氧 | 1.43 | 氦 | 0.18 | | 空气 | 1.29 | 氢 | 0.09 | 回答问题15:可能是二氧化碳气体,因为它的密度比空气大,会下沉	从小到生活中常见的氦气球、二氧化碳灭火,大到航空航天领域甚至是宇宙天体中密度的应用,在真实性情境中,结合规律深入辨析常见现象,培养学生观察生活的习惯,贯彻"从物理走向社会"的教学理念。同时渗透爱国主义教育,增强学生的使命感与责任感
	展示宇宙中的大密度天体,以及我国在航空航天领域自主研发材料中对密度的应用	感受密度概念对人类和社会的发展起到的指导作用,感受我国尖端科技在世界的领先地位	

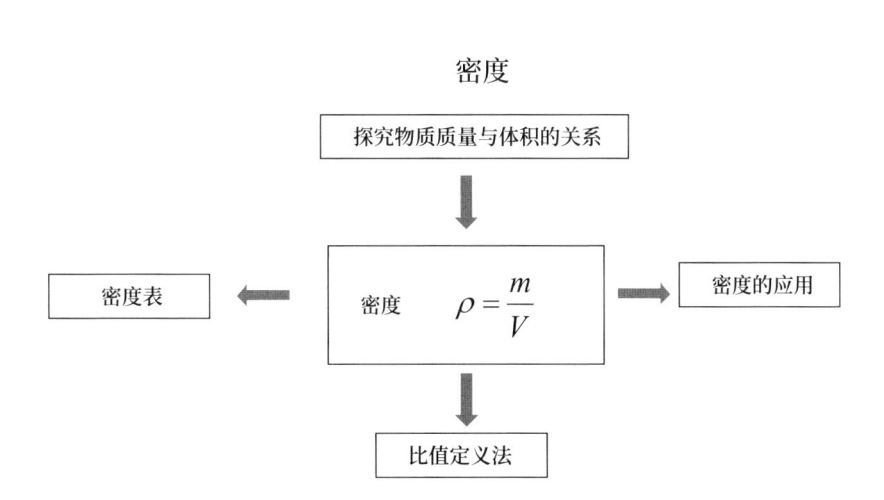

续表

教学环节	教师活动	学生活动	活动意图
环节五 回顾与总结	引领学生回顾整节课的学习过程，引导学生意识到密度的定义是利用了比值定义法。 提出问题16：为什么我们一开始认为依靠"轻重"区分物质是依靠质量或体积进行区分的？（一边提问一边用刻度尺演示测量砖头的长宽高） 提出问题17：我们定义了新物理量密度，它与物质质量和体积有什么关系？ 提出问题18：本节课的最后展示了密度在不同领域的广泛应用，说明密度的研究价值大不大？	回答问题16：因为质量和体积是可测量的，密度是计算量。 比值定义法特点一：定义新物理量的旧物理量应当可观测。 回答问题17：没有关系。 比值定义法特点二：定义的新物理量与旧物理量无关。 回答问题18：大。 比值定义法特点三：新物理量对指导我们的生产生活有研究价值	以知识回顾的方式重构概念的生成路径，一边回顾知识一边加深对比值定义法定义的物理量的理解，助力学生在初中和高中未来学习其他比值定义法定义的物理量时能有更清晰的理解和认识

密度

探究物质质量与体积的关系 → 密度 $\rho = \dfrac{m}{V}$

密度表 ← 密度 → 密度的应用

↓

比值定义法

六、教师评价与再优化

对于教师的教学实践活动，经验学习和理论创新都是非常有必要的，通过对已有教学设计的分析，教师能够充分学习相关课程的教学经验，对知识点进行精准把握。通过深入研讨和多方互动反馈，教师才能跳出原有经验的圈子，创新生成更有助于培养学生核心素养的新型教学方案，准确地把握课程的本质，才能让学生更深入地了解概念、规律并加以运用。生成式教研区别于传统的备课方式，依托互联网平台充分实现已有教学经验的整合、教师理论的指导、重点问题的集体分析、教学实践的多方反馈，对教师的教学水平的提升和学生核心素养的培养起到了重要的作用。

化学学科生成式教研实践案例

——以高中化学林亚男老师"二氧化氯在自来水厂中的应用研究"一课为例

一、课题的选定

（一）课标分析

必修课程主题5"化学与社会发展"课标内容要求指出，了解依据物质性质及其变化综合利用资源的方法，认识物质及其变化对环境的影响，以废水处理为例，体会化学对环境保护的重要作用；学业要求指出能列举常见水体的污染物及其危害，说明常见污染防治措施的化学原理，主动运用所学的化学知识和方法解决生产生活中简单的化学问题，能运用绿色化学思想分析和讨论化工生产的相关问题，具有节约资源和保护环境的可持续发展意识。

学业质量水平要求指出能够从构成物质的微粒说明常见物质的主要性质，说明化学变化的本质特征和变化规律，设计物质转化方案，初步根据化学反应原理预测物质转化的产物，运用化学符号表征物质转化，利用绿色化学的理念分析评估物质转化过程对环境和资源利用的影响，在实际中逐步形成节约成本、循环利用、保护环境等观念。

（二）校本分析

基于课标分析和教材分析，在新课教学后设计了相应的延伸教学，通过典型实例深化对化学与可持续发展主题的体会和认识。真实、具体的问题情境是化学学科核心素养形成和发展的重要平台，为学生学科核心素养提供了真实的表现机会。基于此，本节课着眼于人类生活必不可少的重要自然资源——地下水资源的开发利用，自始至终围绕着"化学与可持续发展"这一核心主题展开教学，在学生对污水处理的相关方法有了一定了解之后，选取了自来水厂处理地下水中遇到的铁锰超标的实际问题作为教学素材。

在地下水去除铁锰实际问题解决过程中，通过对真实问题研究的分析和研讨，使学生主动利用所学的物质性质和反应规律，提出相应的转化方案及实验探究方案并建构"三废"处理的思维模型；帮助学生发展提出问题的意识和能力，扩展分析问题和解决问题的角度和思路；培养科学决策的意识、创新精神与实践能力；深化绿色化学理念，提升科学态度与社会责任等方面的学科核心素养水平。在教学中注重基础性，实现应用性，体现综合性，培养创新性，将科学教育与人文教育融为一体。

二、原有设计的问题以及个人初步设计

1. 课程引入环节较长，时间分配不均匀。

2. 教学目标的设置不够清晰，对于学生目前知识的掌握程度不够了解，设置的问题链需要进行进一步的调整。

3. 学生通过对地下水中去除铁锰元素的原理设计，能够从物质类别、元素化合价变化的角度设计铁锰元素转化方案，但是对方案的讨论不够充分。

4. 通过二氧化氯是否能够氧化铁锰元素的实验探究，没有充分培养学生创新思维、决策意识与实践能力。

5. 没有较好地让学生体验作为水处理工程师从原理设计到实验探究再到实际应用的整个过程，对"三废"处理模型和思维模型的构建，能从化学的角度分析从自然资源到产品的转化途径，认识化学方法在物质转化过程中的作用，在解决实际问题的过程中逐步形成节约成本、循环利用、保护环境等观念。

三、教研组、备课组研讨以及教学设计改进

通过把教学设计和教学 PPT 上传到果之教师平台，化学教研组的各位老师以及备课组的各位老师可以共同对课程进行深入的研讨，把自己的建议以批注的形式呈现。各位老师对于教学设计的环节反复推敲，对于内容的呈现字斟句酌。在教研组的帮助下，教学设计有效改进，具体体现在以下几个方面。

1. 共同讨论并明确课程的教学目标，细化目标，使其具有可实现性。确保它们与课程标准和学生的学习需求相一致

（1）通过对地下水中去除铁锰元素的原理设计，能够从物质类别、元素化合价变化的角度设计铁锰元素转化方案，通过展示方案、比较方案、评价方案实现方案优化，提升应用物质性质和反应规律解决实际问题的能力。

（2）通过二氧化氯是否能够氧化铁锰元素的实验探究，强化铁锰转化实验设计中的安全、绿色、优化意识，提升实验设计与实验探究能力，培养学生创新思维，决策意识与实践能力。

（3）通过对"三废"处理模型和思维模型的构建，学生体验作为水处理工程师从原理设计到实验探究再到实际应用的整个过程，能从化学的角度分析从自然资源到产品的转化途径，认识化学方法在物质转化过程中的作用，在解决实际问题的过程中逐步形成循环利用、保护环境等观念。

2. 共同分析学生需求

（1）学生已了解典型元素及其重要化合物的主要性质，初步了解了离子反应发生的条件及氧化还原反应的规律，知道常见的氧化剂和还原剂，但是分析实际问题时主动从物质类别和化合价两个角度预测物质性质，应用反应规律和原理，实现物质转化的能力还有待提升。

（2）学生已了解污水中杂质处理的相关方法（如物理法、化学法、生物法等），但在真实情境的污水处理中，面对多种陌生污染物质如何选择处理试剂、如何设计科学严谨的实验方案、如何优化方案的能力均有待提升，解

决复杂问题的思维模型有待建构。

（3）学生已了解科学探究的一般思路和方法，但设计探究方案时的创新意识、优化意识以及绿色化学的理念有待增强。

在教研组的协助下，对学生的背景知识、学习兴趣和认知能力进行了深入分析。根据学生的实际情况，调整教学内容和方法，以确保教学的针对性和有效性。

3. 优化教学内容

结合教研组的专业知识和经验，精选教学内容，确保其科学性和系统性。引入生活中的真实存在的自来水厂的处理过程，激发学生的学习兴趣和探究欲望。

4. 创新教学方法

在教研组的指导下，尝试采用多样化的教学方法，如探究式教学、实验教学、小组合作学习等。利用现代教育技术手段，如多媒体教学、网络教学等，丰富教学手段，提高教学效果。

5. 完善教学评价

与教研组共同设计多元化的评价方式，包括课堂表现、作业、测验、实验等多方面的考核。通过设置有效的前测，使学生能够调用已有知识进行简单物质的分离提纯过程，注重形成性评价，及时反馈学生的学习情况，帮助学生发现和解决问题。

通过在果之教师平台上和教研组各位老师的反复研讨，汲取老师们写出的各种修改建议，本节课教学设计在各位老师的帮助下得到全面的改进，提高了教学质量，激发学生的学习兴趣和创造力。同时有效提升教师的教学水平和专业素养，实现教与学的共同进步。

四、课堂实施以及师生互动发现问题

在化学教学设计的课堂实施环节,遇到了以下问题:

1.时间管理困难:难以准确把控每个教学环节的时间,导致重点内容讲解不充分或者课堂互动时间被压缩。在整个过程中,实验转化方案的设计是耗时最长的一个环节,也是发展学生认知能力和学习能力的重要组成部分,通过具体课堂实施后发现时间分配上存在一定的不合理,前期的引入时间较长,后期对于集中元素转化方案的设计相对时间紧凑。

2.学生理解程度差异:不同学生的学习能力和背景知识不同,可能导致部分学生对教学内容理解不足。在课堂重现自来水厂处理的整个过程时,部分同学会难以跟上课堂的节奏和步伐,在讨论方案时不能调用已有知识进行具体分析。

3.教学前测设置的内容还需调整:应设计更具有发散性和普适性的问题,让学生在课前能够充分调动已有的知识进行简单问题的解决。

五、教学设计改进与正式实施

1.为了解决这些问题,在课前进行充分的准备,包括制订详细的教学计划、准备充足的实验材料、了解学生的需求和水平等。同时,也可以考虑采用多样化的教学方法和手段来吸引学生的注意力,提高课堂参与度,并确保所有学生都能在课堂中获得积极的学习体验。

时间分配上给废水中的几种元素转化方法设计留有充足的时间,学生能够自主地、更高效地设计出多种物质转化方案。

2.在设置课堂前测上进行调整。设计成更具有发散性的、实际意义的问题,充分调动学生的已有知识。例如用较多的方法制备 $FeSO_4$,书写相关方程式以及你认为实验设计的原则有哪些?通过前测了解到学生掌握了一定的元素化合物的相关知识,但是大部分学生从类别和化合价两个角度进行分析的意识薄弱（左图），极少部分同学（右图）可以从两个维度进行思考。学生对于物质转化在思维上还缺乏一定的有序性。对于实验设计原则虽然有一定的认识作为基础，但对于大部分同学来说尚无完善认识。

1. $Fe + H_2SO_4 = FeSO_4 + H_2\uparrow$
   $2Fe^{3+} + Fe = 3Fe^{2+}$
   $Fe + S \xlongequal{\Delta} FeS$ $FeS + H_2SO_4 = FeSO_4 + H_2S$
2. ①安全性 ②成本 ③设备是否可行 ④转化率
   2. 控制变量，节约药品

1. ① $2Fe^{3+} + Fe = 3Fe^{2+}$
   ② $2Fe^{3+} + SO_2 + 2H_2O = 2Fe^{2+} + SO_4^{2-} + 4H^+$
   ③ $Fe + H_2SO_4 = FeSO_4 + H_2\uparrow$
   ④ $Fe + CuSO_4 = FeSO_4 + Cu$
   ⑤ $FeO + H_2SO_4 = FeSO_4 + H_2O$

3.通过对整体内容的重新调整，确定好整个过程中的问题链，使教学内容更加清晰。

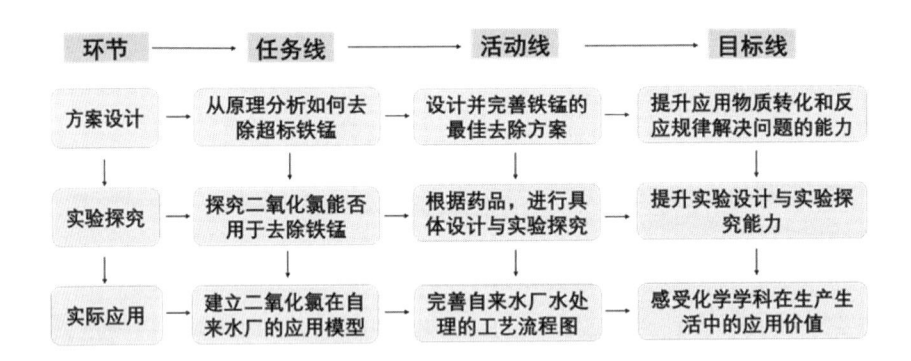

环节	任务线	活动线	目标线
方案设计	从原理分析如何去除超标铁锰	设计并完善铁锰的最佳去除方案	提升应用物质转化和反应规律解决问题的能力
实验探究	探究二氧化氯能否用于去除铁锰	根据药品，进行具体设计与实验探究	提升实验设计与实验探究能力
实际应用	建立二氧化氯在自来水厂的应用模型	完善自来水厂水处理的工艺流程图	感受化学学科在生产生活中的应用价值

学生在原有的污水杂质处理模型的基础上，将实际问题转化为学科问题，思考并设计自来水厂对地下水中过量的铁锰离子以及微生物的去除方案，并通过实际探究解决问题。为突破重难点，经教研组讨论，我们选择了以下方法策略开展教学：

（1）创设真实有意义的问题情境，促进学生学习方式转变。

从学生的生活经验和生活实际出发，激发学生学习兴趣，引导学生开展建构学习、探究学习、问题解决学习，促进学生化学学习方式的转变，体会化学科学对社会发展的促进作用。

(2) 组织充分的学生活动，突出原理与实验方案设计的教学重点。

引导学生结合氧化还原反应原理、污水杂质处理方法等化学基本原理和基础知识充分调动学生思维，加强物质组成、结构、性质等化学视角与真实情境素材之间的联系，引导学生多角度看待和解决实际问题。采用探究、比较、归纳等教学手段总结地下水杂质处理的一般原理和方法。借助问题链驱动，通过一系列问题的分析和解决，引领学生在问题驱动下进行深度学习，帮助学生获得结构化知识，通过知识构建过程中所蕴含的学科核心素养及研究问题的科学方法的学习，帮助学生完成认识思路结构化。培养学生科学态度和品质，提升问题解决能力和实践创新能力，促进学生学科核心素养的发展。

(3) 实施"教、学、评"一体化，突破实验方案优化的教学难点。

将学生自评、同伴互评和教师评价相结合，再通过追问进一步外显学生的思维过程，从素养发展的角度对学生给予指导，充分发挥评价促进化学学科核心素养全面发展的功能。让学生运用绿色化学的思想分析讨论化工生产中的相关问题，提出更加绿色、高效的解决问题的思路，体会化学与可持续发展的理念，进一步优化实验方案。

六、教师评价

本节课重点对以下几个方面进行了评价设计：

（一）课前评价设计

前测内容包括硫酸亚铁的制备方案及实验设计原则，学生通过课前自测、交流、互评，初步丰富物质转化角度和思路，简单了解实验设计的基本原则；通过课前反馈，教师诊断学生物质性质及转化的认识水平。

（二）课堂评价设计

1. 评价物质转化方案。通过教师评价学生对于铁锰离子去除的方案，总结出相同价态的沉淀和不同价态的沉淀多种可能的转化方式，诊断学生对物质及其转化的认识思路水平，强化从物质类别和化合价的角度进行物质转化设计的意识。

2. 评价实验探究方案。学生设计、讨论、汇报铁锰转化具体实验方案，教师引导学生进行自评、互评不同实验方案的优缺点，帮助学生进一步优化方案，强化绿色高效的实验思想，培养学生创新意识，发展物质性质的实验探究设计水平。

3. 评价物质转化的符号表征。通过对转化方案和实验方案的分析与实施，要求学生书写陌生方程式，教师评价学生是否具有微粒观、转化观、守恒观的化学核心观念。

（三）课后评价设计

在课堂深入研究地下水中污染物去除及"三废"处理模型的基础上，课后又设计了废气处理的情境任务，基于"教、学、评"一体化的原则，对课后作业进行设计。学生通过课堂建立的思维模型进行后续研究。教师评价学生能否应用物质性质和反应规律、绿色化学思想等角度出发综合设计实验方案，对实际问题进行分析和解决，再次探查学生必备知识、关键能力、学科核心素养的水平并促进其发展，完成对课堂教学的反思与学生认知水平的再提升。

七、对于教学设计再优化

本节课通过创设自来水厂水处理过程的真实情境，在课堂教学中设计有效的教学环节，培养学生结合元素化合物知识和氧化还原原理以及实验探究解决实际问题的能力，深化化学与可持续发展、绿色化学等重要理念，发展化学学科核心素养。

（一）创设真实情境，激发学生的角色意识，在复杂的实际问题解决过程中体会学科价值

通过创设真实有意义的问题情境，从学生的生活经验和生活实际出发，激发学生学习兴趣。通过展示兰州市地下水中铁锰元素超标的实际问题，赋予学生自来水厂处理工程师的角色。学生面对这样的实际任务，拥有了更多的自主性和思考空间，在原有的污水杂质处理模型基础上，依次通过四个问题：（1）如何去除地下水中超标的铁锰？（2）二氧化氯是否可以氧化铁锰？（3）在自来水厂处理中二氧化氯的优势有哪些？（4）自来水厂如何高效利用二氧化氯？自然产生了方案设计、实验探究、实际应用的研究思路，将问题解决层次化，培养学生的科学探究与创新意识、证据推理与模型认知、科学精神与社会责任等核心素养。

（二）从物质类别、元素化合价角度运用已学原理进行物质转化设计

针对实际问题进行方案设计，首先学生运用已学污水处理的相关知识提出铁锰杂质去除方案，分析铁锰可能的沉淀形式。学生能够自主得出相同或不同价态的沉淀形式。学生结合资料卡片中的信息，得出使得杂质余量最少的最佳转化方法，突破重难点。通过对自来水中铁锰去除的原理设计，培养学生获取信息并应用信息的能力，提升应用氧化还原原理分析解决问题的能力，从物质类别、元素化合价变化的角度设计转化方案的能力，并推演出最优的转化方案，体会实际问题解决过程中的复杂性。通过方案设计培养学生证据推理与模型认知的核心素养。

（三）通过"教、学、评"一体化引导学生完善实验设计，提升实验设计探究能力

在学生自主进行实验设计的过程中，运用已有的实验探究的相关知识，

结合资料卡片提供二氧化氯的基本物理性质，设计如何实现铁锰转化。教师通过精选学生作品并有序展示。学生首先设计出两种不同类型的试管实验，方案A：将二氧化氯泡腾片溶解于水中，再将其投加到含有铁锰的试管中；方案B：学生结合二氧化氯常温下为气态的性质，将其通过导管将其引入试管中；方案C：学生设计点滴板实验，将二氧化氯气体制备后，使用密封袋将其密封，能够同时进行多组实验。通过学生之间不断的互评和自评，完善具体的实验步骤的设计，产物的预测。通过展示分析，使学生能够综合对比试管实验与微型实验的特点，领会微型实验绿色、高效的优点。

通过展示方案、比较方案、评价方案实现方案优化，强化实验设计中的安全、绿色、优化意识和创新能力，提高了化学语言表征物质性质及变化能力，提升应用物质转化和反应规律解决实际问题的能力，培养学生科学探究与创新意识的核心素养。

（四）完善自来水厂具体的处理流程，建立模型并应用进行后续研究

通过进一步完善自来水厂的处理流程，培养学生从实际应用的角度解决问题的能力。实验探究确定二氧化氯的可行性后，通过强化学生自来水厂工程师的角色，使学生思考在方案设计、实验探究之后应进入实际应用的环节，考虑实际应用过程中的具体问题，综合分析相应的作用和优势，例如分析二氧化氯作为氧化剂在自来水厂处理过程中还可以用来杀菌消毒，分析出二氧化氯具体的使用工艺，投加位点，构建"三废"的处理模型和思维模型，并利用该模型继续进行其他杂质的去除，帮助学生完成认识思路结构化。

本节课以二氧化氯在自来水厂中的应用研究为情境，以实验探究为手段，使学生体验作为水处理工程师从方案设计到实验探究再到实际应用的整个过程，体现绿色化学与可持续发展理念，培养学生解决复杂的现实问题过程中的综合性素质和能力，培养学生科学决策的意识、创新精神与实践能力，发展化学学科核心素养。

生物学科生成式教研实践案例
——以高中生物张樱腊老师"科学阅读中的科技研发与创新"一课为例

一、课题的选定

生成式教研强调"生成"和"教研"的有机结合,强调在教学研究和教学过程中的多方互动,从而使教师在自主学习和合作探究中不断优化教学资源。从某种角度来看,生成式教研和高中生物学新课标的理念非常契合。以下,以"科学阅读中的科技研发与创新"一课为例,探究和总结生成式教研在生物学科中的实践应用。

二、原有设计的问题以及个人初步设计

生成式教研的第一个步骤,是教师个人进行初步设计。教师在选定课题后,查找原有教学设计,并进一步查询课题相关资料后,结合实际教学安排以及实际的学生情况,个人先完成一份初步的教学设计。

阅读能力是最为基础的、关键的学习能力,阅读教学对青少年阅读习惯的养成、阅读转化能力的提高、综合素质的提升及个人成长至关重要。不同于一般阅读,科学阅读的特征是阅读时要在头脑中筛选科学概念,并将阅读所获得的信息和科学概念进行匹配或关联。阅读过程中理解各种资料信息的准确度和速度将直接影响学习的效果和学习的效率。在整个高中生物学的课程中,对学生科学阅读能力的要求非常高。基于以上考虑,本次生成式教研

的课题内容选定为"科学阅读中的科技研发与创新——科学文本阅读与材料学习专题训练"。

本课题内容基于2023年东城一模科学阅读题，分析总结科学阅读解题思路。科学阅读材料考查范围为高中生物学教材，涉及高中生物必修和选择性必修内容，考查范围广，文章主题多样，材料内容丰富。整理科学阅读相关的教学资源，主要有以下来源：

（1）2023年东城一模科学阅读题原题；

（2）近年和本次科学阅读内容相近的其他同类型题目；

（3）科学阅读相关文献资料。

整理分析以上原有的科学阅读相关的教学资源，发现以下问题：

（1）科学阅读题目内容多样，范围广，话题多，近年和本次科学阅读内容相近的其他同类型题目有很多，但是之前没有人进行整理和分类；

（2）科学阅读相关文献资料比较丰富，但涉及的理论较多，学段也比较多样，地区差异也比较大，因此需要对文献进行整理、分析和总结；

（3）科学文本阅读题目的阅读策略还没有特别成熟的总结和定论，因此需要进行系统的梳理和总结。

基于以上问题，我进行了教学资料和相关论文的重新收集和整理，对已有的资料和自己查询得到的资料进行汇总和分析，结合实际教学安排，以及自己所带班级的学生情况，个人先完成了一份初步的教学设计。

三、教研组、备课组研讨以及教学设计改进

在完成个人教学设计之后，我通过教研组、备课组集中讨论，以及果之教师平台线上研讨的方式，对自己设计的初步教学设计进行了改进。

教研组、备课组集中讨论的方式，包括了个人说课展示、线下集中讨论、果之教师平台线上集体备课等环节。

首先我在备课组内进行了说课展示，将自己的课件、学生任务单、教学

设计等资料进行了展示，对自己的设计进行了详细说明。之后，备课组的各位教师前辈，根据我的说课内容，提出了疑惑或建议，例如，提出关于科学阅读策略的总结需要进一步精练。我根据前辈们的建议，对教学设计进行了多次改动，并利用果之教师平台"集体备课"功能的便利，在线上和各位老师进行了协同备课，对教学设计文档进行了进一步修改，也通过"视频会议"功能，进一步和各位老师进行了充分的交流。

图 1　利用果之教师平台进行"协同备课"

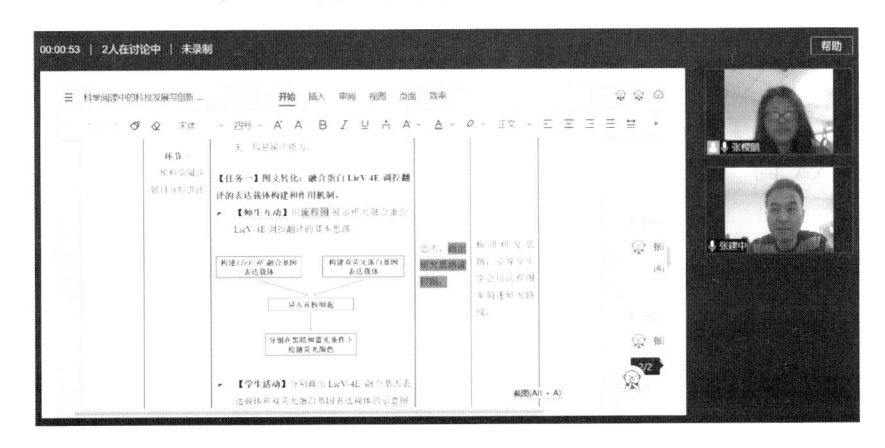

图 2　利用果之教师平台进行视频会议

经过备课组、教研组的细致磨课，我的教学设计得到了很大的改进。因为本课题内容是基于东城一模的科学阅读题，也会在区里进行公开课展示，因此，我也向教研员进行了咨询和请教。教研员就学生活动的设计、问题串的设计等方面，提出了非常实用的建议，让我的教学设计更加条理化、更加具有可操作性。

四、课堂实施以及师生互动发现问题

科学阅读中的科技研发与创新

——科学文本阅读与材料学习专题训练

教学过程			
教学环节	教师活动	学生活动	设计意图
环节一、一模科学阅读题目分析讲评	【情境】RNA作为中心法则中连通DNA与蛋白质的重要物质，在细胞内特定的时间和位置表现出复杂的动态和功能，但目前相关研究比较有限。2022年我国科研团队构建出国际首个人工合成的光控RNA结合蛋白LicV，能够实现对细胞内RNA功能和代谢的光调控。 【材料来源】2023年东城一模科学阅读题。 基于2023年东城一模科学阅读题，分析总结科学阅读解题思路。 科学文本阅读与材料学习类题目，考查学习能力，包括： 1. 获取信息能力； 2. 理解内化能力； 3. 信息输出能力。	阅读材料。 师生互动，学生思考并回答问题。	以我国科学家的研究成果为学习材料，激发学生的学习兴趣。 基于东城一模科学阅读题，任务目标明确，迅速进入主题。

续表

教学环节	教师活动	学生活动	设计意图
	【任务一】图文转化：融合蛋白LicV-4E调控翻译的表达载体构建和作用机制。 **【师生互动】**用流程图展示研究融合蛋白LicV-4E调控翻译的基本思路 构建LicV-4E融合基因表达载体　　构建双荧光蛋白基因表达载体 ↓ 导入真核细胞 ↓ 分别在黑暗和蓝光条件下检测荧光颜色 **【学生活动】**分别画出LicV-4E融合基因表达载体和双荧光蛋白基因表达载体的示意图	思考，画出研究思路流程图。 小组讨论，画出表达载体的示意图并进行展示和分析	梳理研究思路，引导学生学会用流程图来简述研究路线。 设置小组活动，培养学生阅读、分析、图文转化和实验设计能力
	【小组讨论】画示意图，并依次回答以下问题： 1. LicV基因和4E基因是否共用同一个启动子和终止子？ 2. LicV mRNA和4E mRNA是否共用同一个起始密码子和终止密码子？ 3. 两种荧光蛋白基因是否共用同一个启动子和终止子？ 4. 两种荧光蛋白的mRNA是否共用同一个起始密码子和终止密码子？ **【学生展示】**用流程图解释融合蛋白LicV-4E在黑暗和蓝光下调控翻译的机制	思考，画出流程图进行分析解释	引导学生用流程图来梳理融合蛋白LicV-4E调控翻译的机制

续表

教学过程			
教学环节	教师活动	学生活动	设计意图
环节二、科学阅读能力自评	【任务二】科学阅读能力评价量表 以科学阅读能力评价量表为依据，进行科学阅读能力自评，探讨科学文本阅读专题的阅读策略。 科学阅读能力评价量表 | 学习能力	评价标准	评价等级（1→5：低→高）
		1 | 2 | 3 | 4 | 5
获取信息能力	能进行关键词句提取	
	能基于主题对关键信息进行定位	
	能结合文字、图片、表格提取有效信息	
理解内化能力	能将已有概念与文本信息相联系	
	能理解文中多个独立段落	
	能建立各段落间的关系，形成整体理解	
信息输出能力	能对文本内容进行准确表述	
	能用文中所学解决实际问题			以科学阅读能力评价量表为依据，进行科学阅读能力自评。 交流分享科学阅读时的困惑，探讨提升方法	量化评价科学阅读能力，引导学生自我评价、自我反思、自我提升。 引导学生交流分享，培养学生表达能力，探讨提升阅读能力的方法

续表

教学过程			
教学环节	教师活动	学生活动	设计意图
环节三、应用举例	【任务三】应用举例（改编自2021西城期末） 学习材料，回答（1）—（3）题。 （1）利用CRISPR/Cas9技术进行基因编辑，需构建哪些表达载体？ 【学生回答】 （2）将CRISPR/Cas9技术用于抑制基因转录时（不改变基因结构），需对CRISPR/Cas9系统进行改造和设计，请写出基本思路。 【小组讨论并展示】 （3）将光控RNA结合蛋白LicV和上述改造后的CRISPR联合使用，能实现对特定基因的转录进行光控吗？如何实现？ 【小组讨论并展示】	学习材料，思考讨论，回答问题	应用同类型题目，巩固提升科学阅读能力，落实学科核心素养
总结提升	结合板书和科学阅读能力评价量表，归纳总结科学文本阅读类题目的阅读策略	做好总结，思考理解	提升学生科学阅读能力和自主学习能力
课后任务	【巩固练习】（2023昌平期末） 学习材料，回答（1）—（4）题。 材料题目：《乳糖操纵子在转基因动物中的应用前景》（具体见学习任务单）	课后完成	专题训练，巩固提升

续表

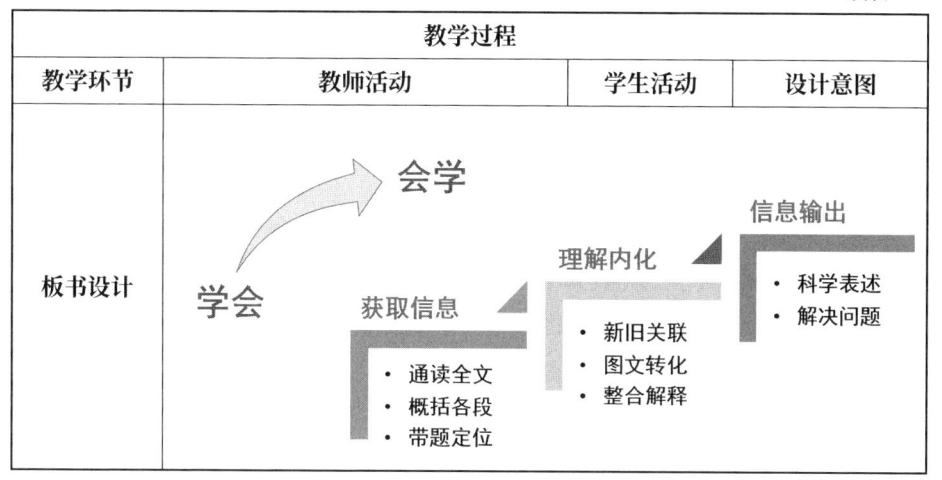

教学过程			
教学环节	教师活动	学生活动	设计意图
板书设计	学会 → 会学；获取信息（通读全文、概括各段、带题定位）→ 理解内化（新旧关联、图文转化、整合解释）→ 信息输出（科学表述、解决问题）		

五、教学设计改进与正式实施

通过备课组、教研组、区里教研员的多方参与和合作交流，我对自己设计的教学设计进行了多方面的改进，并进行了多次课堂实施，在实施过程中充分和学生进行互动，体会各教学环节设计的合理性以及实施过程中存在的问题，并做进一步的教学设计改进和完善。

图 3　课堂上学生进行展示

进行课堂教学实施的过程中，我发现不同层次的学生，在科学阅读过程中体现出阅读能力的差异，在阅读速度、理解分析、图文转化等方面还存在一定的差异。因此，我在相关教学环节进行了适当的调整，给各个层次的学生充足的学生活动的时间，让学生在动脑和动手的过程中，提升科学阅读能力。

六、教师评价

正式的课堂实施师生互动充分，教学效果非常好。本节课以东城一模科学阅读题为例，分析总结了科学阅读解题思路，以科学阅读能力评价量表为依据，引导学生进行科学阅读能力自评，形成科学文本阅读专题的阅读策略，提升了学生的科学阅读能力和自主学习能力。

课堂实施过程采用了果之教师平台"听课评课"功能，所有听课老师通过果之教师平台对教学情况进行评价。评课指标包括：教学目标是否符合新课标要求、是否符合学生实际；教学组织是否以学生为中心，符合学生的认知规律，重难点突出，尊重学生的个性差异，有利于培养学科核心素养并达成教学目标；学生活动是否突出学生的主体作用，充分

指标名称	本活动平均分
(1) 符合新课程标准和课改理念，重视学科素养培养。	4.94
(2) 符合学生实际，具有可操作性和发展性。	4.93
(1) 教学活动以学生为中心突出立德树人，符合学生的认知规律，有利于培养学科核心素养并达成教学目标。	4.95
(2) 突出教学重点手段，突破教学难点有方法。	9.62
(3) 指导评价能激发学生的学习兴趣，有利于培养学生的探究、思辨和创新能力。	4.93
(4) 教师是组织者、引领者、合作者，能与学生平等交流，尊重学生的个性差异，开发学生潜能，保护学生的特长。	9.71
(1) 学生能主动参与学习活动，快乐学习，积极动脑、动口、动手，参与度高，不同层次的学生在参与过程中都有收获。	4.88
(2) 突出学生的主体作用，培养学生自主、合作、探究的学习习惯和学习能力。	9.58
(3) 充分展现学生的思维过程，学生能灵活的运用所学知识解决实际问题。	4.91
(4) 有利于学生树立正确的人生观、价值观和家国情怀。	4.92
(5) 课前有预习和思考，课后能拓展提升。	4.91
(1) 课堂能达成知识、能力和素养培养的教学目标。	4.94
(2) 重点落实到位，难点突破有效。	4.96
(3) 教师学科功底扎实，语言规范、流畅、简练、准确，抑扬顿挫，富有情感和魅力。	4.9
(4) 教师媒体技术运用规范、合理、适切、熟练。	4.94
(5) 板书工整规范，简明扼要，逻辑清晰，重点突出。	4.94
(6) 课堂气氛活跃融洽，形成生生互动、师生互动的课堂，教师和学生共享学习成功的快乐。	4.9
总分	97.86

图 4 果之教师平台"听课评课"评价内容

展现学生的思维过程，不同层次的学生在参与过程中都有收获；教学效果是否重点落实到位、难点突破有效，课堂气氛是否活跃融洽等。通过听课教师们给出的评分和评价，我再次对教学设计进一步优化，形成具有创新性和个人特点的教学设计。

七、对于教学设计再优化

本节课采用生成式教研进行实施，在整个过程中，我体会到了生成式教研的优势：

1. 提高教研效率：通过线下集中讨论和数字化平台线上协同备课，可以快速生成符合教研需求的教学资源，减轻教师的备课负担，提高教研效率。

2. 丰富教学资源：通过查找原有设计并进行分析，可以发现原有设计和原有资源的不完整性。因此，我进行了教学资料和相关论文的重新收集和整理，形成新的梳理和分类，为之后的教研提供丰富的教学资源。

3. 提升教学质量：多次的课堂教学和师生互动，有利于老师及时调整各个教学环节的教学节奏，给学生充足的学生活动的时间，让学生在动脑和动手的过程中提升核心素养，也使得教学更加个性化、精准化，从而提升教学质量。

4. 促进教师专业成长：数字化平台的听课评课，有助于教师得到有效听课反馈，不断更新教学理念和方法，提高教师的教学水平和专业素养。

在本次生成式教研模式中，通过备课组、教研组、教研员多方参与、合作探究，通过多次课堂实施过程中的师生互动，我对科学阅读这一主题的教学方式进行了多方面的创新，对这一主题相关教学资源进行了创新修订和整理汇总，在自主设计和合作探究中优化了教学资源，在备课研讨、师生互动和评课反思中得到了成长。

历史学科生成式教研实践案例

——以高中历史李昂老师"近代西方民族国家与国际法的发展"一课为例

一、课题的选定

伴随着统编高中历史教材的落地使用,诸多困难与问题也浮现在教师面前。教材内容多、知识含量大、覆盖面广,使得在一节课的实践中落实教学任务、达成教学目标成为十分困难的任务。其中,选择性必修教材的难度尤其大。在选择性必修教材中,每一单元都是将通史中的相关知识打散,以相关学科理论作为依托,形成新的专题逻辑体系后进行梳理与分析,知识点涉及的时空范围极广、背后所依托的理论也颇为专业,因此对教师的整合能力与驾驭能力提出挑战。

在面对种种挑战的前提下,将课程整合、做好贯通、完善整体教学设计的工作与集体的力量与智慧息息相关。以传统的集体备课模式很难通过挖掘教材背后的理论依据与逻辑联系,而在生成式教学模式下,可以重新整合教材内容,将之贯穿连接,并能紧密联系核心素养提出的要求,使课程连贯、有序。

二、原有设计的问题以及个人初步设计

原有设计有如下问题:

1. 导入环节生硬,学生进入学习情境困难。

2．主线不够清晰，对学生学情的了解不够，问题的设置需要调整。

3．学生相关知识已经初步具备，但是跨时空的整体联系不够。通过前期铺垫、预习案等形式打好基础知识基础。

4．没有让学生从更感性的方向了解到相应概念。应该从概念直接入手，通过创设情境让学生逐渐进入学习情境，在感性认知与理性认识的双重作用下完成教学任务。

三、教研组、备课组研讨以及教学设计改进

本科内容庞杂，难度大，在整体备课开始的时候，首先在线上发起集体备课活动，通过集体备课的自定义内容功能，开展备课实践。进入备课后，我将预先查询的论文资料上传讨论集体备课，同备课组老师一起筛选需要的材料与内容，将60多篇论文精简至10余篇，聚焦于具体的内容要求。

活动时间	2023-12-20			
活动内容				批量设置主备人
序号	活动内容	主备人	参与人	操作
1	从教学进度选 ○自定义 民族国家与国际法	李昂(历史)	冯雪、刘童	-

图 1　集体备课活动示意图

之后，果之教师平台的文档协作功能，将所需材料裁剪、修改，并且一步步优化方案。通过文档的云端写作，我们一边快速交流，一边迅速将交流成果落实在教学设计之上，对具体的内容与方案进行了论证细化。

四、课堂实施以及师生互动发现问题

在课堂实施环节，我们逐渐发现如下问题并进行改进：

1．细化教学目标，使教学目标具有可行性。在公共协商后，将教学目标变为：通过三十年战争的发展与结束的相关史实，了解近代民族国家和国际

法诞生的过程；通过分析拿破仑战争爆发与结束的相关史料，了解近代民族国家的要素与近代国际法的发展，培养学生综合分析问题的能力。通过分析一战、二战后国际关系与国家形态变化的相关史料，培养学生阅读史料、提取信息的方法；通过分组讨论，培养学生主动探究、合作交流的历史学习方法。

2.创新教学方法：在教研组的指导下，尝试采用多样化的教学方法，如探究式教学、实验教学、小组合作学习等。利用现代教育技术手段，如多媒体教学、网络教学等，丰富教学手段，提高教学效果。

五、教学设计改进与正式实施

在多轮讨论后，我们发现本课内容跨度大，从民族国家的建构到国际法的发展，因此利用关联情境进行切入能解决诸多问题。三十年战争作为国际体系的开端之战，同时也是促进西方民族国家形成的关键历史事件，是本课两部分的重要联结。本课通过三十年战争进行导入，通过教师的引导让学生进入三十年战争的相关情境。

（一）教师开篇以三十年战争导入

"1618年，伴随宗教改革的进行，信仰新教的邦国力图反抗天主教势力的打压，欧洲爆发了一场宗教战争，随着战争的加剧，越来越多的国家加入了这场宗教战争。然而1636年，身为天主教国家的法国，为了本国利益，加入了新教联盟一方，战争由为宗教而战转变为争夺领土、经济等国家利益而战。这场战争1648年结束，持续了整整三十年，史称三十年战争。"

并在导入后提出问题："为什么在17世纪初会爆发围绕国家利益开展的三十年战争？"以此问题带领学生关注时代背景与"国家利益"这一关键概念。

学生在概念唤起后，跟随教师回忆所学过的时代背景，教师出示结构图：

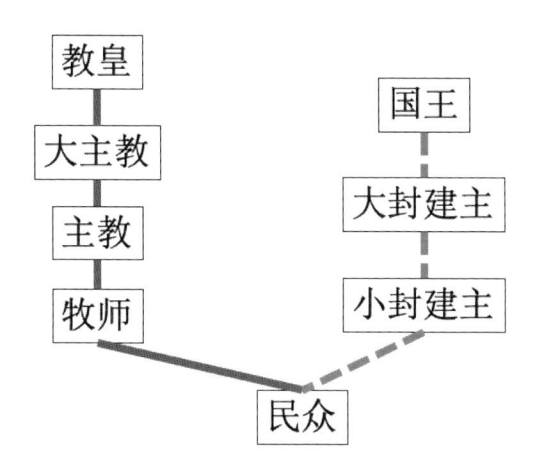

```
        教皇
         |
        大主教               国王
         |                   |
        主教                大封建主
         |                   |
        牧师                小封建主
          \                 /
           \               /
            \             /
              民众
```

向学生提问：中世纪的欧洲有着怎样的政治特征？

学生在此时借由知识结构图回忆起中世纪政治上最显著的特征即教会独大、封建割据。进一步呈现《中外历史纲要·下》中的内容：

> 随着欧洲社会走向稳定，封建经济获得一定发展……西欧各地兴起了众多城市。
>
> 城市以金钱和人力支持王权，一定程度上促进了国王的统一事业。
>
> ……到15世纪，法国国王基本完成了法兰西的统一。英国……逐步形成比较强大的王权。
>
> ——《中外历史纲要·下》

借由对知识的巩固与回忆，在学生阅读教材的基础之上提出问题："国家形态发展为专制王权国家的过程中，国家形态发生了怎样的变化？"

学生在结合教材进行联系后进一步巩固了相关史实，可以提取有效信息，回答出西方国家已经逐渐演化为专制王权国家，学生逐渐开始了解民族国家的产生背景。

教师进一步进行展示材料：

材料一：

近代早期，士兵往往高喊"为了国王！"冲上战场。

材料二：

为了法兰西，我无所畏惧！

——贞德

并提出问题： 在专制王权国家中，人们的观念产生了怎样的变化？

学生回答： 开始忠于君主、忠于国家。

教师进一步呈现：

1337—1453 年，英法爆发了百年战争，这场战争使英国失去了诺曼底等在法国的领地，英法间国家界限明朗化。

之前，英国贵族使用法语。百年战争使法语成为了敌人的语言，英国人产生了创立具有自己特色语言的想法。17 世纪初，伴随着莎士比亚著作的流传，近代英语形成。

提问：为什么这时人们对国家的认识清晰了起来？

在教师的引导下，学生结合教材分析近代国家的形成因素，在学生的自主总结基础上，教师进行总结，点出"伴随着专制王权国家的形成，国家地理边界逐渐明晰，生活在同一片领土内的人们在语言文化上也逐渐一致化，近代民族国家悄然而生"。

通过教师讲解过渡，学生形成了对西方近代民族国家的认识，在此基础之上开始过渡到国际法的诞生：

材料一：

冬天我们协商谈判，夏天我们兵戎相见。

——参战方代表

材料二：

1645年开始，百余名各方代表在中立区威斯特伐利亚召开一系列国际会议，共同商讨结束战争。

1648年，各方签订《威斯特伐利亚和约》。

材料三：

　所有选侯、邦君和各邦……享有它们自古以来的权利、特权……自由行使领土权……他们永远不能，也不应受到任何人以任何借口进行的骚扰。

……参加协议的所有各方应有义务保护本和约的每一项条款不受侵犯……

——《威斯特伐利亚和约》

在此基础上，通过问题串引导学生认识国际法的起源：

（1）三十年战争能否用原有方式结束？

（2）三十年战争以何种方式结束？

（3）什么因素促成了三十年战争的结束？

学生通过三个问题分别总结分析中世纪与专制王权国家的外交手段无法结束三十年战争；威斯特伐利亚体系确立相互信任、尊重的原则；建立外交制度；通过谈判、国际会议的方式结束战争。学生在回答上述三个问题的同时也总结出了国际法的基本要素，同时认识到民族国家与国际法之间的联系。

（二）通过协同备课，生成结构对比，强化概念逻辑

学生已经形成对民族国家与国际法的初步认识，在此基础上，通过梳理呈现结构，进行前后对比，让学生进一步认识近代民族国家的完全形成与国际法的发展。

教师进行过渡：《威斯特伐利亚和约》的创举，为结束国家利益之战创造了有效的模式，这样是不是就一劳永逸了呢？二百年后，一个新生的国家，打破了这一体系，1789 年，在启蒙运动的影响下，法国大革命爆发，革命推翻了波旁王朝的专制君主，法国有了新的变化。教师呈现材料：

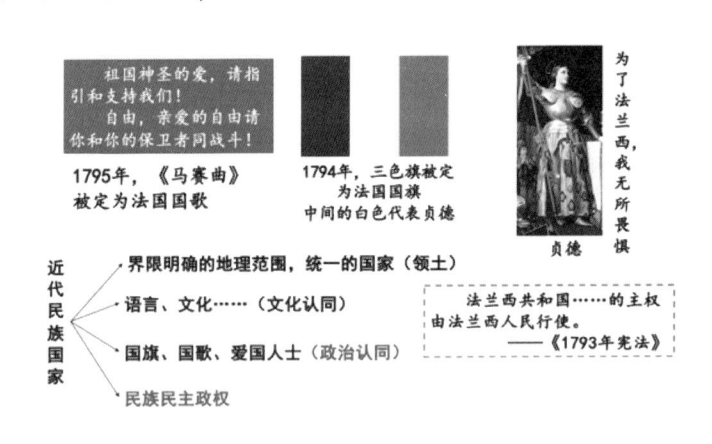

图 2 法国的新变化

教师提问：为什么新生的法兰西共和国能打破威斯特伐利亚体系？

学生归纳近代民族国家的要素，至此，学生已经可以总结清民族国家的基本特征。理解法国人民在文化认同之上，形成了新的政治认同，并建立了属于民族的民主政权。如此一来，近代民族国家正式形成。

教师继续呈现材料：法兰西共和国成立后，欧洲爆发了拿破仑战争。

图 3　拿破仑战争

教师提问：与三十年战争相比，拿破仑战争有何不同？

学生已经学习三十年战争的相关背景，此时可以认识到，拿破仑战争已经从国家利益之战变为大国争霸之战，国际格局的变化会带来国际法的改变。

呈现材料：

材料一：

法国随后加入《四国同盟条约》，四国同盟变为五国同盟。欧洲五个大国定期举行会议，协商欧洲事务。

——刘建飞《维也纳体系：大国协调的案例》

材料二：

维也纳秩序虽然也主要是建立在欧洲，但世界日益成为一个整体；因此，维也纳秩序……也真正具有了世界意义。

——摘编自潘忠岐《世界秩序的历史沿革及其对当代的启示》

材料三：

外交代表分为三个等级：一、大使、宗教特使或教廷大使；二、公使或向君主派遣的其他代表；三、向外交部长派遣的代办。

——《维也纳会议最后议定书·关于外交代表等级的章程》（1815）

教师提问：维也纳体系下，国际法有了怎样的发展？

学生经过材料总结，可以得出结论：维也纳体系建立大国协调机制，应用范围扩展；外交制度完善。

教师小结：至此，我们可以看出，伴随着近代民族国家的逐步形成，国际法的原则、机制也逐渐确立，19世纪以来，欧洲大国争霸的局面使得国际关系走向大国协调的模式，近代国际关系基本形成。

此一部分旨在引导学生理解近代国际法的变化是由于民族国家的形成与国际形势的变化导致的。在此基础上，学生对民族国家、国际法发展之间的联系已经有了初步的认识，同时也能认识到国家的外交与国际关系发展是伴随着国家利益变化的。

六、教师评价

学生在前一阶段的学习中已经厘清了民族国家与国际法之间的关系，此时已经对国际关系、民族国家的发展有了清晰的时空观念，也能对国际关系发展进行唯物的历史解释。因此，在最后一部分，引导学生通过所呈现材料，分组通过史料实证完善本课结构，最终自主梳理出本课的逻辑结构。

本部分修改多次，最初版本与最终版本相差很大，最初版本中，依据传统流程，将讨论环节材料设置如下：

第一组：

1648年《威斯特伐利亚和约》签定以来，国家已成为对外主权的主要拥有者，从此，对他国治理特权的干涉就成为非法。国际法意义上的主权概念通常意指对外主权。……值得注意的是，对外主权依赖于外部的承认。……对内对外都是最高统治者的国家的集合，组成了一个国际体系，在这个体系里主权实体结盟、进行贸易、发动战争、寻求和平。

——丹尼尔·菲尔波特《国家主权》

第二组：

国联继承了维也纳体系大国协调的传统，同时又克服了维也纳体系国际会议模式不定期、非机制的缺陷……国联建立了大会、行政院、秘书厅、国际常设法院及其他机构，包括裁军委员会、少数民族委员会等，针对社会问题则成立了财政经济组织、交通运输组织、卫生组织等。

——于琳琦《国际联盟的历程：现代国际组织问题研究》

第三组：

1914年前，欧洲的国际公法从来没有在目标和原则上把战争非法化。正相反，它对以怎样的形式宣战进行了规定……简而言之，它合法化了战争，且不把战争作为一种罪行来对待。

——雷蒙·阿隆《民族国家间的和平与战争》

下列行为或其中任何一种行为属于本法庭管辖范围内的罪行，应由个人负责：

(a) 危害和平罪：即策划、准备、发动或发动侵略战争……

(b) 反人类罪：即，在战争之前或期间对任何平民人口实施的谋杀、灭绝、奴役、驱逐和其他不人道行为，或以政治、种族或宗教理由执行或与之相关的迫害。

上述罪责，无论是否违反犯罪地所在国的国内法，一律为国际军事法庭管辖范围。

——《国际军事法庭宪章（纽伦堡宪章）》（1945）

第四组：

联合国与国联主要有以下不同点。

……

其二……在20和30年代，美、苏已成为世界上两个潜在的最强大国家，然而美国并未加入国联，苏联也仅在1934年国联走下坡路时期才成为会员国，旋即于1939年被开除。

……联合国成立之初的51个创始会员国，遍布世界六大洲，代表着世界80%以上的人口，到1995年已多达185个国家，其中发展中国家已近120个，占会员国总数的2/3。

其三……国联盟约有如下特点：（一）加入国联，仅有大会同意即可。盟约规定会员国可自行退出……（二）大会和行政院权限划分不清，互相掣肘，难于工作。（三）国联在形成决议时实行全体一致通过原则……（四）国联没有自己的武装力量，而经济制裁也不彻底。

联合国宪章规定：（一）会员国屡次违反宪章所载原则者……将其从联合国组织中除名。……（二）联合国对六个主要机构采取了明确的"权力划分"的原则……（三）宪章把维护国际和平与安全的主要责任交给以五大国为核心的安全理事会……（四）宪章把大国地位和大国一致的内容明文载入有关条款……否决权只给五个常任理事国。

第五组：

……

其五，国际组织从只过问和平与安全问题发展到兼顾经济和社会等问题始于国联，国联盟约规定了如：确保公平、人道之劳动条件等。无奈其自身不稳定，最后名存实亡，因此这方面的许多努力往往有始无终。

联合国对经社问题给予了高度重视，因为实现和平的最终目的是为了经济与社会更快地发展。经济、社会问题在宪章中占有十分突出的位置。……宪章还精心设计了以经社理事会为中心的190多个运行机构，有效分工，各司其职。

其六……新科技革命使世界大国之间的争夺，从传统的运用军事手段瓜分世界转向运用高新技术来占领市场……联合国也不失时机地抓住了由于科技革命所带来并引起人类日益关切的大量问题，予以关注并加以解决……

——高华《联合国与国际联盟比较研究》

第六组：

《威斯特伐利亚和约》缔结过程中解决了外交代表的礼遇问题。……

逐渐地，大型国际会议中，礼节问题已经不再扮演主要角色，各国按照它们名称字母次序签署……有时根本没有任何次序。

其次，和约缔结过程中对谈判代表权能的重视进一步完善了外交法内容。……对于一个和会而言，各谈判方派送至少一名大使或公使作为全权代表尤为重要。……

此外，和约之后的外交机构也得到进一步完善。自和约以来，每个国家都开始设置某种形式的外交部。关于外交交往中所采用语言文字的种类在长期的外交实践中形成了惯例。……

——李明倩《〈威斯特伐利亚和约〉研究》

外交代表分为三个等级：一、大使、宗教特使或教廷大使；二、公使或向君主派遣的其他代表；三、向外交部长派遣的代办。

——《维也纳会议最后议定书·关于外交代表等级的章程》（1815）

外交使节的职责包括：在所在国作为派出国代表；在国际法允许的范围内，于所在国国保护派出国国及其国民的利益；与所在国政府谈判；以一切合法手段查明所在国的情况和发展，并就此向派出国政府报告；促进派出国与所在国之间的友好关系，发展两国的经济、文化和科学关系。

——《维也纳外交关系公约》（1969）

七、对于教学设计再优化

在教学整体内容完成后，通过集体备课和修改讨论，我们对评价部分进行了再度优化。在备课组线上集体讨论后，最终修改为模块化分组讨论，具体如下：

呈现探究活动：分组讨论、得出结论：

第一组：凡尔赛 - 华盛顿体系的建立与突破

材料 A：

第一次世界大战和十月革命的胜利，削弱了帝国主义势力，推动了亚洲民族民主运动的深入开展……一些北非和东非国家的民族独立意识已经觉醒……拉丁美洲进入资产阶级民主革命和改革时期……动摇了世界殖民体系，成为影响国际秩序的重要因素。

——《中外历史纲要·下》

材料 B：

国联……克服了维也纳体系国际会议模式不定期、非机制的缺陷……国联建立了大会、行政院、秘书厅、国际常设法院及其他机构……

此外，针对经济社会问题，国联成立了财政经济组织、交通运输组织、卫生组织等。

——于琳琦《国际联盟的历程：现代国际组织问题研究》

第二组：凡尔赛-华盛顿体系的原则

材料 A：

1914 年前，欧洲的国际公法从来没有在目标和原则上把战争非法化。正相反，它对以怎样的形式宣战进行了规定……它合法化了战争，且不把战争作为一种罪行来对待。

——雷蒙·阿隆《民族国家间的和平与战争》

材料 B：

缔约各国以各自人民的名义庄严宣布，它们谴责诉诸战争来解决国际争端的行为，并放弃将战争作为处理相互关系的手段。

缔约方同意，不得寻求除和平方式外其他解决国家间争端或冲突的方式，无论性质或原因。

——《非战公约》（1928）

(a) 危害和平罪：即策划、准备、发动或发动侵略战争……

上述罪责，无论是否违反犯罪地所在国的国内法，一律为国际军事法庭管辖范围。

——《国际军事法庭宪章（纽伦堡宪章）》（1945）

第三组：凡尔赛 - 华盛顿体系的瓦解与联合国的建立

材料A：

第二次世界大战后，亚洲民族解放运动掀起新高潮……非洲大陆也掀起民族独立风暴……1945年至1991年，全世界有90多个国家摆脱了殖民统治获得独立，以惊人的速度摧毁了世界殖民体系。

——《中外历史纲要·下》

材料B：

虽然国联从最初的42个原始会员国发展到后来的63个，但是从地域和政治格局来看，均未摆脱"欧洲中心"。……美国并未加入国联，苏联也仅在1934年国联走下坡路时期才成为会员国，旋即于1939年被开除。

……联合国成立之初的51个创始会员国，遍布世界六大洲，代表着世界80%以上的人口，到1995年已多达185个国家，其中发展中国家已近120个，占会员国总数的2/3。

——高华《联合国与国际联盟比较研究》

第四组：联合国的突破与当今的发展

材料A：

联合国与国联主要有以下不同点。

其三……国联盟约有如下特点：……国联在形成决议时实行全体一致通过原则……国联没有自己的武装力量，而经济制裁也不彻底。

联合国宪章规定：……宪章把维护国际和平与安全的主要责任交给

以五大国为核心的安全理事会……宪章把大国地位和大国一致的内容明文载入有关条款……否决权只给五个常任理事国。

——高华《联合国与国际联盟比较研究》

材料B：

新科技革命使世界大国之间的争夺，从传统的运用军事手段瓜分世界转向运用高新技术来占领市场……联合国抓住了引起人类日益关切的大量问题，予以关注并加以解决，主动适应新形势，迎接新挑战。

——高华《联合国与国际联盟比较研究》

材料C：

今天的世界并不安宁，和平与发展遭遇严重挑战……重大传染性疾病、跨过刑事犯罪、气候变化等安全威胁持续蔓延……没有哪一个国家能够独自应对这些挑战。

——《中外历史纲要·下》

第五组：联合国框架内外交制度的发展

材料A：

外交代表分为三个等级：一、大使、宗教特使或教廷大使；二、公使或向君主派遣的其他代表；三、向外交部长派遣的代办。

——《维也纳会议最后议定书·关于外交代表等级的章程》（1815）

材料B：

外交使节的职责包括：在所在国作为派出国代表；在国际法允许的范围内，于所在国国保护派出国国及其国民的利益；与所在国政府谈判；以一切合法手段查明所在国的情况和发展，并就此向派出国政府报告；促进派出国与所在国之间的友好关系，发展两国的经济、文化和科学关系。

——《维也纳外交关系公约》（1969）

第六组：当今国际体系遭遇的挑战

材料 A：

2003年，以英美军队为主的联合部队在没有得到联合国安理会授权的情况下，以伊拉克保有大规模杀伤性武器为由，发动伊拉克战争。但时至今日也没有发现伊拉克大规模杀伤性武器的证据。

材料 B：

《巴黎气候协定》是联合国195个成员国于2015年签订的气候协定，旨在限制本国、并资助发展中国家减少碳排放。2020年11月4日，美国以"巴黎协定给美国纳税人、企业带来负担"为由退出《巴黎协定》。

提出问题：

(1) 伴随着两次世界大战的爆发与结束，世界上的国家发生了怎样的变化？

(2) 国际关系又有哪些发展？

学生依据所呈现问题给出结论：

(1) 亚非拉民族民主运动的展开与民族民主国家的普遍建立；

(2) 国际法领域拓展、机制发展。

最后，在教师引导下，带领学生梳理本课结构图：

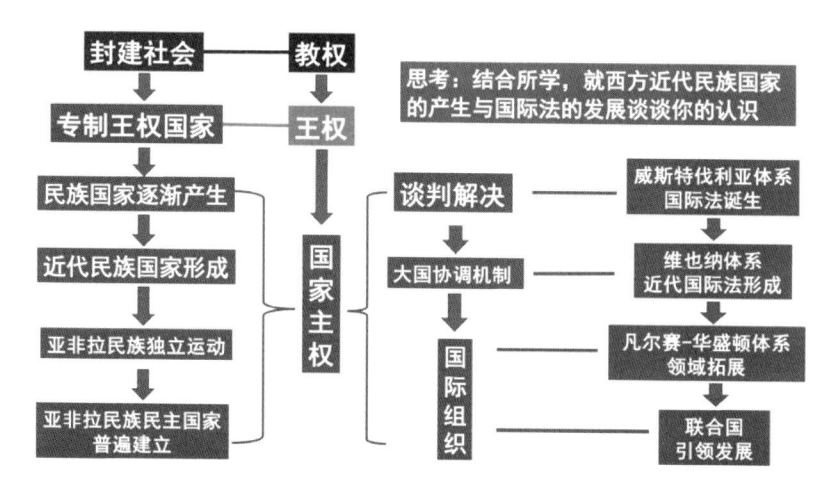

图4 "近代西方民族国家与国际法的发展"一课结构图

学生在纲要中已经学习过相关基本史实，引导学生在本节课知识结构的基础上对已有知识进行归纳总结，巩固所学并加强对本课逻辑的理解。

八、反思与展望

本课经历过7轮反复修改，3次推翻重写，这一过程之所以能精准高效地完成，就是缘于果之教师平台的高效协作。每次设计思路变更后，在组织好的集体备课项目中，都可以快速增减、修改，极大加快了流程速度。每一部分全环节中各位老师都可以整体着眼、细处修改，最终快速、高效地完成任务。

伴随着《普通高中历史课程标准（2017年版）》的出台与2018年部编版高中历史教材的应用，以核心素养为中心、将教材内容贯彻落实成为研究和实践的重点。其中，新教材尤其是选择性必修为教师们提出的挑战尤为明显。本课跳出了现行教材的原有结构逻辑，借用国际关系学相关理论基础，将本课前后两个相对独立的部分进行有机整合。通过创设问题情境及设计层次分明的问题链，让学生在主动的历史解释基础上，形成对民族国家与国际法发展的清晰认识，培养起对相应概念的时空观念，通过自主的史料实证加以巩固、落实，最后在知识的基础上理解民族国家与国际法发展背后的唯物主义历史观规律。

通过本课，学生能够清晰理解民族国家与国际法形成与发展背后的相关史实与逻辑概念，从核心素养角度出发，以学生为主体，结合教师引导最终达成教育目标。历史学科的发展对我们提出了新的挑战，笔者尝试以本课为例进破局，并期待在未来寻找新的方式更好地贯彻新时代历史教学的要求。

地理学科生成式教研实践案例

——以高中地理蔺梦老师"服务业区位因素及其变化——以星巴克为例"一课为例

一、课题的选定

（一）课标分析

高中地理必修 2 课程标准内容要求：结合实例，说明工业、农业和服务业的区位因素。结合实例是本条课标的行为条件，要求从真实情境中进行案例呈现，并要求学生具备运用所学知识和技能解决现实问题的能力。说明是本条课标的行为动词，要求学生在充分理解本节内容的基础上，准确、清晰地解释服务业布局和选址的原理，描述不同区位要素对区位主体的具体影响。服务业是本条课标的行为对象，要求学生能够区分农业、工业、服务业，以及不同类型的服务业。与农业、工业从事生产活动的性质不同，服务业是为社会生产和生活服务的产业。服务业的产生和发展，既有初始的、最基本的因素支撑，同时随着科技的发展和社会的进步，一直在不断地改造和升级。与农业和工业相比，服务业更多变、更复杂、更具有差异性。区位因素是本条课标的认知主题，即影响服务业区位选择的因素。相较于农业和工业而言，自然因素对服务业区位的影响较小，服务业区位选择的灵活性更大。在学习过农业和工业区位因素的基础上，要求学生能够拓宽要素维度，加深对要素的理解，能够根据不同服务业的特点，分析不同要素对区位主体的具体影响。

（二）教材分析

本次课程的教学内容为人教版必修二，新授课：第三章第三节 服务业区位因素及其变化。随着时代的进步，我国服务业的从业人数呈现不断增长的趋势，服务业为国民经济做出了重要贡献。新教材必修二在原教材对农业、工业区位因素分析的基础上，增加了对服务业区位因素的学习，该节内容是服务业相关知识点第一次在中学地理教材中呈现。第三节内容与"农业区位因素及其变化"和"工业区位因素及其变化"为并列关系，共同构成了一个完整的知识链条，农业和工业是服务业发展的前提和基础，而服务业的发展又能够促进和带动农业和工业的发展。

教材内容由"服务业区位因素"和"服务业区位因素的变化"两部分构成。第一部分先简单介绍了服务业的概念和分类，以是否营利为依据，将服务业分为商业性服务业和非商业性服务业。接着教材重点介绍了影响商业性服务业分布的主要区位因素，包括市场、交通、集聚等，每个因素都通过实例具体说明。服务对象的需求与分布对非商业性服务业有着重要影响。教材在第二部分主要介绍了新兴服务业的特点和服务业区位因素的变化，通过实例引导学生思考服务业的区位因素是如何发生变化的。

（三）教学重点和难点

综上，本次课程的教学重点为分析服务业区位因素对服务业区位选择的影响；教学难点为运用服务业区位选择原理，真实参与具体情境，进行某一具体服务业的区位分析。

二、原有设计的问题以及个人初步设计

与农业、工业相比，服务业区位选择的灵活性更大，不同类型的服务业的区位因素存在明显差异，同一类型不同品牌的服务业的区位选择也不尽相同。原有课程设计案例丰富但较为零散，容易使学生的区域认知和逻辑思

维发生很大的跳跃，且不利于激发学生的学习兴趣。因此，结合北京市第一七一中学学生的成长环境，本次课程选取星巴克为案例，激发学生兴趣，旨在通过具体实例的学习，引导学生建立服务业区位分析的思维路径，提高学生的地理学科核心素养。

（一）课前活动

学生以星巴克选址团队的身份参与不同门店拟选址的区位分析，填写可行性分析报告，提高地理实践力；不同拟选址包含不同的区域特征，提升区域认知能力；学生可在学习过程中综合分析要素之间的复杂联系，加强对地理要素综合、时空综合、地方或区域综合的理解，提高综合思维能力。

（二）课堂活动

1.结合生活实际，区分工农业和服务业；落实教材对服务业的分类；判断不同服务业所属的服务业类型。

2.组织学生对课前探究活动进行分组汇报，结合星巴克在四个拟选址的真实布局情况，引导学生拓宽要素维度，灵活分析不同区位要素对星巴克布局的具体影响；区分一般因素和主导因素；帮助学生以星巴克为例，构建服务业区位分析的思维路径。增强学生的表达能力和分析问题的能力，提升区域认知和综合思维能力，树立正确的人地协调观。

3.通过视频资料，对比星巴克和瑞幸咖啡的营业模式，分析服务业区位因素的变化。增强学生从视频资料中获取信息的能力，培养学生运用地理知识解决现实问题的能力

（三）课后活动

了解地理信息技术在服务业的应用

三、教研组、备课组研讨以及教学设计改进

在初步形成完整的教学设计后，在果之教师平台上发起集体备课活动，将待研讨的教学设计、课案和教学 PPT 上传，并将教研组、备课组各位老师设置为参与人，进入集体备课阶段。主备人在果之教师平台相应资源文档界面上传说课语音，对备课思路和课堂初步设计进行阐述，方便参与老师理解、修改和评价；各位参与老师对已上传文档进行多人在线评审和修改；在果之教师平台上发起视频会议，进行集体研讨和修改，各位老师对于教学设计的环节反复推敲，通过集体智慧确定最终教学设计方案。对教学设计做了如下改进：

（一）共析学情

本节课的授课对象为高一年级的学生。

1. 从知识基础角度上：通过本章前两节内容的学习，学生已具备关于区位概念、农业和工业区位因素等知识，对地理要素有一定认识，初步掌握区位分析与区位选择的思路和技能，为服务业区位因素及其变化的学习提供认知基础。但是，与农业和工业相比，传统服务业一直在不断地改造和升级，其区位选择具有很大的灵活性。因此，对于服务业区位选择不能生搬硬套，一定要结合实际，具体问题具体分析，根据不同服务业区位主体的特点分析区位因素的具体影响，才能达到学以致用的目的。

2. 从思维能力角度上：通过前两节内容的学习，学生已经具备一定的运用理论知识分析归纳资料的能力，但容易盲目套用区位分析模板，无法根据具体情境调用特定知识点进行分析，同时未主动构建有利于问题解决的思维过程，这是本节课需要解决的问题。同时，学生具备一定的自主探究能力和逻辑思维能力，具有较强的表达能力。

3. 从生活经验角度上：服务业高度集中在城市，比农业、工业更贴近北京市第一七一中学学生的日常生活。学生具备服务业相关的生活体验，有感

性认识，但理性分析能力尚不足。选取日常生活中的真实案例，有利于激发学生的探究兴趣，提高学习积极性，实现情境的迁移应用，培养地理核心素养。

(二)精简、明确学习目标

1. 结合生活实例和实践经验，区分农业、工业和服务业，以是否营利为依据判断不同服务业所属的类型。

2. 通过小组合作，查阅资料，以星巴克选址团队的身份对四个门店拟选址进行区位分析，完成分析报告；综合分析影响星巴克布局的一般区位因素和主导区位因素，描述不同区位因素对星巴克布局的具体影响。

3. 对比星巴克和瑞幸咖啡的营业模式，分析服务业区位因素的变化。

(三)完善课前探究活动设计

组织学生以小组为单位，搜集资料，对以下四个拟选址进行门店选址可行性分析，填写并提交分析报告。拟选址：①北京CBD国贸商城；②北京海淀区学院路某大学校园内；③北京市昌平区百葛服务区；④北京市故宫博物院休闲区。具体要求：详细分析各选址的优势和劣势条件；在报告"初步结论"处填写可行性结论；提交小组微信群的讨论记录

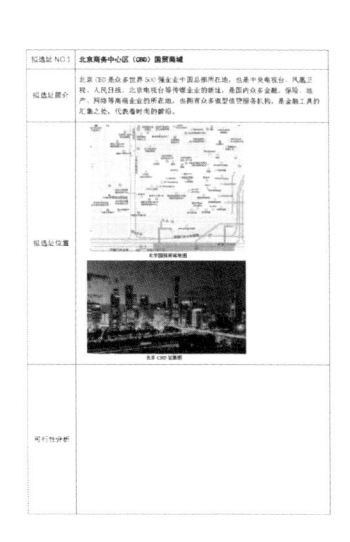

拟选址 NO.3	北京市海淀区学院路某大学校园内
拟选址简介	北京市海淀区学院路高校聚集地区，这里坐落着"八大学院"：北京航空航天大学、中国地质大学（北京）、中国矿业大学（北京）、北京林业大学、北京大学医学部、中国石油大学、北京科技大学、中国农业大学。
拟选址位置	（北京市海淀区学院路地图）
可行性分析	

拟选址 NO.4	北京故宫博物院休闲区
拟选址简介	北京故宫博物院位于北京旧城中轴线上，国家5A级景区、世界文化遗产、首批全国爱国主义教育示范基地，是中国最大的古代文化艺术博物馆。
拟选址位置	（北京故宫博物院平面图及实景图）
可行性分析	

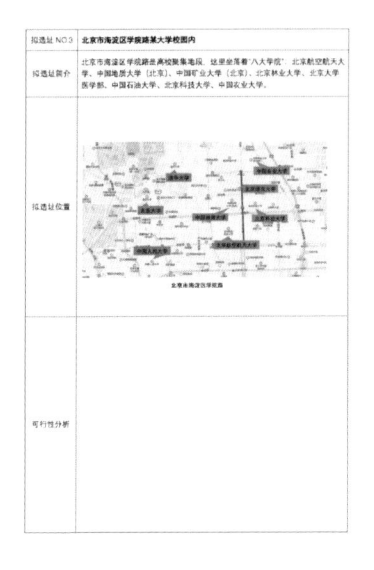

核心问题：商业性服务业的区位因素及其变化（以星巴克为例）

↓

活动一 概念识别：服务业的概念与分类
(1) 星巴克属于什么类型的产业？
(2) 如何对不同服务业进行分类？

↓

活动二 综合分析：服务业区位因素
(1) 不同区位因素对星巴克布局的具体影响？
(2) 影响星巴克布局的一般区位因素和主导区位因素？

↓

活动三 拓展深化：服务业区位因素的变化
(1) 瑞幸咖啡的营业模式和星巴克有什么不同？
(2) 这种营业模式对瑞幸咖啡的布局有什么影响？

↓

归纳总结：总结分析商业性服务业区位因素的一般方法

生成三级评价标准

评价目标	水平一	水平二	水平三
理解概念，说明服务业的类型	能够区分农业、工业和服务业	能够判断不同服务业所属的类型	
结合案例，说明商业性服务业的区位因素	能说出影响商业性服务业区位选择的一两个因素	能够说出多个商业性服务业区位因素，简单分析不同因素对区位主体的影响	能够说出影响某具体服务业的主要区位因素和主导区位因素，结合区位主体的特点，描述不同因素对服务业布局的具体影响
了解服务业区位因素的变化	认识到服务业区位因素会发生变化	能够说出具体区位因素的变化	能够说出要素的变化对具体服务业布局的影响

四、课堂实施以及师生互动发现问题

课前探究活动，学生们积极参与探究活动，充分利用网络资源获取有用信息；各小组成员各抒己见，能够应用已有的区位知识，从不同要素角度进行有理有据的区位分析，说明不同区位要素对星巴克布局的影响，没有盲目套用模板，逻辑清晰。但是，学生对于整体知识结构和部分知识要点不明晰，出现以下问题：（1）未建立判断区域市场规模大小的方法，盲目使用"市场广阔"一词，忽略人均消费水平、消费偏好对于市场规模的具体影响，没有意识到服务业的目标消费人群不同，区位选择也不同；（2）要素分析不全面，且各要素之间鲜有关联，分析结果没有体现出要素影响区位选择决策的优先级顺序；（3）以"静态"视角进行区位分析，没有意识到服务业区位选择的灵活性。学生活动结果总结如下：

拟选址	小组结论统计 （6个学习小组）	真实布局情况 （仅讨论当前状况，对未来的布局情况留有开放的讨论空间）
①北京CBD国贸商城	可行：共6组	星巴克在中国内地的第一家门店开设在北京国贸一期
②北京海淀区学院路某大学校园内	可行：共6组	该选址目前没有星巴克布局 （校内品牌咖啡店以瑞幸咖啡为主）
③北京市昌平区百葛服务区	可行：共3组 不可行：共3组	该选址目前没有星巴克布局
④北京市故宫博物院休闲区	可行：共2组 不可行：共3组	该选址目前没有星巴克布局

课堂上：（1）课堂节奏把握不到位。由于学生对于课程主题较为感兴趣，表达欲望强烈。课堂的主体教学活动时间远超预期，挤压了后续教学活动的时间，相关问题的讨论不够充分。（2）课堂汇报没有兼顾到每组同学。由于未限定各小组的汇报时间，课堂中没有足够时间留给每一组同学充分表达观点。

五、教学设计改进与正式实施

为解决以上问题，对教学设计进行改进：（1）针对学生分析报告中暴露出来的问题，设计课堂教学活动，在师生互动过程中重点击破，引导学生构建服务业区位分析的思维路径；（2）严格围绕课堂目标，精简课堂环节；（3）提前规定小组汇报时间，提醒学生严格遵守汇报要求，多关注教学过程中的"意外"和"节外生枝"，预留机动时间，灵活把握课堂节奏。

在果之教师平台上对原集体备课活动进行重新编辑，邀请各位参与老师参加视频讨论，对课程进行进一步的评审和修改。

（一）创设情境，导入新课

展示我国咖啡消费数据和北京市品牌咖啡门店数量，引入课程案例——星巴克，并明确星巴克的服务业属性。

（二）活动一 概念识别：服务业的概念与分类

教师活动：展示农业、工业、服务业图片，介绍服务业概念。

学生活动：区分农业、工业、服务业，判断不同服务业所属的类型。

师生共同完成连连看小游戏：教师展示日常生活中常见的服务业图片，引导学生进行线上课堂互动：在共享屏幕上将图片和所属的服务业类型进行连线。

（三）活动二 综合分析：服务业区位因素

拟选址①北京 CBD 国贸商城

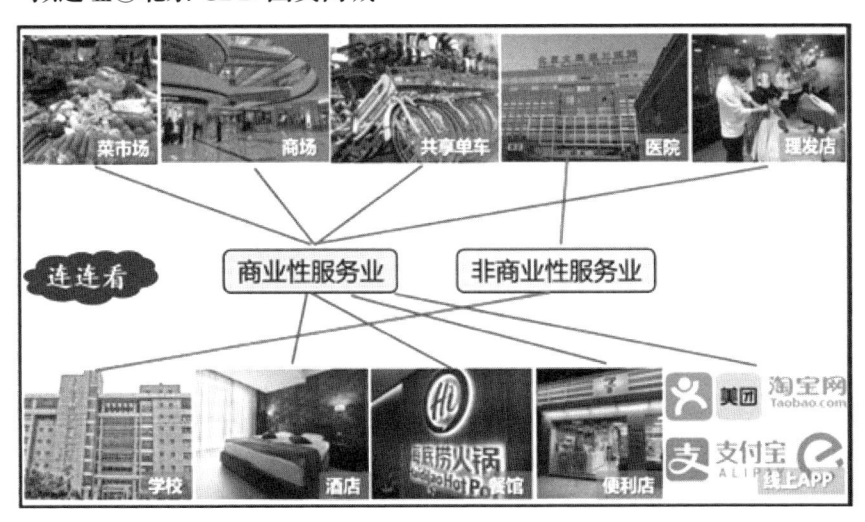

学生汇报：小组代表汇报拟选址①的区位分析结果，其他小组成员进行补充和讨论。

教师活动：评价小组活动表现，展示补充资料，强化要素，追加问题：

该选址消费市场广阔的原因；该选址周边的交通情况有什么特征，对星巴克的布局有哪些影响；多种服务业类型在该选址集聚，会给星巴克带来哪些效益；该选址地价较高，是否会成为星巴克在此布局的阻碍。

学生汇报：思考、讨论、回答问题，灵活分析不同区位要素对星巴克布局的具体影响，加深对区位要素的理解。

教师活动：展示星巴克在该选址的真实布局情况，小结该选址的区位优势条件。

拟选址②北京海淀区学院路某大学校园内

学生汇报：小组代表汇报拟选址②的区位分析结果，其他小组成员进行补充和讨论。

教师活动：评价小组活动表现，展示星巴克在该选址的真实布局情况（即未有星巴克布局，但有瑞幸咖啡布局），展示补充材料，追加问题：为什么高校内咖啡需求量大，但目前没有星巴克布局？星巴克的目标消费人群有什么特征？

学生活动：思考、讨论、回答问题，建立判断区域市场规模大小的方法。

教师活动：强化要素，同一类型不同品牌的服务业市场定位和目标消费人群不同，区位选择也不同，需要具体问题具体分析。人均消费水平、人口结构、消费偏好等因素都会影响市场规模，要正确使用"市场广阔"一词。

拟选址③北京市昌平区百葛服务区

学生活动：小组代表汇报拟选址③的区位分析结果，其他小组成员进行补充和讨论。（不同观点任选一组学生进行汇报）

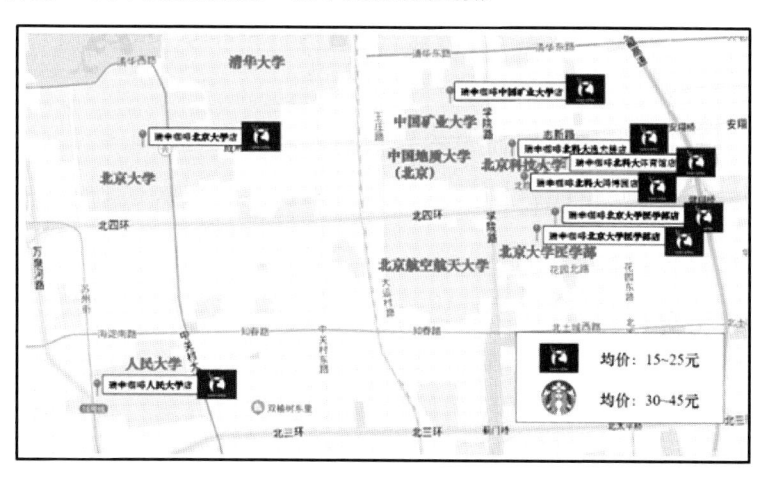

教师活动：评价小组活动表现，指出两个小组的争议点：(1) 星巴克咖啡在该选址的市场规模大小；(2) 影响星巴克布局的主导因素是市场因素还是交通因素。展示补充材料，提出问题：在北京地区，星巴克选址与物流中心选址有何差异？

学生活动：思考、讨论、回答问题。区分影响服务业布局的一般因素和主导因素。

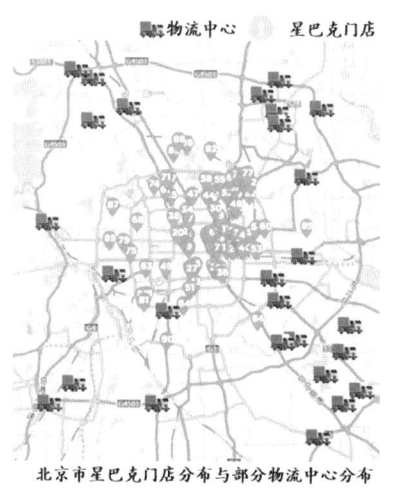

北京市星巴克门店分布与部分物流中心分布

教师活动：（1）小结：服务业区位选择具有很大的灵活性，不同类型的服务业的主导区位因素不同，影响星巴克布局的主导因素为市场因素；（2）展示星巴克在该选址的真实布局情况（即未有星巴克在该选址布局），但提出未来布局的可能性，强调服务业一直在改造和升级，学会以"动态"视角看待问题。

拟选址④北京市故宫博物院休闲区

学生活动：小组代表汇报拟选址④的区位分析结果，其他小组成员进行补充和讨论。

教师活动：（1）指出各小组的争议点：星巴克开设在故宫是否影响文化的协调性；（2）展示星巴克在故宫真实的布局情况（2007年星巴克故宫分店开设在乾清门前广场东侧的九卿朝房里；2007年年初，故宫中的星巴克引发争议；2007年7月，星巴克正式撤离了故宫），历史文化也会影响服务业的布局。

总结 商业性服务业区位因素

（四）活动三 拓展深化：服务业区位因素的变化

教师活动：（1）展示新闻材料：星巴克在中国咖啡行业龙头老大的地位于2017年遇到最大挑战——瑞幸咖啡的崛起；（2）播放视频：为什么瑞幸咖啡可以在偏僻的地方开设门店。提出问题：瑞幸咖啡的营业模式和星巴克有什么不同？这种营业模式对瑞幸咖啡的布局有什么影响？

学生活动：结合生活实践经历，根据真实感受回答问题。

教师活动：现代社会，服务业的区位选择具有更大的灵活性和选择余地。网络信息技术的发展使得服务业出现了一些新的服务模式，同时使得地理的空间限制在逐渐减弱。

	luckin coffee	STARBUCKS COFFEE
门店	约6024家	约5400家
时间	不到5年	23年（到中国）
主流用户年龄	20—24岁（48%）	35—45岁（40%）
营业与消费方式	门店以快取店和外卖店为主；消费者只能使用APP下单消费；即使到店，也需要使用APP下单	线下消费为主，朋友们聚集在一起畅享咖啡

（五）总结提升

总结分析商业性服务业区位因素的一般思路和方法。服务业一直在不断地改造和升级，其区位选择具有很大的灵活性。对服务业区位要素的分析不能盲目套用模板，要结合实际，具体问题具体分析，根据不同区位主体的特点分析区位因素的具体影响。

六、教师评价与教学设计再优化

（一）目标达成情况

学习目标一通过线上课堂的"连连看"小游戏来检验该目标的达成情况，随机选择学生进行线上课堂互动：在共享屏幕上将日常生活中常见的服务业图片和所属的服务业类型进行连线。学生能够充分理解服务业与工农业的区别，准确判断不同服务业所属的服务业类型。在该环节中，培养了学生运用知识解决地理问题的能力。

为达成学习目标二，课前布置了小组探究活动，学生们能够充分利用网络资源获取有用信息，完成分析报告；各小组成员各抒己见，开拓思维，能够应用已有的区位知识，从不同要素角度进行有理有据的区位分析，说明不同区位要素对星巴克布局的影响，没有盲目套用模板，逻辑清晰。综合思维体现明显。针对学生分析报告中暴露出来的问题，设计课堂教学活动，在师生互动过程中重点击破，引导学生构建服务业区位分析的思维路径。在该环节中，增强学生的表达能力和分析问题的能力，锻炼区域认知和综合思维能力，提升地理实践力，树立正确的人地协调观。

为达成学习目标三，课堂精心挑选视频资料，引导学生从视频资料中获取信息，体会服务业区位因素的变化，说出要素变化对服务业布局的具体影响。在该环节中培养学生运用地理知识解决现实问题的能力。

（二）课程亮点分析

案例选择贴近学生生活。服务业高度集中在城市，比农业、工业更贴近北京市第一七一中学学生的日常生活。教材中案例丰富但较为零散，容易使学生的区域认知和逻辑思维发生很大的跳跃。本次课程设计结合北京市第一七一中学学生的成长环境，选取星巴克为案例，让学生以星巴克选址团队的身份参与决策分析，营造了沉浸式的课堂氛围。

以学生为主体，注重提升学生的问题解决能力。北京市第一七一中学学生具备一定的自主探究能力和逻辑思维能力。本次课程充分发挥了学生的主体作用，在学生自主探究，完成拟选址分析报告的基础上，教师通过补充资料，追加问题，引导学生自主分析各要素之间的相互联系，拓宽要素维度，加深要素理解。在师生互动过程中，引导学生搭建严谨的地理逻辑框架。

基于开放式的教学情境，设计探究性学习。基于真实情境的开放性探究式高中生地理学习的"短板"，本次课程着重构建开放式教学情境：（1）内容开放。四个拟选址的区域具体状况纷繁复杂，有助于学生构建有利于问题解决的思维路径。（2）思维开放。通过案例的设计和拟选址的对比，让学生们开拓思维，搜集资料，深入挖掘案例，不盲目套用区位分析模板，发现被忽略的隐藏要点。（3）结论开放。探究活动没有标准答案，给学生留有自主探究的空间，有利于学生树立自信，培养学生的创新精神，激发其地理学习的热情，在很大程度上提高了学生的积极性和参与度。

除此之外，本节课堂紧扣课程标准，充分渗透学科素养，教学形式多样，学生活动设计得当，课堂气氛生动活泼，合理分配了大部分课堂时间，给予了学生大胆创造、自我探索的机会。

政治学科生成式教研实践案例

——以高中政治张颖老师"继承发展中华优秀传统文化"一课为例

一、课题的选定

中华文化源远流长、博大精深。习近平总书记提出,"只有全面深入了解中华文明的历史,才能更有效地推动中华优秀传统文化创造性转化、创新性发展,更有力地推进中国特色社会主义文化建设,建设中华民族现代文明"。中华优秀传统文化是中华民族的精神命脉,奠定了中华民族共同体意识的历史根基。在网络化数字化时代下,中华优秀传统文化的传承与传播也应与时俱进,推陈出新。因此,如何使"收藏在博物馆里的文物、陈列在广阔大地上的遗产、书写在古籍里的文字"能够"活起来"又"火起来"是新时代文化建设亟待研究与解决的新命题。本课内容选取《哲学与文化》教材第三单元第7课,紧紧围绕着中国优秀传统文化的继承与创新展开。在明确研究主题的基础上,我通过查阅网络资料,大量收集和整理相关主题的教学设计,研究其设计思路、案例选择和问题链等内容。在构思教学设计时,通过北京市第一七一中学应用的教师智能工作与发展平台果之教师平台,我观看了很多名师和名学科课程,广泛学习和借鉴优质课的教学环节设计、特色活动布置、总结归纳以及作业布置等。果之教师工作平台汇总展示了校内各个年级的示范课、样板课、汇报课等优质课堂实录,长期提供给教师进行学习观摩。通过学习校内优质课和网络资料搜集整理,我对于如何讲授中国优秀传统文化的继承与创新，对教学过程形成了初步的设计思路。从校内优质课来看，大多课都是从细微处着手，见微知著，以具体而现实的例子为切入点进行知识讲授。

二、原有设计的问题以及个人初步设计

本课初步设想是通过聚焦于"国潮文创产品"，也就是彰显中国优秀传统文化的创意产品，当下发展的现实困境与未来进路等内容，使学生理解中华优秀传统文化要在继承的基础上推陈出新，打造符合时代特点和要求的新内涵与新形式，同时增强对中华优秀传统文化的理解和认同。如图1所示，本课最初设计思路如图所示，从国潮文创切入，设计了三个标题即国潮文创"活起来"与"火起来"、国潮文创"火起来"与"传下来"以及国潮文创"破壁出圈"。在大标题基础上，本课分设三个教学基本环节。这部分借鉴了果之教师平台上展示的大多数优质课通常采取的基本组织结构，同时也考虑了课时时长因素。环节一是"满目皆国潮　消费新热点"。本环节主要以学生自主展示和分享交流为主。预设课前布置学生搜集整理喜欢的文创产品，课上以图片或者实物的形式进行分享，并阐释喜爱这件文创产品的理由。学生分享后，教师提出问题即国潮文创产品为什么能够"活起来"与"火起来"，其意义是什么，目的是使学生归纳出共性原因。环节二是"国潮出圈路　跌跌又撞撞"。在本环节中，教师为学生提供一段介绍文创雪糕的图文材料。以此为例，解说当前诸多国潮文创产品早已不是个别博物馆的创意作品、自我表达，而是成为工业化流水线生产的小商品，同质化现象严重，丧失了文化味道。在此环节，教师试图引导学生由点及面分享、讨论当前国潮文创产品发展传播面临的主要困境及其原因。由此，也引出环节三即"国潮正当时　唯稳以致远"。本环节设计的是分组辩论，教师提供两种解决国潮文创产品困境的路径。观点1认为国潮文创的关键就是创新表达方式，使其融入现代生活，体现当代价值，观点2则认为国潮文创的关键是保护、继承优秀传统

文化，延续好"根"与"魂"，唯有如此，才能行稳致远。同学们自主选择观点，展开辩论。教师适时引导，目的是使同学们理解中华优秀传统文化在传承过程中不能忘本，应重视保持其本身原有的特点和内涵，保持文化核心价值，创新传承传播形式，也要注重价值导向，同时还要令人耳目一新。这是本课综合借鉴前人已有设计基础上所形成的初步设计思路。

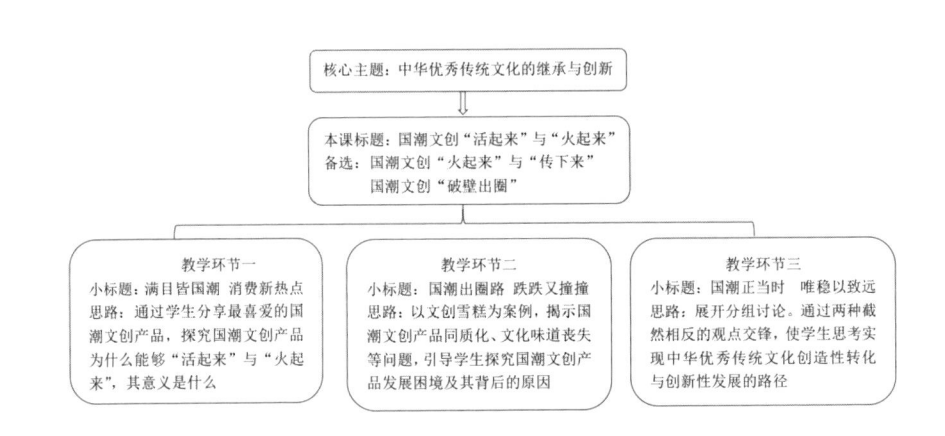

```
核心主题：中华优秀传统文化的继承与创新
              │
    本课标题：国潮文创"活起来"与"火起来"
    备选：国潮文创"火起来"与"传下来"
          国潮文创"破壁出圈"
    ┌─────────────┼─────────────┐
 教学环节一      教学环节二      教学环节三
小标题：满目皆国潮  小标题：国潮出圈路  小标题：国潮正当时
消费新热点       跌跌又撞撞       唯稳以致远
思路：通过学生分  思路：以文创雪糕  思路：展开分组讨
享最喜爱的国潮文  为案例，揭示国潮  论。通过两种截然
创产品，探究国潮  文创产品同质化、  相反的观点交锋，
文创产品为什么能  文化味道丧失等问  使学生思考实现中
够"活起来"与"火  题，引导学生探究  华优秀传统文化创
起来"，其意义是  国潮文创产品发展  造性转化与创新性
什么          困境及其背后的原因  发展的路径
```

图 1 教学设计思路版本 1

三、教研组、备课组研讨以及教学设计改进

在教研组织研讨阶段，果之教师平台协同备课发挥了重要作用。自主备课形成教学设计初步思路后，我还需要在教研组内与其他老师进行研讨，调整教学设计。教学设计在主备课人完成初步思路，可以上传至果之教师平台，教研组内其他老师可随时查阅文档进行修改，同时进行视频讨论。经过一周左右的时间完成教学设计后，我发起了协同备课，邀请同组老师加入，上传教学设计的基本思路以及课件。当时由于同组老师上课时间不同，无法协调出集体时间进行线下研讨，同时各位老师也有各自的教学任务需要完成，当时并没有时间详细研究本课教学设计。果之教师平台协同备课在这方面为我们提供了有效的解决方案。因不受时间和地点限制，同时可以利用文档协作

和视频讨论两种方式进行研讨，灵活方便，增加了集中研讨次数，极大延长了研讨时间，提高了研讨效率。在一周的时间中，除了线下与其他老师单独交流外，线上进行了两至三次集体讨论。另外，利用果之教师平台文档协作功能，组内老师能够随时对教学设计进行修改，并自动保存。与此同时，我在家能通过文档协作第一时间看到其他老师的意见和建议，及时进行调整，阐释并记录自己的观点。

四、课堂实施以及师生互动发现问题

逻辑严谨的优秀教学设计都要经过反复修改才能完成。在讨论过程中，老师们可能会有各种各样的思路，不断修改调整，甚至是推翻最初教学设计，也可能有些部分删除后又需要恢复。以前，自己备课过程时，我也常常会出现反复修改、删减，又需要找回之前文件的情况。这时，我会耗费大量的时间进行重复性工作，备课效率非常低。另外，即便是组内集体备课，我们也会遇到工作文档反复调整、版本过多、整理不全的问题。在本课备课研讨时，果之教师平台协同备课自动留存备课记录和版本，节省了自己整理的时间，查找原版本非常方便高效。根据果之教师平台记录显示，围绕着本课教学设计，教研组内进行了5次视频会议研讨，协作文档修改记录20余次。

在教研组讨论过程中，老师们围绕着本课的选题、情景化案例以及具体教学流程进行了充分交流，提出了宝贵的修改意见。选题方面，老师们指出、中华优秀传统文化的继承与创新是教材《哲学与文化》中文化部分的重点内容，应加强对课程标准的研究，从态度上要明确辩证地看待传统文化，核心是领会对于中华优秀传统文化进行创造性转化、创新性发展的重要意义。同时，老师们也明确提出，本课的落脚点是在文化创新方面，可以通过具体事例评议文化创新的方式手段，理解推陈出新、革故鼎新是文化创新的重要途径。就聚焦"国潮文创"来说，有老师在文档协作上提出疑问，即什么是国潮文创，另外也有老师在标题旁边给出建议是否可以从某种中华优秀传统文化的类型入手，并建议我研究莫高窟敦煌文化，重在挖掘文化内涵而不是流于形式。在教学基本环节方面，其他老师指出目前的课堂合作探究形式可能很难引起学生们的兴趣，而且以文创雪糕个例作为探究国博文创产品的困境似乎力度不足。此外，最后环节讨论的观点对于学生而言很难进行选择，两种观点并不是互斥的，预设学生会认为两种观点都有可行性。在协作文档上，老师批注指出，观点交锋的两种观点要有争议性和话题度，这样才能有可辩性。就学生活动形式而言，老师指出整堂课主要是学生自主分享和观点争辩，应思考是否能够以实践形式加深学生理解。

果之教师平台协同备课能够自动留存集体备课记录，这帮助我便捷高效地收集整理老师们的意见，同时继续查阅资料调整优化教学设计。大量浏览各种资料后，我仍然决定从文创产品入手，并认真查阅了敦煌莫高窟相关内容。在查阅资料的过程中，除了文字资料外，我观看了《莫高窟与吴哥窟的对话》《大敦煌》《敦煌师父》等大量关于莫高窟的纪录片。在这一过程中，我增加了关于莫高窟的知识积累，对于敦煌文化有了更深刻的认知。在研究敦煌研究院官网时，我了解到了"坚守大漠、甘于奉献、勇于担当、开拓进取"的莫高精神，一代又一代前辈专家在大漠戈壁扎根下来，保护敦煌石窟，守着祖国的文化宝库。同时，我惊喜地发现数字技术在莫高窟保护传承，以及文创资源挖掘等方面应用广泛。在查阅资料时，我会通过协同备课平台将新思路分享给其他老师。集思广益，老师们也能把新思路和灵感共享在文档中。例如，共享莫高窟资料的过程中，有老师分享了莫高窟"数字藏经洞"小程序，建议我体验一下，是否能够在课上开展活动。"数字藏经洞"是运用了云游戏技术呈现了莫高窟第17窟的故事，以体验式方式让用户穿越到晚唐、北宋等时期，亲身经历洞窟开凿、封藏万卷等过程，是一款互动解密类小游戏。体验过这款游戏小程序后，我认为可以在课堂上让同学们依托莫高窟的文化资源设计文创产品，一方面增加对莫高窟文化内涵的挖掘与理解，另一方面也让同学们以实践形式探索实现中华优秀传统文化的创造性转化和创新性发展。设计思路调整到这一步，我们组内又在课余时间进行了语音讨论。简短十分钟的线上讨论，我们就明确目标：可以通过挖掘莫高窟壁画故事，呈现敦煌文化的部分内容。经由集体备课目标明确后，我把研究的重点落在了莫高窟壁画故事上面。莫高窟壁画资源非常丰富，仁慈、善良、诚实等美好品质都在壁画的故事中得以展现。这些故事通过描绘人物、动作及人物间的关系展现故事发展过程，从而表达一定的思想内容。经过筛选，我决定以九色鹿的故事为素材，让同学们设计文创产品。同时，有老师指出莫高窟文化资源丰富多样，可以通过短片简短介绍莫高窟，应为学生们文创活动提供包括图片、视频和文字等多方面素材。

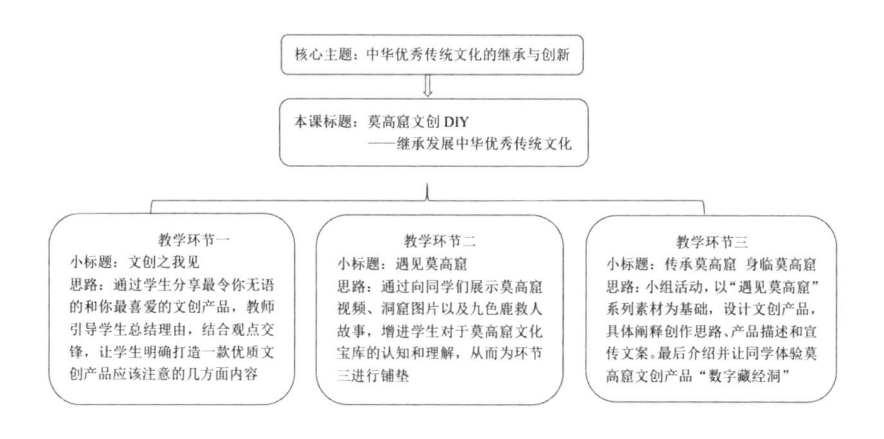

图 2 教学设计思路版本 2

如图 2 所示，经过教研组内反复讨论，本课仍然从文创产品入手，聚焦于莫高窟文化。本课标题调整为"莫高窟文创 DIY——继承发展中华优秀传统文化"。在教学基本环节方面保留了学生自主分享内容，并将如何实现中华优秀传统文化创新路径的观点交锋放在了第一环节。基本环节一中，对最令学生无语的文创产品以及学生最喜爱的文创产品两个问题上面进行了细化，教师需要引导学生拓展思路，比如从审美、实用和文化角度分析你最喜爱的文创产品。观点交锋方面，教研组老师进行了反复研磨，具体过程如图3所示，原版本文字量信息量较大，改动版本 1 试图简化内容，到了改动版本 3 更加明确到文创产品的"文"与"创"，试图通过探究二者关系厘清中华优秀传统文化继承与发展的辩证关系。此外，老师们认为可以通过课堂实施，依据学生们的讨论情况在对此部分进行调整。根据老师们的建议，基本环节一中增加了"打造一款优质文创产品应该注意的几个方面"问题探究。通过学生讨论，试图归纳出数字赋能、体验感、时尚元素以及彰显个性等方面的内容。基本环节二与基本环节三从聚焦文创雪糕过于微观的案例，转向聚焦于莫高窟文化。环节二"遇见莫高窟"系列素材中，图片资料展示了96窟"大佛殿"

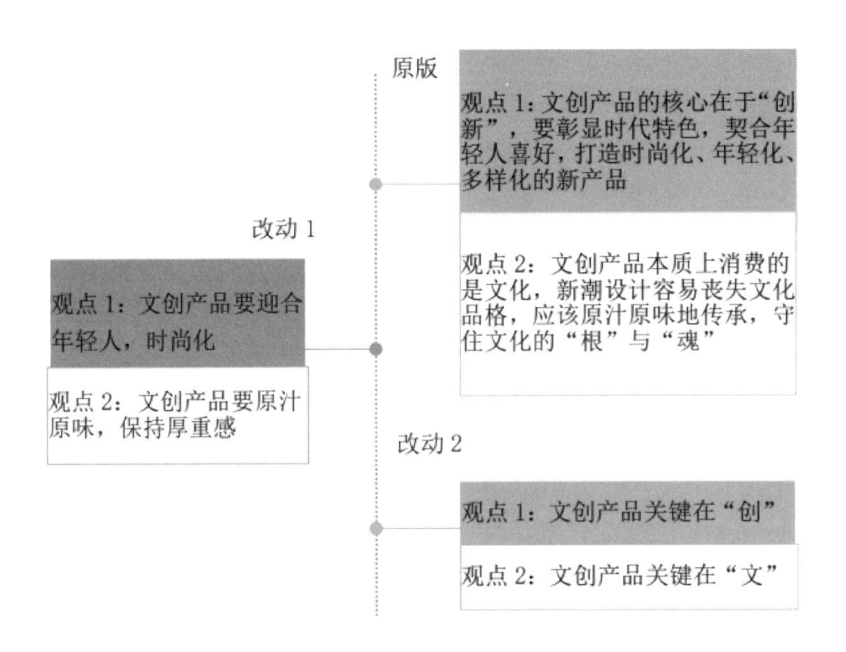

原版

观点1：文创产品的核心在于"创新"，要彰显时代特色，契合年轻人喜好，打造时尚化、年轻化、多样化的新产品

观点2：文创产品本质上消费的是文化，新潮设计容易丧失文化品格，应该原汁原味地传承，守住文化的"根"与"魂"

改动1

观点1：文创产品要迎合年轻人，时尚化

观点2：文创产品要原汁原味，保持厚重感

改动2

观点1：文创产品关键在"创"

观点2：文创产品关键在"文"

图 3　观点交锋细节调整

的巨型弥勒佛像，详细介绍其手势，使学生理解佛教构建祥和、富足美妙世界的愿望。图片资料还特意介绍了16窟甬道北壁上的缠枝西番莲纹样，因缠枝是中国传统纹饰之一，寓意着绵延不绝，而西番莲则源于印度，亦有同样寓意。缠枝西番莲纹样体现出了不同文化之间的交流融合，展现了敦煌文化的多样性。图片资料中还展示了最美飞天图，在探究飞天艺术形象的基础上，感受盛唐气象。九色神鹿舍己救人的故事重在通过阐述九色鹿河边救人、国王捕捉九色鹿、溺水之人告密等内容，帮助学生理解壁画中蕴含的诚实守信之意。为了后面更好地衔接数字藏经洞，基本环节二还介绍了17窟藏经洞为何封闭的几种假说。基本环节三重点让同学们通过实践，亲身设计文创产品。根据老师们的建议，在设计前，我会为学生展示几款深受大家欢迎的文创产品，以便帮他们拓展思路。最后，我试图通过现场体验的方式，向学生展示数字藏经洞小游戏，帮助学生认识到文创产品已经从1.0简单复印文物形象到2.0提取文物元素，打造实用的生活用品，发展到3.0利用数字技术，挖掘文化内涵，增强公众互动性和体验感的阶段。

相比于第1版本的教学设计来说，第2版本的教学设计内容更加丰富和完善。同样聚焦于文创产品，但第2个版本从敦煌文化，这一中华优秀传统文化的典型代表入手，使学生更加深刻地感受到中华优秀传统文化的博大精深。习近平总书记也强调过，要深入挖掘敦煌文化背后的哲学思想、人文精神、价值理念等。同样是学生分享活动，在第2版本的教学设计中，教师更重视引导和总结，并结合了教材的重难点进行讲授。特别说明，第2版本教学设计思路事实上经过教研组内多次研讨和调整，并不是一次成形。因此，第2版本教学设计思路是多个版本调整后的中期成果。

五、教学设计改进与正式实施

教学设计终归是为课堂教学服务，开展优质高效的课堂教学是完善教学设计的目标。即便是前期教师预设课堂效果，改建和完善教学设计，也不能替代课堂实践过程，通过师生互动，教学相长，再改进和调整教学设计。通过两个班级的课堂实施情况，学生们也对内容进行了反馈。与此同时，通过课堂上学生讨论、分享、回答问题的情况，我也发现教学设计的环节还需要再进行优化。就学生反馈而言，部分学生认为"遇见莫高窟"系列素材内容较多，信息量过大，难以在课堂上消化和理解，这也导致后面再进行文创产品设计时，很难形成设计思路。尽管很多同学对于课堂上设计文创产品热情度很好，但是撰写宣传文案时间比较紧张。例如，课下有同学表示，他们对于文创产品很感兴趣，也有自己的思路，但是就莫高窟文创确实很难在短时间内形成比较完整的设计思路。此外，从上课时学生的反应，我观察到学生在观点交锋部分，除了提供的两种观点外，还更愿意结合自己体验谈与二者不同的其他观点。

通过课堂实施，我发现教学设计选取情景时要特别注意结合学生的生活实际，应选取他们熟悉和了解的内容。同时，结合学生提出的信息量较大的建议，我想到可以提前将文字与图片材料打印发到学生们的手中，让学生提前了解和准备，课堂上通过组内讨论，进行头脑风暴，进一步完善，才能把文创产品设计做得更加细致。因此，结合学生的反馈，以及我后续进一步与其他老师的交流，我再次从莫高窟素材转向北京中轴线，聚焦首都文化。如图4所示，小标题结合了"文创"与"中华优秀传统文化"，开门见山点明文创让优秀传统文化焕发活力。基本环节一保留两个基本问题，更加细化实施方案，提前用调查问卷的方式收集学生的观点，选出典型案例进行课上探究。

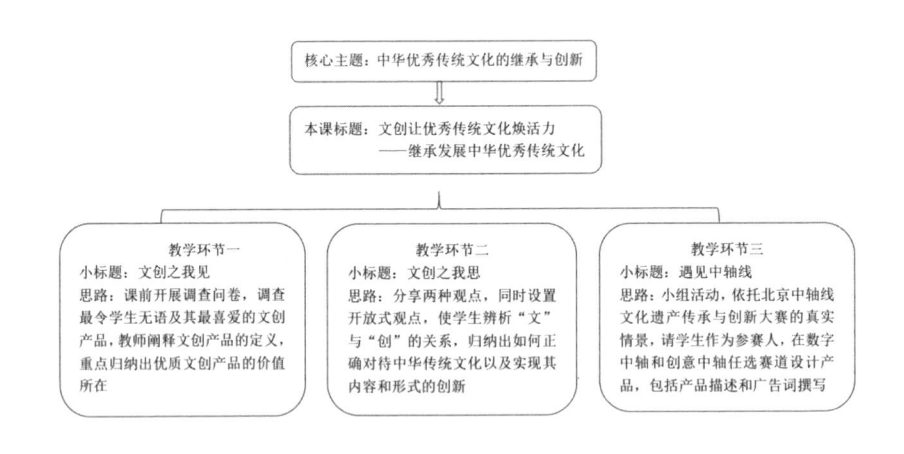

图 4

同时，在环节一时，教师需阐释文创产品的内涵。基本环节二，进一步优化两种观点，观点1改为文创产品关键在"创"，没有"创"何以继"文"，观点2改为文创产品基础在"文",没有"文","创"就没有灵魂,增加观点3即"我的观点是",鼓励学生拓展思路,畅所欲言。基本环节三,重点解决了案例选取不够贴近学生生活实际以及设计文创产品比较紧张的问题。北京中轴线是贴近学生生活实际的热点话题,2022年国家文物局宣布确定推荐"北京中轴线"作为中国2024世界文化遗产申报项目。与北京中轴线相关的素材也出现在语文等其他科目中,北京市思想政治学科高考题也有相关题目。学生对北京中轴线熟悉度较高,因此文创产品的话题转变到北京中轴线上面。与莫高窟相同,北京中轴线也为大家提供了视频素材。为了保证给予学生充分的时间设计构思并在课上进行展示,我对于中轴线相关资料进行了整理,提前印发给学生。另外,相较于之前自主构思的文创产品设计,北京中轴线文创设计是北京市近几年正在开展的活动,真实情景更能增加学生的体验感。细节方面,文创产品在产品描述的基础上,把宣传文案改为简短有吸引力的广告词。学生展示后,我也可以通过分享其他参赛作品,给予学生更好的参与感。综上,这就是基于学生反馈再次调整的教学设计,接下来会据此正式进行课堂实施。

六、教师评价

经过多次调整的教学设计,在正式实施的过程中得到了较好评价,同时又在校内层面收集到了更多的评价与建议。通过与其他老师交流发现,很多老师比较认可中轴线案例,同时表示"文"与"创"的辩论部分可以更加开放。课后,有学生反馈他曾经参加过北京中轴线文创设计大赛的视频赛道,并分享其获奖视频。通过本堂课学习,学生普遍表示,会通过课余时间打开北京中轴线。也有同学表示,希望能够在课上展示文创产品,与其他同学进行分享。仅就教学设计而言,还可以在如何实现中华优秀传统文化的创造性转化和创新性发展上面增加讨论,提高学生们的理论水平。课后,在汲取老师和学生的意见基础上,教学设计在环节二上面增加了教师的总结与归纳。

七、对于教学设计再优化

通过师生合作探究的方式,本课教学设计得以不断优化,教学手段和方法也有新突破。从教学内容而言,我感悟到应该在以教材为基础的前提下,特别注重结合学生生活实际挖掘素材,这样才能够增加学生对于教材知识的把握,真正做到核心素养的提升。通过研究中轴线的文化底蕴,学生既理解了何为实现中华优秀传统文化的创造性转化与创新性发展,也增强了民族自豪感,还表现了中华优秀传统文化传承者的决心和信念。在教学手段和方式上面,小组合作探究、头脑风暴以及体验类实践活动都能够增强学生学习的兴趣和课堂参与度,真正使学生成为课堂的中心。同时,我也认识到应该充分利用多媒体教学平台,通过多媒体技术更好地展示教学内容,以提高学生的课堂注意力和学习效率。教学相长,生成式教研非常有助于实现师生共同成长、共同发展的目标。

三、生成式教研的效果评估与改进

生成式教研效果评估对于衡量教研质量、促进教师专业成长、推动教学改革和提高教育质量具有重要意义。因此,我们应该高度重视教研效果评估工作,不断完善评估体系和方法,确保评估结果的准确性和有效性。本节将具体阐述生成式教研的效果评估和改进,供教育同人参考。

(一)明确评估目标

生成式的教研活动评估的目标是一个多维度的概念,它旨在从不同角度全面评价教研活动的成效,并为未来的教研工作提供改进方向。具体而言,我们需要从以下几个方面明确评估目标。

1. 教师发展角度的评估目标

第一,提升教师教育教学能力。生成式教研活动强调教师的自主生成和合作共享，通过评估，旨在了解教师在活动中的参与度、合作情况以及教育教学能力的提升程度。评估目标包括教师是否能够根据教学实际，灵活运用新的教学理念和方法，提高教学效果。

第二，促进教师专业素养提升。评估生成式教研活动在教师专业素养提升方面的效果，包括教师的学科知识更新、教育心理学知识的掌握、教育技术应用能力的提升等。通过评估，可以了解教师在活动中的学习情况和专业素养的提升情况，进而推动教师不断完善自己的知识结构和能力体系。

2. 教学质量提升角度的评估目标

第一，优化教学方法与手段。生成式教研活动旨在推动教学方法和手段的创新与优化。评估目标在于了解教研活动是否有效促进了教学方法的改进，如是否引入了更多元化的教学手段、是否注重了学生的主体地位等。通过评估，可以推动教师不断探索适合学生发展的教学方法，提高教学效果。

第二，提升教学内容与资源质量。评估教研活动在教学内容和资源方面的改进情况，包括教学内容是否与时俱进、是否符合学生的认知规律，教学资源是否丰富多样、是否能够有效支持教学等。通过评估，可以推动教师不断优化教学内容和资源，提高教学质量。

3. 学生学习效果角度的评估目标

第一，提高学生学业成绩。学业成绩是评估学生学习效果的重要指标之一。生成式教研活动评估的目标在于了解活动是否有效提升了学生的学业成绩，包括考试成绩、作业完成情况等方面的提升。通过评估，可以验证教研活动在提高学生学习成绩方面的实际效果。

第二，增强学生学习兴趣与积极性。评估教研活动在激发学生学习兴趣与积极性方面的作用，包括学生对教学活动的参与度、课堂互动情况、学习态度等方面的变化。通过评估，可以了解教研活动是否成功激发了学生的学习动力，提高了他们的学习积极性。

第三，培养学生综合能力。除了学业成绩外，评估教研活动在培养学生综合能力方面的效果也是重要目标。这包括学生的批判性思维、创新能力、解决问题的能力等。通过评估，可以了解教研活动是否有效促进了学生综合能力的提升。

4. 教研活动组织与实施角度的评估目标

第一，评估教研活动的组织与策划能力。生成式教研活动需要有效的组织和策划，以确保活动的顺利进行和目标的达成。评估目标包括活动组织者的策划能力、资源整合能力、沟通协调能力等，以及活动流程设计的合理性、活动时间的安排等。通过评估，可以了解教研活动在组织和策划方面的优点和不足，为未来的活动提供改进方向。

第二，评估教研活动的实施与执行能力。评估教研活动的实施过程和执行效果，包括活动参与者的表现、活动氛围的营造、活动成果的展示等。通过评估，可以了解教研活动在实施过程中的问题和挑战，以及活动参与者的参与度和执行力，进而提升教研活动的实施效果。

5. 学校整体发展角度的评估目标

第一，推动学校教研文化建设。生成式教研活动作为学校教研工作的重要组成部分，其评估目标之一在于推动学校教研文化的建设。通过评估，可以了解教研活动在营造教研氛围、形成教研共同体、传承教研精神等方面的作用，进而推动学校形成积极向上、富有创新精神的教研文化。

第二，促进学校教育教学改革。生成式教研活动的评估还应关注其在学校教育教学改革方面的推动作用。评估目标包括了解教研活动是否引发了学校教育教学理念的更新、教学方法的改进以及教学管理的优化等。通过评估，可以验证教研活动在推动学校教育教学改革方面的实际效果，并为未来的改革提供有益的参考和借鉴。

（二）明确评估内容

生成式教研效果评估的内容是一个多维度、综合性的体系，旨在全面、客观地衡量教研活动在提高教师教学水平、促进教学质量提升以及推动学校整体发展等方面的实际效果。下面，我将从以下几个方面详细阐述生成式教研效果评估的内容：

1. 教师发展方面的评估内容

第一，教师教学能力提升情况。评估教研活动是否有效促进了教师教学能力的提升，包括教学设计能力、课堂组织能力、教学互动能力等方面。通过对比教师在活动前后的教学表现，观察其在教学方法、手段等方面的改进和创新，以及学生对教师教学的反馈和评价，来综合判断教师教学能力的提升情况。

第二，教师专业素养发展情况。评估教研活动在提升教师专业素养方面的作用，包括学科知识的更新与拓展、教育心理学知识的应用、教育技术的掌握与运用等。通过考察教师在活动中的学习成果、专业知识的增长以及在实际教学中的运用情况，来评估教研活动对教师专业素养的提升效果。

第三，教师教研参与度和积极性。评估教师在教研活动中的参与度和积极性，包括教师的出勤率、发言次数、提出问题的质量以及与他人合作的情况等。通过观察和记录教师在活动中的表现，结合教师的自我反思和他人评价，来评价教师的教研参与度和积极性，从而判断教研活动对教师教研意识和能力的提升效果。

2. 教学质量提升方面的评估内容

第一，教学方法与手段的优化情况。评估教研活动是否推动了教学方法与手段的优化和创新，如是否引入了更多元化的教学方法、是否注重了学生的主体地位、是否有效运用了现代教育技术等。通过观察和记录教师在实际教学中的表现，结合学生的反馈和评价，来评估教研活动在教学方法与手段优化方面的效果。

第二，教学内容与资源的丰富性和适切性。评估教研活动是否丰富了教学内容和教学资源，使其更加符合学生的认知规律和需求。通过考察教研活动中生成的教学案例、教学设计、教学资源等成果的质量和应用情况，以及学生在学习中的反馈和表现，来评估教研活动在教学内容与资源方面的改进效果。

第三，教学效果的提升情况。评估教研活动是否提高了教学效果，包括学生的学业成绩、学习兴趣、学习态度等方面的变化。通过对比活动前后学生的学习成绩、课堂表现、作业完成情况等数据，结合学生的自我反馈和教师的评价，来综合判断教研活动对教学效果的提升效果。

3.教研活动组织与实施方面的评估内容

第一，活动策划与组织能力的评估。评估教研活动的策划和组织能力，包括活动目标的设定、活动流程的设计、活动时间的安排等方面。通过考察活动方案的合理性和完整性，以及活动过程中的协调和管理能力，来评价活动策划与组织者的能力水平。

第二，活动实施与执行情况的评估。评估教研活动的实施和执行情况，包括活动参与者的表现、活动氛围的营造、活动成果的展示等方面。通过观察和记录活动过程中的细节和亮点，结合参与者的反馈和评价，来评价活动的实施效果和执行力度。

第三，活动反思与改进情况的评估。评估教研活动后的反思与改进情况，包括教师对活动的总结与反思、对活动中存在问题的分析和改进措施的提出等方面。通过考察教师对活动的深入思考和积极改进的态度，来评价教研活动的持续性和发展性。

4.学生学习效果方面的评估内容

第一，学业成绩的提升情况。评估教研活动是否有效提升了学生的学业成绩，包括考试成绩、作业完成情况等方面的变化。通过对比活动前后学生的学业成绩数据，结合学生的自我反馈和教师的评价，来综合判断教研活动对学生学业成绩的提升效果。

第二，学习兴趣与积极性的提高情况。评估教研活动是否激发了学生的学习兴趣和积极性，包括学生参与课堂讨论的活跃度、提出问题的频率和质量、课后自主学习的意愿等方面。通过观察和记录学生在活动中的表现，结合学生的自我反思和教师的评价，来评价教研活动对学生学习兴趣与积极性的影响。

第三，综合能力的提升情况。评估教研活动是否提升了学生的综合能力，包括批判性思维、创新能力、解决问题的能力等方面。通过考查学生在活动中的表现和成果，结合学生的自我反馈和教师的评价，来评估教研活动对学生综合能力的提升效果。

5. 社会影响与辐射效应方面的评估内容

第一，社会声誉的提升情况。评估教研活动是否提升了学校的社会声誉和影响力，包括媒体对活动的报道、社会对学校教学改革的认可程度等方面。通过收集和分析相关的媒体报道和社会评价，来评价教研活动在社会影响方面的效果。

第二，示范引领作用的发挥情况。评估教研活动是否发挥了示范引领作用，带动周边学校或地区的教育教学改革。通过考察其他学校或地区对教研活动的关注和学习情况，以及教研成果在更大范围内的推广和应用情况，来评价教研活动的辐射效应和影响力。

（三）评估方法与过程

1. 教师专业发展评估

（1）教师知识水平评估

在生成式教研活动中，教师可以通过参加专题讲座、研讨交流、阅读相关文献等方式，不断提升自己的知识水平。为了评估这一方面的效果，可以设计一份包含相关学科领域知识点的测试卷，让教师在教研活动前后分别进行测试。通过对比两次测试的成绩，可以直观地了解教师在教研活动后的知识掌握情况。

(2) 教师教学能力评估

教学能力是教师的核心素质之一。在生成式教研活动中,教师可以通过观摩优秀教师的教学实践、参与集体备课、开展教学研讨等方式,提升自己的教学能力。为了评估这一方面的效果,可以采用课堂观察的方法,观察教师在教研活动后的课堂教学表现。观察内容可以包括教师的教学设计是否合理、教学方法是否多样、课堂氛围是否活跃等。通过课堂观察,可以全面了解教师在教学能力方面的提升情况。

2. 教学质量提升评估

(1) 课堂教学质量评估

课堂教学是教学活动的主要形式,其质量直接影响到学生的学习效果。在生成式教研活动中,教师可以通过改进教学方法、优化教学内容、加强课堂互动等方式,提升课堂教学质量。为了评估这一方面的效果,可以采用学生评价的方法。通过设计一份包含多个评价维度的问卷,让学生对教师的课堂教学进行评价。评价内容可以包括教师的教学态度、教学内容呈现方式、课堂氛围等方面。通过收集和分析学生的评价数据,可以了解教师在课堂教学质量方面的提升情况。

(2) 教学质量改进计划实施情况评估

除了直接的课堂教学质量评估外,还需要关注教师在教研活动后是否制订了针对性的教学质量改进计划,并实际实施了这些计划。这可以通过检查教师的教学反思记录、教案更新情况,以及实施改进计划的行动报告等方式来进行。评估者可以分析这些材料,看教师是否根据教研活动的反馈和建议,对自己的教学进行了有效的调整和改进。

例如,教师可以提交他们的教学反思报告,详细描述他们在教研活动中学到了什么,如何将这些新的教学理念和方法应用到实际教学中,以及实施过程中遇到的挑战和取得的成效。评估者可以仔细阅读这些报告,与教师进行深入的交流,以了解他们在改进教学质量方面的努力和成果。

3.学生学习效果评估

（1）学业成绩评估

学业成绩是评估学生学习效果的重要指标之一。为了评估生成式教研对学生学业成绩的影响，可以对比学生在教研活动前后的学业成绩变化。这可以通过分析学生的考试成绩、作业完成情况等方式来进行。如果学生在教研活动后的学业成绩有所提升，那么可以认为生成式教研对学生学习效果产生了积极的影响。

（2）学习兴趣与态度评估

除了学业成绩外，学生的学习兴趣和态度也是评估学习效果的重要方面。在生成式教研活动中，教师可以通过创设有趣的教学情境、设计富有挑战性的学习任务等方式，激发学生的学习兴趣和积极性。为了评估这一方面的效果，可以采用问卷调查或访谈的方式，了解学生对教研活动的看法和意见，以及他们在学习过程中的兴趣与态度变化。

例如，可以设计一份包含多个问题的问卷，让学生匿名填写。问卷可以询问学生是否觉得教研活动有趣、是否有更多的学习动力、是否愿意积极参与课堂讨论等。通过收集和分析这些问卷数据，可以了解学生对教研活动的接受程度和兴趣变化。

4.教研活动组织与实施评估

（1）教研活动参与度评估

教师的参与度是衡量教研活动效果的重要指标。评估者可以通过查看教研活动的签到记录、参与讨论的次数和深度、提交的研究成果等方式来评估教师的参与度。此外，还可以进行访谈或问卷调查，了解教师对教研活动的态度和满意度，以进一步了解他们的参与情况。

（2）教研活动创新性评估

生成式教研强调教师的自主生成和创新实践。因此，评估教研活动的创新性也是非常重要的。评估者可以关注教研活动中是否有新的教学理念、教学方法或教学资源的引入，以及这些创新是否有效提升了教学质量。同时，还可以邀请专家对教研活动进行点评，从专业的角度评估其创新性和实用性。

通过对以上各个方面的评估，我们可以得出生成式教研效果的全面评价。这不仅可以为学校和教师提供反馈和建议，以改进未来的教研活动，还可以为其他学校或地区提供借鉴和参考。

展望未来，随着教育教学的不断发展和改革，生成式教研将会发挥更加重要的作用。因此，我们需要进一步加强对生成式教研效果评估的研究和实践，以推动教研活动的深入发展和教育质量的持续提升。

（四）效果评估需要避免的误区

第一，过度关注量化指标。在评估教研效果时，有些学校或机构过于强调量化指标，如论文发表数量、获奖情况等，而忽视了教研活动的实际质量和对学生学习的实际影响。这种评估方式可能导致教师过分追求表面成果，而忽视教研活动的深度和内涵。

第二，忽视教师和学生的声音。教研效果评估应该是一个多方参与的过程，包括教师、学生、家长等。然而，有些评估往往只关注管理者的意见，而忽视了教师和学生的声音。这可能导致评估结果不全面、不客观，无法真实反映教研活动的实际效果。

第三，评估方法单一。有些评估只采用问卷调查、课堂观察等单一方法，没有综合运用多种评估手段。这可能导致评估结果片面、不准确，无法全面反映教研活动的多个方面。

第四，忽视长期效果。教研活动的效果往往不是一蹴而就的，需要长期的积累和观察。然而，有些评估只关注短期内的成果，而忽视了教研活动的长期效果。这可能导致对教研活动的价值判断不准确，无法为未来的教研工作提供有效的指导。

第五，主观臆断和偏见。在评估过程中，有些评估者可能受到主观臆断和偏见的影响，对教研活动的效果进行不公正的评价。这可能导致评估结果失真，无法真实反映教研活动的实际情况。

（五）生成式教研改进的原则

生成式教研改进是一项旨在提高教育教学质量、促进教师专业发展的系统性工作。它强调教师在教学实践中发现问题、分析问题、解决问题，并生成新的教研成果，以推动教育教学改革和发展。在生成式教研改进的过程中，需要遵循一些基本原则，以确保工作的有效性和可持续性。本节将从不同角度详细阐述生成式教研改进的原则，并结合实例进行说明。

1. 以学生为中心的原则

生成式教研改进的核心目的是促进学生的全面发展，因此，以学生为中心的原则是教研改进的首要原则。这一原则要求教师在教研过程中始终关注学生的需求、兴趣和能力，以学生的发展为出发点和落脚点。例如，在某小学的语文教研中，教师们发现学生对古诗文的阅读兴趣不高，学习效果也不理想。于是，他们决定以"提高学生古诗文阅读兴趣"为教研课题，通过设计趣味性的古诗文阅读活动、引入古诗文创作等方式，激发学生对古诗文的兴趣。经过一段时间的实践，学生的古诗文阅读兴趣和阅读能力都得到了显著提升。

2. 实践性原则

生成式教研改进强调实践应用，要求教研成果能够直接应用于实际教学中，解决实际问题，提高教学效果。因此，实践性原则是教研改进的重要原则之一。例如，在初中数学教研中，教师们发现学生在解决应用题时存在困难。为了解决这一问题，他们开展了一项关于"应用题教学策略"的教研活动。通过实践探索，他们总结出了一套行之有效的教学策略，包括情境导入、问题拆解、合作探究等。这些策略在实际教学中得到了广泛应用，显著提高了学生解决应用题的能力。

3. 创新性原则

生成式教研改进鼓励教师在教研过程中勇于创新，敢于尝试新的教学理念和方法，不断推动教学改革和发展。创新性原则是教研改进的动力源泉。例如，在高中英语教研中，教师们针对传统课堂教学模式的弊端，开展了一项关于"翻转课堂"教学模式的教研活动。他们通过重新设计教学流程、引入在线学习资源等方式，实现了课堂的翻转。学生在课前通过观看视频、阅读资料等方式进行自主学习，课堂上则进行讨论、交流、展示等活动。这种新的教学模式不仅提高了学生的学习兴趣和参与度，还培养了学生的自主学习能力和合作精神。

4. 合作性原则

生成式教研改进注重教师之间的合作与交流，强调通过集体智慧和力量来解决教学中的问题。合作性原则有助于形成教研合力，推动学校整体教学水平的提高。例如，在某小学的科学教研中，教师们围绕"如何提高实验教学效果"这一问题展开了合作研究。他们分工合作，有的负责收集实验教学资源，有的负责设计实验教学方案，有的负责实施实验教学并收集反馈意见。通过集体研讨和实践探索，他们总结出了一套适合本校学生特点的实验教学方法和策略，有效提高了实验教学效果。

5. 持续性原则

生成式教研改进是一个持续不断的过程，需要教师在教学实践中不断发现问题、分析问题、解决问题，并生成新的教研成果。持续性原则要求教师在教研过程中保持耐心和毅力，不断追求进步和完善。例如，在某初中的历史教研中，教师们针对历史教学中存在的难点和重点问题，开展了一项长期性的教研活动。他们通过深入研究教材、分析学生学情、探索教学方法等方式，不断积累经验和成果。同时，他们还定期举行教研成果分享会，与其他教师交流心得和体会，推动历史教学的持续改进和发展。

6. 系统性原则

生成式教研改进需要遵循系统性原则，即将教研活动看作一个整体，注重各个环节之间的衔接和协调。这要求教师在教研过程中既要关注单个问题的解决，又要考虑整个教学系统的优化。例如，在某高中的物理教研中，教师们发现学生在理解和掌握物理概念方面存在困难。为了解决这个问题，他们不仅设计了针对性的教学方案，还加强了与其他学科的交叉融合，如将物理知识与化学、生物等学科相联系，帮助学生建立完整的知识体系。同时，他们还注重课堂教学与课外拓展的结合，通过开展物理实验、科技制作等活动，激发学生的学习兴趣和探究精神。这种系统性的教研改进方式有助于提高学生的物理学习效果和综合素质。

7. 反思性原则

生成式教研改进强调教师在教研过程中的反思与总结，通过不断反思自己的教学实践和教研成果，发现不足之处并加以改进。反思性原则有助于教师不断提升自己的专业素养和教学能力。例如，在某小学的语文教研中，教师们开展了一项关于"提高学生写作能力"的教研活动。在实施了一段时间后，他们对自己的教学实践进行了反思和总结。他们发现虽然学生的写作能力有所提高，但在写作过程中仍存在一些问题，如思路不清晰、表达不准确等。于是，他们针对这些问题进行了进一步的研究和改进，通过引入思维导图、开展写作训练等方式，帮助学生解决这些问题。这种反思性的教研改进方式有助于不断提高教师的教学水平和学生的学习效果。

8. 科学性原则

生成式教研改进必须遵循教育教学的科学规律，以科学的态度和方法进行教研。科学性原则要求教师在教研过程中注重数据的收集和分析，运用科学的研究方法，确保教研成果的科学性和有效性。例如，在小学数学教研中，教师们发现学生的计算能力普遍较弱。为了解决这个问题，他们决定开展一项关于"提高学生计算能力"的教研活动。在教研过程中，他们首先通过测试和问卷等方式收集了学生的计算数据，并进行了详细的分析。然后，他们根据分析结果设计了针对性的教学方案，并进行了实践应用。最后，他们再次收集了数据，对比了改进前后的学生计算能力。通过科学的研究方法和数据分析，他们成功提高了学生的计算能力，并得到了科学有效的教研成果。

9. 前瞻性原则

生成式教研改进应具有前瞻性，即要关注教育教学的未来发展趋势，预见可能出现的问题，并提前进行研究和准备。前瞻性原则有助于教师保持敏锐的洞察力，跟上教育教学改革的步伐。例如，随着信息技术的快速发展，教育教学方式也在不断创新。在某中学的英语教研中，教师们敏锐地察觉到了信息技术在英语教学中的巨大潜力。于是，他们提前开展了一项关于"信息技术与英语教学融合"的教研活动。他们研究了各种信息技术工具和平台在英语教学中的应用方法，并设计了相应的教学方案。通过实践应用，他们发现信息技术不仅可以提高学生的学习兴趣和参与度，还可以实现个性化教学和高效学习。这种具有前瞻性的教研改进使该中学的英语教学走在了时代的前列。

10. 可操作性原则

生成式教研改进的成果应具有可操作性，即能够直接应用于实际教学中，方便教师操作和实施。可操作性原则要求教研成果要具有实用性和可行性，避免过于理论化或难以实施的情况。例如，在初中物理教研中，教师们针对实验教学难以实施的问题开展了一项教研活动。他们通过改进实验器材、优化实验步骤、设计实验指导手册等方式，提高了实验教学的可操作性和实用性。新的实验教学方案不仅方便了教师的操作和实施，还提高了学生的实验技能和科学探究能力。这种具有可操作性的教研改进使实验教学得以顺利进行，并取得了显著的效果。

综上所述，生成式教研改进的原则涵盖了科学性、前瞻性、可操作性等多个方面。这些原则相互补充、相互支持，共同构成了生成式教研改进的全面指导框架。在实际操作中，教师应根据具体情况灵活运用这些原则，结合学校实际和教育教学需求进行教研改进。同时，学校和教育行政部门也应加强对生成式教研改进的支持和引导，为教师的专业发展创造良好条件和环境。

（六）生成式教研改进的方法

生成式教研改进是教育教学领域中的一种重要方法，旨在通过教师的实践与反思，生成新的教研成果，推动教学质量的提升。本节将从不同角度详细阐述生成式教研改进的方法，并结合实例进行深入探讨，以期为广大教师提供有益的参考。

1. 问题发现与诊断角度

生成式教研改进的首要步骤是发现并诊断教学中的问题。教师需要关注教学实践中的具体现象，通过观察、调查、测试等方式收集数据，分析学生的学习情况和教师的教学行为，找出存在的问题和不足。例如，在小学语文教学中，教师发现学生在阅读理解方面存在困难，阅读速度和理解能力普遍较低。为了诊断问题，教师进行了阅读测试，并收集了学生的阅读成绩和阅读过程中的行为数据。通过分析数据，教师发现学生在词汇积累、阅读策略运用等方面存在明显不足。针对发现的问题，教师可以制订相应的教研计划，明确教研目标和改进措施。例如，可以设计专门的词汇教学活动，帮助学生扩大词汇量；可以引入阅读策略训练，指导学生如何更有效地理解和分析文本。

2. 教学设计与实施角度

在生成式教研改进中，教学设计与实施是关键环节。教师需要根据诊断出的问题，设计有针对性的教学方案，并在实际教学中进行实施和验证。例如，针对小学生数学计算能力不足的问题，教师设计了一套计算教学策略。首先，通过游戏和趣味活动激发学生的学习兴趣；其次，采用分步教学的方式，逐步引导学生掌握计算方法和技巧；最后，通过大量练习和反馈，巩固学生的计算能力。在实际教学中，教师按照设计好的教学方案进行授课，并密切关注学生的学习情况，及时调整教学策略。通过教学设计与实施，教师可以观察学生的学习反应和效果，收集教学过程中的数据和反馈，为后续的教研改进提供依据。同时，教师还可以通过与其他教师的交流和分享，借鉴他人的成功经验，不断优化自己的教学方案。

3. 反思与总结角度

生成式教研改进强调教师的反思与总结。在教学过程中，教师需要不断回顾自己的教学实践，思考存在的问题和改进的方向，总结经验和教训。例如，在初中历史教学中，教师尝试引入多媒体教学手段，以提高学生的学习兴趣和参与度。经过一段时间的实践后，教师对自己的教学进行了反思和总结。教师发现多媒体教学虽然能够丰富教学内容和形式，但也存在一些问题，如学生注意力容易分散、信息量过大难以消化等。针对这些问题，教师决定调整教学策略，适度控制多媒体的使用频率和时间，更加注重与学生的互动和交流。通过反思与总结，教师可以发现自己的不足之处，找到改进的方法和途径。同时，教师还可以将反思和总结的成果转化为教研成果，与其他教师分享交流，推动整个教研团队的提升。

4. 合作与交流角度

生成式教研改进需要教师的合作与交流。通过与其他教师的合作，教师可以共同研究问题、分享经验、探讨解决方案，形成教研合力。同时，通过参加学术会议、研讨会等活动，教师可以与同行专家进行深入交流，获取新的教研理念和方法。例如，在高中英语教学中，几位教师组成了一个教研小组，共同研究如何提高学生的口语表达能力。他们定期召开教研会议，分享各自的教学经验和遇到的问题，共同探讨解决方案。通过合作与交流，他们总结出了一些有效的口语教学方法和策略，并在实际教学中进行了应用。这些方法和策略不仅提高了学生的口语表达能力，还增强了学生的学习兴趣和自信心。合作与交流有助于教师拓宽视野、获取新知、提升能力。通过与其他教师的合作与交流，教师可以不断吸收新的教研成果和教学理念，丰富自己的教学方法和手段，提高教学效果和质量。

5. 持续改进与创新角度

生成式教研改进是一个持续不断的过程，需要教师保持持续改进和创新的意识。教师需要在教学实践中不断发现问题、分析问题、解决问题，并生成新的教研成果。同时，教师还需要关注教育教学的新理念、新技术和新方法，尝试将其引入自己的教学中，不断创新教学模式和方法。例如，在中学生物教学中，教师发现传统的实验教学方式存在一些问题，如实验器材陈旧、实验内容单一等。为了改进实验教学，教师积极寻找新的实验教学资源和方法。他们引入了一些先进的实验器材和技术手段，设计了一系列富有探究性和趣味性的实验活动。这些新的实验教学方式不仅提高了学生的实验技能和科学探究能力，还激发了学生的学习兴趣和创造力。通过持续改进与创新，教师可以使自己的教学始终保持活力和生命力。教师需要保持敏锐的洞察力和开放的思维方式，勇于尝试新的教学方法和手段，不断探索适合学生的最佳教学模式。

第五章　未来展望与挑战应对

一、数字化技术发展的趋势及其对教育的影响

（一）科技浪潮：未来趋势的探索之险与未来之舞

1. AIGC：让个性化教育成为可能

随着 AIGC（Artificial Intelligence Generate Content，人工智能生成内容）时代的到来，教育领域也将面临重大的变革与挑战。教师可以利用 AIGC 自动生成功能进行教学设计，包括教案、课件等，大大减轻工作负担，提升工作效率，节省更多时间用于个性化教学，还可以生成符合要求的合成影像，如虚拟实验、演示动画等，帮助学生更好地理解和掌握知识点。对于作业或考试题目，AIGC 技术能进行自动测评，并给予智能评价，减轻教师的批改工作负担，提高效率与准确度。AIGC 技术还能自动分析和处理大量课程资源，生成各种类型的在线课程，满足不同学生的学习需求。它还可以通过深度学习模型和智能算法生成虚拟老师形象和声音，结合学生的学习资料，生成更有针对性的教学资料和内容，为学生提供个性化、实时性的学习辅导。

总之，AIGC 在教育领域的应用涵盖了教学设计、辅助教学、自动测评、答疑、线上录课与虚拟教学等多个方面，为教育提供了更加智能化、个性化的技术支持。随着技术的不断进步和应用场景的不断扩展，AIGC 在教育领域的应用也将逐渐普及。

2. 物联网浪潮：颠覆与重塑的序曲

物联网在教育领域的应用，无疑为教育带来了更多的便捷。通过实现教室的智能化管理、实时监测学生健康、智能化教学等手段，物联网不仅提高了教学效果，还为学生和教师带来了更加便捷和高效的学习和教学体验。

智能教室管理使得教室环境更加适应学生的学习需求，智能照明、智能黑板等设备的应用，不仅改善了学生的学习环境，还提高了教师的教学效率。同时，物联网设备还能够实时监测学生的健康状况，为教师提供及时的学生健康信息，有助于教师更好地关注学生的身体健康。

此外，物联网技术还能够收集学生的学习数据，为教师提供更加精准的教学服务。通过分析学生的学习情况，教师可以针对不同学生的需求，制订个性化的教学计划，从而提高学生的学习效果。同时，物联网设备还能够实现家校之间的信息共享，帮助家长更好地了解孩子的学习情况，促进家校之间的合作。

物联网的应用不仅局限于传统的教室教学，还可以通过互联网促进学习，实现更加多样化的学习方式。学生可以通过小组活动、讨论、网络研讨会和辩论等方式，进行更加深入和全面的学习。这种扩展的学习方式，不仅提高了学生的学习兴趣和参与度，还有助于培养学生的团队协作和沟通能力。

物联网的引入还促进了互动教学的发展。通过与教室的各个组成部分进行交互，教师可以更加生动地展示教学内容，提高学生的参与度和技能。这种互动教学的方式，不仅有助于激发学生的学习兴趣，还能够提高学生的动手能力和实践能力。

总的来说，物联网在教育领域的应用为教育带来了许多创新和改变。通过实现智能化管理、实时监测学生健康、智能化教学等手段，物联网提高了教学效果和学习效率，扩展了学习方式和学习机会，促进了家校合作和互动教学的发展。随着物联网技术的不断发展和完善，相信未来教育领域将会迎来更加广阔的发展前景。

3. 虚实交融：MR/VR/AR 技术引领教育沉浸式体验

MR/VR/AR 技术在教育领域的应用确实为教学方式和学习体验带来了革命性的变革。这些技术以其独特的方式，为学生和教师提供了更加丰富、生动和互动的学习和教学环境。

首先，VR 技术通过模拟现实中难以达到或体验的场景和活动，为学生创造了一个全新的学习环境。这种技术不仅突破了时空限制，让学生有机会亲身参与到各种实践活动中，还能提高学习的沉浸感和真实感，从而大大增强学习效果。在医学、科学、历史等领域的教育中，VR 技术的应用前景尤为广阔。

其次，AR 技术通过在真实环境中添加虚拟元素，提供了一种新颖而直观的学习方式。它能够将抽象的概念和信息以生动、形象的方式呈现出来，帮助学生更好地理解和记忆。同时，AR 技术还能创建互动式教材和教学工具，激发学生的学习兴趣和积极性，使学习变得更加有趣和高效。

最后，MR 技术结合了 VR 和 AR 的特点，创造了一个融合了真实和虚拟世界的混合环境。这种技术为学生提供了一个高度互动和沉浸式的学习环境，使他们在与现实世界的交互中获得更深入的学习体验。在历史、地理等领域的教育中，MR 技术的应用将有助于学生更好地理解和感受历史事件和地理环境。

当然，MR/VR/AR 技术在教育领域的应用还面临着一些挑战，如设备成本、技术成熟度、教师培训等问题。但随着技术的不断发展和优化，相信这些挑战将逐渐得到解决。未来，我们有理由相信 MR/VR/AR 技术在教育领域的应用将会更加广泛和深入，为教育带来更多的创新和变革。

（二）教育新纪元：未来教育画卷的绚丽展开

当我们站在这个科技、文化、经济和社会交织的时代，展望未来教育的发展趋势，不禁让人心生感慨，充满了对美好未来的无限憧憬。当我们展望教育的未来，一幅前所未有的宏伟画卷逐渐在眼前展开。这幅画卷不仅是对知识的追求与传承，更是对人类潜能与多样性的无限探索与颂扬。在这个画卷中，未来教育不再局限于传统的教室与黑板，而是融入了科技的力量，让学习变得无处不在、无时不在。大数据与人工智能的迅猛发展，使得教育能够精准地满足每个学生的个性化需求，为他们量身定制最适合的学习路径。每个学生都将得到充分的关注与引导，他们的才华与潜能将得到最大程度的发挥。同时，这幅画卷也强调了教育的人文关怀与情感联结。未来的教育不仅仅是知识的传递、能力的提升，更是心灵的沟通与交流。教育者将更加注重学生的情感需求与成长困惑，为他们提供情感支持与心理引导。在这样的教育环境中，学生将感受到更多的温暖与关爱，他们的成长将更加健康与全面。未来教育的宏伟画卷，展现了一个充满机遇与挑战的新时代。它呼唤着我们以更加开放的心态、创新的思维来面对教育的变革与发展。让我们携手共进，为这幅画卷添上更加绚烂的色彩，让每个孩子都能够在未来的教育中绽放出自己的光彩，为人类的进步与发展贡献自己的力量。

1. 一幅更加人性化、个性化的画卷

未来教育是一幅跨越时空、连接世界的宏伟画卷。当我们站在时代的交汇点，凝视教育的未来，一幅宏伟且深邃的画卷在眼前缓缓展开，它不仅描绘了教育发展的蓝图，更体现了我们对教育的深刻思考与热切期望。

人性化和个性化，如同画卷的双翼，赋予了未来教育无尽的活力与魅力。人性化意味着教育要关注每一个学生的需求、情感和发展，尊重他们的个体差异，为他们提供量身定制的教育方案。在这样的教育环境中，学生不再是被动接受知识的容器，而是成为主动探索、自由成长的个体。他们的潜能将得到充分的激发，他们的才华将得到充分的展现。

个性化则是未来教育的另一大特点。随着大数据和人工智能技术的飞速发展，教育将能够更加精准地满足学生的个性化需求。通过对学生的学习数据进行分析和挖掘，教育系统将能够为他们提供定制化的学习资源和路径。这样的教育将让每个学生都能够在最适合自己的环境中学习和成长，他们的创造力和批判性思维将得到充分的培养。

这幅宏伟画卷的展开，为我们揭示了未来教育的美好愿景。它将是一个充满人文关怀和个性魅力的世界，每个学生都将在其中找到自己的价值和归属。教育将不再是简单的知识传授，而是成为引领学生全面发展、实现自我价值的重要途径。

然而，未来教育的壮丽画卷也充满了挑战。如何实现教育的人性化与个性化，如何平衡教育资源的分配，如何确保教育的公平与普惠，这些都是我们需要思考和解决的问题。但正是这些挑战，激发了我们对教育的无限热情和坚定信念。

让我们共同期待这幅未来教育的宏伟画卷的完全展开。它将为我们展现一个更加美好、更加充满希望的未来。在这个未来中，每个学生都将在教育的阳光下自由成长，他们的梦想将得到实现，他们的才华将得到发挥。而我们，作为教育的参与者和见证者，也将在这个过程中收获成长与喜悦。

2. 一幅跨越时空、连接世界的画卷

未来教育是一幅跨越时空、连接世界的宏伟画卷。未来的教育将突破地域和时间的限制，让更多人享受到优质的教育资源。无论是在城市的繁华街区，还是在乡村的田间地头，学生们都能够通过网络平台接触到丰富多样的学习资源，与全球各地的师生进行交流和合作。这种跨越时空的教育方式将让学习变得更加灵活和便捷，让知识的传递不再受限于传统的教室和课本。这幅画卷不仅描绘了教育的未来走向，更体现了人类对于知识、智慧与文化的无尽追求。

未来教育将突破时空的限制，实现全球范围内的资源共享与交流。随着互联网和远程教育技术的飞速发展，学生们可以随时随地访问世界各地的优质教育资源，与不同文化背景的人们进行深度互动。这种跨越时空的教育模式，将为学生们提供更加广阔的学习空间和发展机会，培养他们的全球视野和跨文化交流能力。

未来教育将注重个性化和差异化教学，满足每个学生的独特需求。借助

大数据和人工智能等先进技术，教育系统将能够精准地分析学生的学习习惯、兴趣特长和发展潜力，为他们提供量身定制的学习方案和个性化的教学服务。在这样的教育环境中，每个学生都将得到充分的关注和引导，他们的才华和潜能将得到最大程度的发挥。

未来教育还将促进不同学科之间的融合与创新。在知识爆炸的时代，单一学科的学习已经无法满足社会的需求。未来教育将更加注重跨学科的学习和研究，鼓励学生们在多元化的知识领域中探索和创新。这种综合性的教育模式将为学生们提供更加全面的知识结构和更加深入的问题解决能力。

未来教育将致力于培养具有社会责任感和创新精神的人才。面对未来社会的复杂挑战，教育不仅要传授知识，更要培养学生的道德品质、批判性思维和创新能力。未来教育将注重培养学生的公民意识和社会责任感，让他们成为具有担当和影响力的领袖人物。

未来教育将是一幅跨越时空、连接世界的宏伟画卷。它将打破时空的限制，实现全球范围内的资源共享与交流；注重个性化和差异化教学，满足每个学生的独特需求；促进不同学科之间的融合与创新；致力于培养具有社会责任感和创新精神的人才。让我们共同期待这幅宏伟画卷的完全展开，为人类的未来注入更多的智慧和希望。

3. 一幅多元化、包容性的画卷

未来教育是一幅多元化、包容性的宏伟画卷。在这个多元文化交织的时代，未来的教育将更加注重培养学生的全球视野和跨文化交流能力。学生们将有机会接触到来自不同文化背景的知识和观点，学会尊重和理解不同的价值观和信仰。这种多元化和包容性的教育将有助于学生更好地适应全球化的发展趋势，成为具有国际竞争力的优秀人才，这不仅是对教育理念的革新，更是对未来社会的深刻期许。

未来教育的多元化体现在教育资源的丰富多样上。随着科技的飞速发展，教育不再局限于传统的教室和教材，而是拓展到了网络、社区、博物馆等各个领域。学生们可以通过多种渠道、多种方式获取知识，打破地域和时间的限制。这种多元化的教育资源，不仅丰富了学生的学习体验，也为他们提供了更加广阔的发展空间。

未来教育的多元化还体现在教育模式的创新上。传统的教育模式往往注重知识的灌输和应试技能的培养，而未来的教育则更加注重学生的主体性和创造性。教育者将采用更加灵活多样的教学方法，激发学生的兴趣和潜能，培养他们的创新能力和批判性思维。这种多元化的教育模式，将使教育更加符合时代的需求，更加贴近学生的生活实际。

而包容性则是未来教育的另一个重要特征。在未来的教育中，每个学生都将被视为独一无二的个体，他们的差异和多样性将得到充分的尊重和认可。教育者将努力营造一个平等、开放、包容的学习环境，让每个学生都能够在这里自由地表达自己的想法和感受，实现自我价值的最大化。这种包容性的教育环境，不仅有利于培养学生的自信心和自尊心，也有利于促进社会的和谐与进步。

未来教育的多元化与包容性相互交织、相互促进，共同构成了一幅宏伟的画卷。这幅画卷不仅描绘了教育的未来走向，更体现了我们对于美好社会的向往和追求。

要实现这幅宏伟画卷的美好愿景，我们还需要付出艰辛的努力。我们需要不断更新教育理念，创新教育模式，丰富教育资源，营造一个更加多元化、包容性的教育环境。同时，我们还需要加强教育公平，确保每个孩子都能享受到优质的教育资源，实现自己的梦想。

4. 一幅终身学习、持续进步的画卷

未来教育是一幅终身学习、持续进步的宏伟画卷。在知识更新速度日益加快的时代，终身学习将成为每个人必备的能力。未来的教育将不再局限于某个阶段或某个领域，而是伴随着人的一生，不断提供新的学习机会和资源。无论是职业发展还是个人兴趣，每个人都能够在未来的教育体系中找到适合

自己的学习路径和发展方向。这种持续进步的教育将让人们在面对未来挑战时更加从容和自信，实现自我价值的最大化。它不仅是知识的传递，更是能力的培养，是人格的塑造，是生命价值的不断升华。

终身学习是未来教育的核心理念。随着科技的迅猛发展和社会的日新月异，知识的更新速度远超以往。教育不再局限于某个阶段或某个场所，而是伴随人的一生，不断吸收新知识、新技能、新思维。未来教育将打破传统的时间和空间限制，为人们提供多样化的学习资源和个性化的学习路径。无论是在学校、职场，还是在家庭、社区，人们都可以随时随地进行学习，不断提升自己的综合素质和适应能力。

持续进步是未来教育的目标追求。教育的目的在于培养能够不断进步、不断超越自我的人。未来教育将注重学生的全面发展，不仅关注知识的积累，更重视能力的培养和情感的熏陶。教育者将致力于激发学生的学习兴趣和潜能，帮助他们建立正确的人生观和价值观，培养他们的创新精神和实践能力。同时，未来教育还将关注学生的心理健康和人格塑造，让他们在学习的过程中不断完善自我、超越自我。

未来教育的宏伟画卷将展现出一个充满活力和创造力的世界。在这个世界中，教育不再是单向的灌输和接受，而是双向的互动和交流。教育者与学生、学生与学生之间将建立起平等、尊重、互助的关系，共同探索知识的奥秘和人生的意义。未来教育将注重培养学生的批判性思维和解决问题的能力，让他们在面对复杂多变的现实世界时能够独立思考、果断行动。

要实现这幅终身学习、持续进步的宏伟画卷并非易事。我们需要不断更新教育理念和方法，加强教育资源的整合和优化，提高教育者的专业素养和教育水平。同时，我们还需要建立完善的终身学习体系和教育支持体系，为每个人提供持续学习的机会和条件。

5. 一幅公平、普惠的画卷

未来教育是一幅公平、普惠的宏伟画卷。在这个充满变革的时代，教育公平和普及成为全社会共同追求的目标。未来的教育将致力于消除教育资源的不平等现象，让每个孩子都能够享受到优质的教育机会。通过政策支持和技术创新，未来的教育将打破地域、经济和社会背景的束缚，让更多人享受到教育的红利。这种公平和普惠的教育将为社会培养更多有知识、有能力的人才，为社会的繁荣和进步贡献力量。它不仅是知识的传递和人才的培养，更是社会进步的基石和文明传承的纽带。

公平是未来教育的核心理念。教育公平是社会公平的重要体现，也是实现社会和谐与可持续发展的关键所在。未来教育致力于打破一切形式的壁垒和障碍，让每个孩子都能享受到平等而优质的教育资源。无论是城市的繁华地带，还是乡村的偏远山区，无论是富裕的家庭，还是贫困的家庭，每个孩子都应该有接受教育的权利和机会。未来教育将推动教育资源的均衡分配，提高教育质量和教育机会的公平性，让每个孩子都能在公平的教育环境中茁壮成长。

普惠是未来教育的目标追求。教育不仅是个人的需要，也是社会的需求。未来教育致力于让教育的福祉惠及每一个人，让每个人都能够享受到教育带来的益处。未来教育将推动教育形式的多样化，满足不同人群的学习需求。无论是成人教育、职业教育，还是特殊教育，未来教育都将提供更加丰富和灵活的教育选择，让每个人都能够找到适合自己的学习路径和发展空间。同时，未来教育还将加强与其他领域的融合，推动教育与社会发展的相互促进，让教育的价值更加凸显。

未来教育将培养出一批批具备创新精神和实践能力的优秀人才，为社会的发展注入新的活力和动力。同时，未来教育还将促进不同群体之间的交流和融合，增进社会的团结和凝聚力，共同构建人类命运共同体。

二、生成式教研的发展方向与前景展望

随着信息技术的迅猛发展和教育改革的深入推进，生成式教研作为一种

新型的教学研究模式，正逐渐受到广大教育工作者的关注和重视。生成式教研强调在教研过程中注重教师的主体性和创造性，通过教师之间、师生之间、家校之间的合作与交流，共同生成新的教学资源、教学策略和教学理念，以促进教学质量的提升和教师专业成长。

（一）生成式教研的发展方向

1. 深化理论与实践的结合

生成式教研需要不断深化理论与实践的结合，将教学实践中的问题与理论研究相结合，通过实证研究和案例分析等方法，探索出更加科学、有效的教学策略和方法。同时，也需要将教学实践中的成功经验进行总结和提炼，形成具有普遍指导意义的教学理论和模式。

2. 加强跨学科交流与合作

生成式教研需要打破学科壁垒，加强跨学科交流与合作。不同学科之间的教师可以相互借鉴、相互学习，共同探索新的教学方法和策略。通过跨学科交流与合作，不仅可以拓宽教师的视野和思路，还可以促进不同学科之间的融合和创新。

3. 推动教研与技术的深度融合

随着信息技术的不断发展，生成式教研需要积极推动教研与技术的深度融合。利用大数据、人工智能等先进技术手段，对教师的教学实践进行实时监测、分析和评估，为教师提供更加精准、个性化的教学建议和支持。同时，也需要探索将新技术应用于教研活动本身，创新教研形式和手段，提高教研效率和质量。

4. 强化教研成果的应用与推广

生成式教研的最终目的是推动教学质量的提升和教师专业成长。因此，需要强化教研成果的应用与推广。通过举办教学观摩、经验分享、案例研讨等活动，将教研成果展示给更多的教师和教育工作者，促进教研成果的共享和传播。同时，也需要将教研成果应用于教学实践中，检验其有效性和可行性，不断完善和优化。

（二）生成式教研的前景展望

1. 教师主体地位更加凸显

随着教育改革的深入推进和教师专业发展的需求不断提高，生成式教研中教师的主体地位将更加凸显。未来，教师需要更加积极地参与到教研活动中来，发挥自己的智慧和才能，共同推动教学质量的提升和教师专业成长。

2. 教研形式更加多样化和个性化

随着信息技术的不断发展，生成式教研的形式将更加多样化和个性化。未来，教研活动将不再局限于传统的面对面交流形式，而是可以通过在线协作、虚拟现实等技术手段，实现更加便捷、高效、个性化的教研体验。

3. 跨学科交流与合作更加深入

随着教育改革的深入推进和学科交叉融合的趋势不断加强，生成式教研中的跨学科交流与合作将更加深入。未来，不同学科之间的教师需要更加紧密地合作与交流，共同探索新的教学方法和策略，推动教育教学的创新与发展。

4. 教研成果应用与推广更加广泛

随着生成式教研的深入发展和实践经验的不断积累，教研成果的应用与推广将更加广泛。未来，更多的教师和教育工作者将受益于生成式教研的成果，共同推动教育教学质量的提升和教师专业成长。

三、生成式教研应对挑战的策略与建议

随着信息化和人工智能技术的快速发展，教育领域正面临前所未有的挑战和机遇。信息化和人工智能不仅改变了知识的获取和传播方式，还对传统的教学模式、教育理念和评价体系产生了深远的影响。因此，如何有效地应

对这些挑战，把握机遇，是当前教育领域亟待解决的问题。我们试提出以下几方面的策略与建议，抛砖引玉，与教育同人共勉。

第一，加强信息技术基础设施建设：学校应该加强信息技术基础设施建设，包括校园网、多媒体教室、在线教学平台等，为信息化和人工智能技术的应用提供硬件支持。

第二，提升教师的信息技术素养：教师应该积极学习和掌握信息技术知识，提高自身的信息技术素养，以便更好地应用信息化和人工智能技术进行教学。

第三，创新教学模式和方法：学校应该鼓励教师创新教学模式和方法，利用信息化和人工智能技术开展混合式教学、翻转课堂等新型教学模式，提高教学效果和学习体验。

第四，完善评价体系：学校应该完善评价体系，注重学生的综合素质和能力的评价，建立多元化的评价标准和方式，以更全面地反映学生的学习成果和发展潜力。

第五，利用人工智能技术辅助教学：人工智能技术可以辅助教学过程中的决策、评估和个性化学习。例如，智能教学系统可以根据学生的学习情况和进度提供个性化的学习建议和反馈，帮助学生更好地掌握知识。同时，人工智能技术还可以帮助教师分析学生的学习数据，为教师提供有针对性的教学指导。

第六，利用人工智能技术开展自适应学习：自适应学习是一种基于学生学习数据和学习行为分析的学习方法，可以根据学生的学习情况和需求提供个性化的学习资源和路径。利用人工智能技术开展自适应学习可以提高学生的学习效率和兴趣，同时也可以为教师提供更准确的学生学习情况反馈。

第七，利用人工智能技术促进教育公平：教育信息化和人工智能技术的发展可以为偏远地区和弱势群体提供更多的教育资源和机会，促进教育公平。例如，在线教育平台可以为偏远地区的学生提供更多的优质课程资源和学习机会，帮助他们缩小与发达地区学生的差距。同时，人工智能技术还可以通过智能评估和反馈机制为弱势群体提供更多的学习支持和帮助。

鉴于以上的策略与建议,我们在实施细节中提出几点希望,供教育同人参考。

第一,强化政策支持与资金投入。政府和教育部门应出台相关政策,鼓励和支持学校在教育信息化和人工智能方面的投入和发展。同时,增加对教育信息化和人工智能项目的资金投入,确保各项策略和建议的顺利实施。

第二,加强师资培训与人才引进。针对教师信息技术素养不足的问题,学校应定期组织信息技术培训活动,提高教师的信息技术应用水平。同时,积极引进具有信息技术背景和教育经验的专业人才,为教育信息化和人工智能的应用提供人才保障。

第三,建立教育信息化和人工智能应用标准。为了规范教育信息化和人工智能的应用,避免盲目跟风和浪费资源,应建立相应的应用标准。这些标准应包括硬件设施、软件平台、教学内容、教学方法等方面的要求,以确保教育信息化和人工智能的应用质量和效果。

第四,加强与企业的合作与交流。企业应积极参与教育信息化和人工智能的发展,提供技术支持和解决方案。学校可以与企业建立合作关系,共同研发和推广教育信息化和人工智能产品,实现资源共享和优势互补。

第五,关注学生的心理健康和隐私保护。在应用信息化和人工智能技术进行教育时,应关注学生的心理健康和隐私保护。避免过度依赖技术导致学生的心理压力增加,同时也要确保学生的个人信息不被泄露和滥用。

总之,面对信息化和人工智能带来的挑战与机遇,教育领域需要采取积极的策略和建议来应对。展望未来,随着技术的不断进步和应用场景的不断拓展,教育信息化和人工智能将在教育领域发挥更加重要的作用。我们期待看到更多的创新实践和教育成果出现,为培养更多优秀人才和促进社会进步贡献力量。

结语

展望未来，教育的宏伟画卷在我们眼前缓缓展开，充满了无限的可能与希望。每一位教育工作者都肩负着共同的责任和使命，那就是推动教育的公平与普惠，确保每个孩子都能在平等的教育环境中茁壮成长。我们深知，教育的力量能够点亮每个人的人生道路，引领他们走向更加美好的未来。

在这个科技飞速发展的时代，我们看到了世界日新月异的变化，也预见到了科技对未来教育带来的深刻影响。科技将成为推动教育变革和创新的重要力量，为我们绘制出一幅更加美好、先进的教育图景。我们坚信，通过充分利用科技手段，教育工作者们将能够培养出更多具备创新精神和实践能力的人才，为社会的进步和发展贡献自己的力量。

与此同时，北京市第一七一中学将继续优化生成式教研，为教育注入了新的活力。让我们携手共进，以饱满的热情和坚定的信心迎接未来的挑战和机遇。让我们共同努力，为孩子们创造一个更加公平、优质的教育环境，让他们在教育的阳光下自由成长，绽放出属于自己的独特光彩。相信在我们共同的努力下，教育的未来一定会更加美好、更加光明！